suhrkamp taschenbuch
wissenschaft 430

W0060974

In Großbritannien haben die Arbeiten des unorthodox marxistischen Kultur- und Literaturwissenschaftlers Raymond Williams eine lebhafte Resonanz gefunden; hierzulande ist er noch nicht zureichend beachtet worden. Die vom Herausgeber gemeinsam mit Raymond Williams im Blick auf eine kontinentale Leserschaft getroffene Auswahl aus seinen Arbeiten vereinigt theoretisch-begriffliche Untersuchungen und materiale Analysen, die sich in exemplarischer Weise mit zentralen Fragen der Literatur- und Kulturgeschichte befassen.

Raymond Williams, geboren 1921, ist heute Professor für Theaterwissenschaften in Cambridge. Seit der Veröffentlichung von *Culture and Society* (1958) und *The Long Revolution* (1961) gilt er als der führende Kulturtheoretiker Großbritanniens. In deutscher Sprache liegt vor: *Gesellschaftstheorie als Begriffsgeschichte. Studien zur historischen Semantik von »Kultur«* (1972).

H. Gustav Klaus, geb. 1944, vertritt seit 1977 eine Professur für englische Literaturwissenschaft an der Universität Osnabrück. Eines seiner Arbeitsgebiete ist die Vermittlung neuerer britischer Kulturtheorien und -diskussionen. Wichtige Veröffentlichungen: *Marxistische Literaturkritik in England. Das »Thirties Movement«* (1973), *Caudwell im Kontext* (1978), *The Socialist Novel in Britain* (1982), 1976-1982 Mitherausgeber der Zeitschrift *Gulliver – Deutsch-Englische Jahrbücher*.

Raymond Williams
Innovationen

Über den Prozeßcharakter von
Literatur und Kultur
Herausgegeben und übersetzt
von H. Gustav Klaus

Suhrkamp

CIP-Kurztitelaufnahme der Deutschen Bibliothek
Williams, Raymond:
Innovationen : über d. Prozesscharakter von Literatur u. Kultur /
Raymond Williams. Hrsg. u. übers. von H. Gustav Klaus. –
1. Aufl. – Frankfurt am Main : Suhrkamp, 1983.
(Suhrkamp-Taschenbuch Wissenschaft ; 430)
ISBN 3-518-28030-9
NE: GT

suhrkamp taschenbuch wissenschaft 430
Erste Auflage 1983
© dieser Ausgabe bei Syndikat Autoren- und Verlagsgesellschaft,
Frankfurt am Main 1977
Lizenzausgabe mit freundlicher Genehmigung der
Syndikat Autoren- und Verlagsgesellschaft
Suhrkamp Taschenbuch Verlag
Alle Rechte vorbehalten, insbesondere das
des öffentlichen Vortrags, der Übertragung
durch Rundfunk und Fernsehen
sowie der Übersetzung, auch einzelner Teile.
Druck: Georg Wagner, Nördlingen
Printed in Germany
Umschlag nach Entwürfen von
Willy Fleckhaus und Rolf Staudt

1 2 3 4 5 6 – 88 87 86 85 84 83

Inhalt

I. Vom Prozeßcharakter der Kultur

Kreativität – Wahrnehmung – Kommunikation
Zu einigen grundlegenden Vorgängen
in Kunst und Literatur

Kein Wort hat im Englischen seit so langem einen so positiven Klang wie
das Adjektiv »schöpferisch« [creative], und angesichts der Werte und
Tätigkeiten, die dieses Wort ausdrücken bzw. beschreiben will, könnte
man darüber froh sein. Aber gerade die Häufigkeit seiner Anwendung
bereitet nicht nur Verständnisschwierigkeiten, sie führt auch zu seiner
geradezu bedenkenlosen Benutzung, so daß es gelegentlich schon wieder
wertlos erscheint. Ich möchte daher die Bedeutung der Idee des »Schöpferischen« untersuchen: erstens, indem ich auf ihre Geschichte eingehe;
zweitens, indem ich die Entwicklung dieser Idee im Bereich der Kunst
mit einigen kürzlich angestellten naturwissenschaftlichen Forschungen
zum Problem der Wahrnehmung und Kommunikation vergleiche; drittens, indem ich sie als einen Schlüsselbegriff unserer zeitgenössischen
Kulturdiskussion betrachte – eine Diskussion, die sich mit dem Verhältnis von Kunst und Bildung sowie dem ganzen Komplex menschlicher
Tätigkeiten beschäftigt, der Gesellschaft genannt wird.

I

Die Geschichte der Idee des »Schöpferischen« ist nicht leicht zu rekonstruieren. Im wesentlichen geht sie auf das Denken der Renaissance
zurück; betrachtet man die in Frage kommenden Quellen allerdings
etwas näher, so fällt auf, daß ihre Urheber die Idee stets auf das
klassische antike Denken zurückführen, so als seien sie sich der von
ihnen vorgenommenen Neuakzentuierung gar nicht bewußt. Nun läßt
sich zwar der Sinn von Schriften aus der Vergangenheit stets nur
teilweise aufdecken; denn insgesamt wird uns dieser Sinn durch eine
Vielzahl geistiger Instanzen vermittelt, und selbst wenn wir deren Einfluß erkannt haben, bleibt uns die ursprüngliche Bedeutung teils immer
noch verschlossen. Dennoch sehe ich bei der Lektüre von Aristoteles
und Plato, auf die sich jene Renaissancedenker beziehen, einen Unterschied, einen anderen Sinn, der von grundlegender Bedeutung zu sein
scheint. Die beschriebene Tätigkeit ist zwar die gleiche, die Beschreibung selbst aber hat sich grundlegend verändert.
Heute sprechen wir von der Tätigkeit des Künstlers als einer »Schöpfung«, Plato und Aristoteles hingegen haben das ganz andere Wort

»Nachahmung« benutzt. Mimesis hatte im Griechischen ganz allgemein den Sinn von »etwas tun, was ein anderer getan hat« oder »etwas einem anderen nachbilden«. Ursprünglich bezeichnete es die Tätigkeiten des Tänzers, des Sängers, des Musikers, des Malers, des Bildhauers, des Schauspielers, des Dramatikers, wobei als das Gemeinsame all dieser Tätigkeiten die »Nachahmung«, die »Darstellung von etwas anderem« galt. Aristoteles schrieb:

»Was aber die Entstehung der Poesie überhaupt anbelangt, so haben dabei wohl zwei Ursachen, und zwar solche von natürlicher Art, zusammengewirkt. Denn das Nachahmen ist dem Menschen angeboren und von Jugend auf vertraut; ragt er doch in Ansehung dieser Begabung und dadurch, daß er seine ersten Kenntnisse auf diesem Weg erwirbt, vor den anderen Lebenswesen hervor; und nicht minder allgemein ist die Freude an Nachahmungen. Einen Beweis für das letztere gibt der Eindruck ab, den wir von Kunstwerken empfangen. Denn Dinge, deren Anblick uns in der Natur peinlich berührt, betrachten wir in ihren allergetreuesten Nachbildungen mit Vergnügen, so die widerwärtigsten Tiere oder auch Leichname. Auch dafür läßt sich ein Grund angeben, und zwar der folgende. Das Lernen ist nicht nur für die Jünger der Wissenschaft, sondern desgleichen für alle übrigen ungemein ergötzlich, wenngleich ihr Anteil daran nicht eben tief geht. Denn darum betrachtet man Nachbildungen mit Wohlgefallen, weil sich daraus ein Lernen ergibt und ein kombinierendes Erschließen dessen, was jegliches bedeutet.«[1]

Hieraus wie auch aus seiner übrigen Argumentation wird deutlich, daß Aristoteles die Kunst in erster Linie als die Darstellung einer vorher schon existierenden Realität betrachtet. Der Künstler ahmt sie nach, und auf diese, unserem ersten Lernvorgang sehr ähnliche Weise erfahren wir den Sinn des nachgeahmten Dinges.
In ähnlicher Weise bezeichnet Plato den Künstler als den »Nachahmer« einer vorher schon existierenden Realität. Gott war der Schöpfer der Dinge, die Arbeitenden die Handwerker der Dinge, die Künstler die Nachbildner der Dinge. Plato und Aristoteles sind sich somit über das Faktum der Nachahmung einig, sie ziehen aber unterschiedliche Schlußfolgerungen daraus. Obwohl Plato im *Ion* den Dichter als göttlich inspiriert bezeichnet, ist der Akt der Nachbildung für ihn zwei Stufen von der Wirklichkeit entfernt (erst kommt die Idee, dann das materielle Ding, dann die Imitation), und die berühmte Diskussion im *Staat*, in der die Zensur der Dichter vorgeschlagen wird, betont die Gefahren, die sich aus dem Einfluß dieser »bloßen Nachahmer« auf die unedleren Teile des Geistes ergäben.

»Die Nachahmungskunst ist also selbst unedel, verkehrt mit Unedlem und erzeugt Unedles ... der nachahmende Dichter gleicht ihm [dem Maler] nicht nur darin, daß er Werke anfertigt, die im Vergleich zur Wahrheit wertlos sind, sondern auch darin ist er ihm ähnlich, daß er es mit demjenigen Teil der Seele, der auf der gleichen niedrigen Stufe steht,

---

[1] Aristoteles, *Poetik* (Leipzig, 1897), S. 6 (übers. v. Th. Gomperz).

zu tun hat, nicht aber mit ihrem edelsten Teil ... Denn er weckt und nährt diesen niedrigen Teil der Seele und verdirbt durch dessen Kräftigung ihren vernünftigen Teil.«[2]

Aristoteles dagegen betont nicht nur, daß die Nachahmung ein Teil des normalen Lernprozesses sei, er führt auch ein neues Prinzip, das Prinzip des »Allgemeinen«, ein:

»Aus dem Gesagten erhellt aber auch, daß nicht das die Aufgabe des Dichters ist, das Geschehene zu berichten, sondern solcherlei, was gegebenenfalls nach innerer Wahrscheinlichkeit oder Notwendigkeit geschehen würde ... Darum ist auch die Poesie eine philosophischere und eine ernstere Sache als die Geschichte. Denn jene befaßt sich mehr mit dem Allgemeinen, diese mit dem Einzelnen. Ein Allgemeines ist es, daß dem so oder so Gearteten solches oder anderes zu tun oder zu sagen notwendig oder naturgemäß ist; und das ist es, worauf die Poesie abzielt, wenngleich sie ihren Personen individualisierende Namen beilegt. Das Einzelne aber ist, was ein Alikibiades getan oder gelitten hat.«[3]

Während Plato somit die Gefahren der Fiktion betont, da in ihr letztlich nicht einmal die Realität, sondern bloß Erscheinungen nachgeahmt würden, führt Aristoteles seine Vorstellung von Nachahmung als Lernvorgang bis zu dem Punkt, wo er sie als höchste Form des Lernens bezeichnet, da sie nämlich durch ihre allgemeinen Äußerungen das Beständige und Notwendige zeige.

In der großen geistigen Tradition, die sich von Plato und Aristoteles herleitete, gingen diese beiden gegensätzlichen Bewertungen nicht nur ineinander auf, es traten auch eine ganze Reihe von Modifikationen, Übertragungen, Entwicklungen und Interpretationen hinzu. Der Platonismus etwa verfügte über eine dem *Staat* diametral entgegengesetzte Kunsttheorie, derzufolge der göttlich inspirierte Dichter in der Lage war, die höchste Realität zu lehren, da er die bloße Erscheinung durchdringe und in seinem Werk die göttliche Idee ausdrücke. Aristoteles' Idee des Allgemeinen, die im wesentlichen allgemeine Wahrheiten über die menschliche Natur beinhaltet, wurde vielerorts mit der gleichen Lehre identifiziert: das Allgemeine seien die göttlichen Ideen, und diese stelle der Dichter dar. Insgesamt läßt sich jedoch sagen, daß der Kunstprozeß noch immer als »Nachahmung«, nicht als »Schöpfung« empfunden wurde.

Aus der verwirrenden Vielfalt der Renaissancetheorien schälten sich vier Kunstlehren heraus. Die erste definierte die Kunst als die Nachahmung einer verborgenen Wirklichkeit und machte sie auf diese Weise zu einer Art Enthüllung. Dies erwies sich insbesondere einigen christlichen Denkern als nützlich, die damit die Kunst als eine Allegorie auf den Geist Gottes verstehen konnten. In der Weiterentwicklung dieser Lehre betrachtete man die Kunst immer mehr als esoterische Tätigkeit, und

[2] Plato, *Der Staat,* X. Buch, Meiner-Ausgabe (Hamburg, 1961), S. 397 ff.
[3] Aristoteles, a.a.O., S. 19 f.

Werke von allegorischem und symbolischem Charakter wurden hoch geschätzt. Die zweite Lehre, die aus der gleichen Quelle hervorging, aber vom christlichen Denken weniger beeinflußt war, sah in der Kunst eine ständige Nachahmung und Darstellung der »Idee der Schönheit«. Daraus entwickelte sich in der Praxis der Gedanke, daß frühere Kunstwerke, in denen diese Idee der Schönheit verkörpert war, in zwar nicht gerade sklavischer, aber doch ernsthafter Weise zu imitieren seien (diese bedeutende Tradition wurde unter dem Namen Klassik bekannt). Die dritte Lehre, die einige Gedanken von Aristoteles weiterentwickelte, betrachtete die Kunst als die »Idealisierung der Natur«, d. h. die Dinge sollten nicht gezeigt werden, wie sie sind, sondern wie sie sein sollten. Obgleich sich diese Lehre aus der gleichen Quelle ableitete wie die »Idee der Schönheit«, nahm sie nicht den gleichen Verlauf, sondern mündete in die Tradition der exemplarischen, moralisierenden und didaktischen Werke. Die vierte Lehre schließlich sah die Natur als die Kunst Gottes (Tasso) und die Kunst als eine Form von Energie, die im Wettstreit mit der Natur lag. Castelvetro drückte dies so aus: »Die Kunst ist weder von der Natur geschieden, noch kann sie die Grenzen der Natur überschreiten; ihre Absicht ist die gleiche wie die der Natur.«[4] Diese Absicht ist eine schöpferische. Die Natur ist die Schöpfung Gottes, die Kunst die Schöpfung des Menschen. Es gibt zwei Schöpfer, schrieb Tasso, Gott und den Dichter.

In einem einzelnen Renaissancewerk wird man wahrscheinlich, was angesichts der Zweideutigkeit und Vagheit der Termini auch nicht verwunderlich ist, keine einzige der vier von mir unterschiedenen Lehren in Reinkultur vorfinden. Als allgemeine Tendenz ist jedoch bei den bedeutenderen Autoren die Ausrichtung auf eine humanistische Kunsttheorie hin unverkennbar. Trotz der widersprüchlichen Bezugnahme auf Plato und Aristoteles, trotz des komplizierten Einwirkens verschiedener christlicher Traditionsstränge hat sich damit eine Idee herausgebildet, die als Teil des neuen Renaissancedenkens gesehen werden muß und als solche bis in die Gegenwart reicht. In der englischen Tradition findet sie ihre klassische Formulierung bei Sidney. Alle anderen »Künste« und »Wissenschaften« (Astronomie, Mathematik, Musik, Philosophie, Recht, Geschichte, Grammatik, Rhetorik, Medizin, Metaphysik), so argumentiert Sidney, sind an die Natur gebunden.

»Nur der Dichter, emporgehoben von der Kraft seiner Erfindungsgabe, verachtet solche Bindungen und entwirft eine neue Natur, indem er Dinge schafft, die entweder besser sind als diejenigen, die die Natur hervorbringt, oder von einer ganz neuen Beschaffenheit, wie es sie in der Natur nie gegeben hat, wie die Helden, Halbgötter, Zyklopen, Chimären, Furien und ähnliches mehr: so geht er Hand in Hand mit der Natur, ohne jedoch an die

---

[4] L. Castelvetro, *Poetica d'Aristotele vulgarizzata et sposta* (Basel, 1576), S. 69.

engen Grenzen ihrer Gaben gebunden zu sein, sondern frei sich entfaltend, soweit es die Spannbreite seines Geistes erlaubt.

Nie hat die Natur die Erde mit so reichen Teppichen ausgestattet, wie die verschiedenen Dichter es taten, mit plätschernden Bächen, fruchtbaren Bäumen, lieblich duftenden Blumen oder was sonst noch die vielgeliebte Erde liebenswert macht. Ihre Welt ist eine kupferne, nur die Dichter bringen eine goldene hervor. Aber lassen wir diese Dinge beiseite und wenden uns dem Menschen zu, da es den Anschein hat, als ob sie hier ihre größte Geschicklichkeit aufgewendet habe. So fragen wir denn, ob sie einen so treuen Liebhaber wie Theagenes, einen so beständigen Freund wie Pylades, einen so tapferen Mann wie Orlando, einen so aufrechten Fürsten wie Xenophons Kyros, einen rundum so vortrefflichen Menschen wie Vergils Aeneas hervorgebracht hat. Dies ist nicht als Scherz gemeint; weil die Werke der einen eine materielle Grundlage haben, die des anderen auf Nachahmung oder Fiktion beruhen, weiß doch jedes tiefere Verständnis, daß sich die Geschicklichkeit des Handwerkers in der Idee oder Einbildung äußert und nicht im Werk selbst. Und daß der Dichter diese Idee besitzt, ist offenbar; denn er gibt sie mit derselben Vortrefflichkeit wieder, wie er sie sich vorgestellt hat. Diese Wiedergabe beruht nicht ganz auf der Vorstellungskraft, so wie wir von jemandem sagen, daß er Luftschlösser baut; sie arbeitet vielmehr hauptsächlich in der Weise, daß sie nicht nur einen Kyros schafft, der eben von einer besonderen Vortrefflichkeit gewesen ist, was auch die Natur getan haben könnte, sondern der Welt einen Kyros schenkt, um viele Kyrosse hervorzubringen, wenn die Menschen zu lernen bereit sind, wie und warum der Dichter jenen geschaffen hat.

Es soll auch nicht als ein ungebührlicher Vergleich angesehen werden, wenn wir den höchsten Punkt des menschlichen Geistes gegen das Wirken der Natur abwägen, sondern damit wird dem himmlischen Schöpfer dieses Schöpfers die Ehre erwiesen, der, indem er den Menschen nach seinem Bildnis schuf, ihn über alle Werke der Natur hinaushob, was er nirgends so sehr zeigt wie in der Dichtung, wo der Mensch mit der Kraft eines göttlichen Atems Dinge hervorbringt, die die Werke der Natur weit überragen; und dies ist kein geringes Argument für die, die an den verwünschten Fall Adams nicht glauben, seitdem unser aufgerichteter Geist uns lehrt, was Vervollkommnung ist, und unser infizierter Wille uns davon abhält, sie zu erreichen.«[5]

In diesen Sätzen klingen zahlreiche Traditionen an, das entscheidend Neue (das nicht auf Sidney zurückgeht, sondern auf seine Epoche) ist jedoch, daß in dieser Lehre der Mensch als Schöpfer angesehen wird, der mit der »Kraft eines göttlichen Atems« Dinge hervorbringt, die die Natur »weit überragen«. Sidney greift zwar auf einen Teilaspekt von Platos Lehren zurück, wenn er diese Kraft aufsucht, mit der Gott einen ganz bestimmten Menschen, den Dichter, ausgestattet hat. Gestellt wird dieser Anspruch aber in einem größeren Rahmen, in einer Strömung des Denkens nämlich, in der der Mensch sein Recht behauptet, aus der Ordnung der Natur auszubrechen, die übrige Natur als seinem schöpferischen Willen unterworfen zu betrachten. Für Sidney kann die Dichtung etwas Über-Natürliches sein, weil er sie als eine Energie der Seele betrachtet, die dadurch, daß sie Gott ausfindig macht, in die Lage

---

[5] E. S. Shuckburgh (Hrsg.), *Sir Philip Sidney, An Apologie for Poetrie* (Cambridge, 1905), S. 8 f.

versetzt wird, über die der Natur gesetzten Grenzen hinaus kreativ tätig zu sein. Von da ist es jedoch nicht weit bis zu dem Anspruch, die Kreativität als rein menschlich, als Kraft des menschlichen Geistes zu betrachten. Wenn aus Nachahmung Schöpfung wird, wenn aus dem Erfahren der Wirklichkeit die Gestaltung einer neuen Wirklichkeit wird, sind Kunst und Denken an einem entscheidenden Punkt angelangt.

II

Als im Lauf der Geschichte die Implikationen dieses Anspruchs erkannt werden, wird die Argumentation komplexer. In Marvells berühmten Versen aus *The Garden* fühlt man sich noch an Sidney erinnert, der Akzent ist jedoch auf interessante Weise verschoben:

> »The Mind, that Ocean where each kind
> Does streight its own resemblance find;
> Yet it creates, transcending these,
> Far other Worlds, and other Seas,
> Annihilating all that's made
> To a green Thought in a green Shade.«[6]

Wie das ganze Gedicht deutlich zeigt, wird »Schöpfung« noch immer als eine Energie der Seele, als ein Weg zu Gott aufgefaßt. Im Kontrast dazu wird jedoch zugleich eine natürliche Sichtweise vorausgesetzt, »wo jede Art stracks ihre Ähnlichkeit findet«. Auch Sidney hatte das schon vorausgesetzt, diesen Anspruch allerdings auf den Dichter beschränkt. Bei Marvell hingegen ist die schöpferische Tätigkeit des menschlichen Geistes an sich gemeint. Diese Verschiebung ist im Auge zu behalten, wenn wir das außerordentliche Aufblühen der Idee des Schöpferischen im romantischen Denken verfolgen. Die Verknüpfung des Schöpferischen mit der Arbeit des Dichters läßt sich am leichtesten rekonstruieren. Donne nannte die Dichtung eine »unechte Schöpfung«, Mallet sprach 1728 von der »Gefährtin der Muse, der schöpferischen Macht, der Vorstellungskraft«. Ende des 18. Jahrhunderts war Vorstellungskraft [imagination] bereits zu einem Schlüsselwort geworden. »Schöpferische Vorstellungskraft« wird im Laufe dieser Entwicklung immer mehr

---

[6] E. E. Duncan-Jones und P. Légouis (Hrsg.), *The Poems and Letters of Andrew Marvell* (Oxford, 1971), Bd. I, S. 52.
»Der Geist ein Ozean, wo jede Art
Stracks ihre Ähnlichkeit findet;
Doch schafft er, diese transzendierend,
Noch andre Welten, andre Meere,
Vernichtet alles, was gemacht,
Zu einem Gedanken im schattigen Grün.«

als allgemeine menschliche Fähigkeit aufgefaßt, die im Dichter jedoch ihren Höhepunkt erreicht. Auch Shelleys *Defence of Poetry* gründet auf diesem Gedanken. In dieses Werk sind wie in Sidneys *Apologie* eine Vielzahl von Traditionen eingegangen, seine Bedeutung liegt aber vor allem in der Verarbeitung der Ideen der Wahrnehmung und der Vorstellungskraft:

»Der Mensch ist ein Instrument, über das eine Reihe äußerer und innerer Eindrücke hinweggehen, wie die wechselnden Klänge einer äolischen Leier, über die ein ständig sich drehender Wind weht, der für eine ständig wechselnde Melodie sorgt. Aber im menschlichen Wesen und vielleicht in allen fühlenden Wesen gibt es ein Prinzip, das anders funktioniert als die Leier, das nicht nur eine Melodie hervorbringt, sondern auch Harmonie, indem es nämlich eine innere Anpassung der Klänge und Bewegungen an die Eindrücke herbeiführt, die jene hervorgerufen haben. Es ist, als ob die Leier ihre Töne in ein bestimmtes Klangverhältnis zu den Bewegungen dessen bringen könnte, der sie zupft.«[7]

Natürlich haben wir es hier noch immer mit Nachahmung zu tun, hinzugekommen ist nur das organisierende Prinzip – von Shelley »Synthese« genannt –, das den schöpferischen menschlichen Akt ausmacht. Das Kind und der Wilde ahmen äußere Objekte nach: »Sprache und Gestik werden zusammen mit der plastischen oder bildhaften Nachahmung zu einem Bild der kombinierten Wirkung jener Objekte und ihres Begreifens durch das Kind oder den Wilden.«[8] Dichter sein, heißt diese allgemeine Tätigkeit auf ihren Höhepunkt bringen, »das Gute . . . zu begreifen, das erstens im Verhältnis von Dasein und Wahrnehmung und zweitens zwischen Wahrnehmung und Ausdruck . . . existiert«.[9] Der Dichter vollbringt dies unter Zuhilfenahme der Sprache, die »eine unbedingt metaphorische ist, also die zuvor unbegriffene Beziehung zwischen den Dingen kenntlich macht und somit ihr Begreifen verewigt«.[10] Die »Urheber eines totalen Umschwungs in der Meinung« handeln ähnlich, da »ihre Worte die permanente Analogie der Dinge durch Bilder entschleiern, die am Leben der Wahrheit teilhaben«.[11] Ein Gedicht ist »die Schöpfung von Handlungen gemäß den unveränderlichen Formen der menschlichen Natur, wie sie im Geist des Schöpfers existiert, wobei dieser Geist selbst wiederum ein Abbild aller anderen ›Geister‹ ist«.[12] Shelley nähert sich hier wieder Sidneys Position an, die er an anderen Stellen bereits überwunden hatte. Auch in seiner berühm-

[7] Ernest Rhys (Hrsg.), *Essays and Letters by P. B. Shelley* (London 1886), S. 2.
[8] Ebda., S. 3.
[9] Ebda., S. 5.
[10] Ebda., S. 4.
[11] Ebda., S. 9.
[12] Ebda.

testen Definition greift er auf Sidney zurück, setzt aber zugleich einen neuen Akzent:

»Alle Dinge existieren, wie sie wahrgenommen werden; wenigstens in bezug auf den Wahrnehmenden. ›Der Geist ist sich selbst ein Ort, er kann aus sich heraus aus dem Himmel eine Hölle, aus der Hölle einen Himmel machen.‹ Die Dichtung aber überwindet den Fluch, der uns der Akzidenz umliegender Eindrücke unterwirft. Und ob sie ihren eigenen Vorhang ausbreitet oder den dunklen Schleier des Lebens von der Anordnung der Dinge abzieht, sie schafft für uns gleichermaßen ein Sein in unserem Sein. Sie macht uns zu Bewohnern einer Welt, der gegenüber die vertraute Welt ein Chaos ist. Sie reproduziert das gewöhnliche Universum, das wir wahrnehmen und von dem wir ein Teil sind, und sie reinigt unseren nach innen gewandten Blick von der Oberschicht des Vertrauten, das uns die Sicht auf das Wunder unseres Seins versperrt. Sie zwingt uns, zu fühlen, was wir wahrnehmen, und uns vorzustellen, was wir wissen. Sie schafft das Universum aufs Neue, nachdem es in unserem Geist durch die ständige Wiederholung immergleicher Eindrücke ausgelöscht worden ist. Sie rechtfertigt das kühne und wahre Wort Tassos: Non merita nome di creatore, se non Iddio ed il Poeta (niemand verdient den Namen Schöpfer außer Gott und dem Dichter).«[13]

Diese beredt vorgetragene Argumentation ist gewiß von Bedeutung. Sie schwankt aber auffallenderweise in der Frage, ob die Wahrnehmung mehr der Nachahmung oder der Schöpfung verpflichtet sei, und scheint zudem die Schöpfung in den Bereich der sekundären Assoziation verbannen zu wollen, was tendenziell zu einer Leugnung der allgemeinen menschlichen Kreativität und ihrer besonderen Ausprägung im Dichter führt. Bezeichnenderweise war es Coleridge, der in einem seiner außergewöhnlichen Gedankenblitze die Idee der Schöpfung auf die gesamte Wahrnehmung ausgedehnt hat:

»Ich halte dafür, daß die primäre *Imagination* das Hauptagens und die lebendige Kraft hinter aller menschlichen Wahrnehmung ist und betrachte sie zugleich als eine Wiederholung des ewigen Schöpfungsaktes im endlichen Geist.«[14]

Mit dieser überraschenden Hypothese, deren volle Bedeutung wir erst später erkennen werden, ist der nächste entscheidende Punkt in der Geschichte der Wandlung der Theorie der Nachahmung zu einer Theorie des Schöpferischen erreicht.

III

Wir müssen uns nun einer Konsequenz aus der Theorie des Schöpferischen, wie sie bereits vor Coleridge existierte, zuwenden. Der Anspruch der Kunst, eine höhere, ja wesentlich »höhere Realität« darzustellen, als

[13] Ebda., S. 37 f.
[14] Coleridge, *Biographia Litteraria*, Everyman-Ausgabe (London, 1956), S. 139.

sie jede andere menschliche Fähigkeit zu liefern vermochte, stieß natürlich auf Widerspruch. Schon Plato hatte ihm opponiert. Was die neuen Denker als Schöpfung bezeichneten, hatte er Falschheit genannt. Kunst war Fiktion und als solche der Realität unterlegen. Die Hartnäckigkeit, mit der sich diese Auffassung hält, braucht kaum betont zu werden. Es ist ein Gemeinplatz des modernen Denkens, wie jeder, der eine Biographie einem Roman vorzieht, »weil sie wenigstens wahr ist«, bestätigen wird. Was dabei jedoch auffällt, ist die gegenseitige Entsprechung des Anspruchs der Kunst, »höhere Realität« zu sein, und der zeitgenössischen Ansicht, sie sei »nur Fiktion«. Bei einer Kunsttheorie, die sich an der Nachahmung orientiert, ist diese Entwicklung irgendwann einmal unvermeidlich. Selbst in Kulturen, in denen irgendeine »Realität« hinter den »Erscheinungen« akzeptiert wird, ist keineswegs selbstverständlich, daß ausgerechnet dem Künstler die einzigartige Gabe zufällt, zu ihr vorzudringen und sie zu schildern. Wenn die Religion das Mittel des Glaubens an eine »höhere Realität« ist, wird dem Künstler diese Einzigartigkeit mit Sicherheit nicht zugestanden, obwohl vielleicht seine Rolle bei der Schilderung einer solchen Realität betont wird, jedenfalls solange sie sich an den akzeptierten Rahmen hält. Allerdings dürfte seine Tätigkeit in diesem Falle kaum als ein »schöpferischer« Akt betrachtet werden. Aller Wahrscheinlichkeit nach ist der Glaube an die künstlerische Schöpfung als ein Weg zur höheren Realität am ehesten in der Übergangszeit von einer vorwiegend religiösen zu einer primär humanistischen Kultur anzutreffen; denn er enthält Elemente beider Denkweisen: sowohl die Auffassung, daß es eine über die normale menschliche Sichtweite hinausreichende Wirklichkeit gebe, als auch die Ansicht, der Mensch besitze überragende schöpferische Kräfte. Da in einer solchen Übergangszeit der letztgenannte Anspruch aber ganz allgemein formuliert wird, tendiert er dazu, die Einzigartigkeit des Künstlers wieder in Frage zu stellen. Darüber hinaus wird er Elemente enthalten, die die »Vorstellungskraft« eher abwerten bzw. suspekt machen. Diese Tendenz zum Skeptizismus, eine Folge der Loslösung von einer primär religiösen Kultur, wird die Möglichkeit der Täuschung und die Tendenz zur müßigen Konstruktion »bloßer Phantasieerzählungen« verstärken. So verlief in großen Zügen auch die tatsächliche historische Entwicklung; dem Anspruch des Künstlers, Schöpfer einer höheren Realität zu sein, wurden von vornherein die möglichen Täuschungen der Vorstellungskraft und die irreführenden Elemente von Fiktion und Phantasieprodukt entgegengehalten.

Aus hunderten von Beispielen habe ich ihrer Zweideutigkeit wegen die folgende berühmte Stelle aus Shakespeare ausgewählt:

> »*Theseus:* More strange than true. I never may believe
> These antique fables, nor these fairy toys.

17

Lovers and madmen have such seething brains,
Such shaping fantasies, that apprehend
More than cool reason ever comprehends.
The lunatic, the lover and the poet
Are of imagination all compact.
One sees more devils than vast hell can hold;
That is the madman. The lover, all as frantic,
Sees Helen's beauty in a brow of Egypt.
The poet's eye, in a fine frenzy rolling,
Doth glance from heaven to earth, from earth to heaven,
And as imagination bodies forth
The forms of things unknown, the poet's pen
Turns them to shapes, and gives to airy nothing
A local habitation, and a name.
Such tricks hath strong imagination
That if it would but apprehend some joy
It comprehends some bringer of that joy.
Or in the night, imagining some fear,
How easy is a bush supposed a bear

Hippolyta: But all the story of the night told over,
And all their minds transfigured so together,
More witnesseth than fancy's images,
And grows to something of great constancy.«[15]

[15] *A Midsummer Night's Dream*, 5. Akt, 1. Szene.
T.: »Mehr wundervoll wie wahr.
   Ich glaubte nie an diese Feenpossen
   Und Fabelein. Verliebte und Verrückte
   Sind beide von so brausendem Gehirn,
   So bildungsreicher Phantasie, die wahrnimmt,
   Was nie die kühlere Vernunft begreift.
   Wahnwitzige, Poeten und Verliebte
   Bestehn aus Einbildung. Der eine sieht
   Mehr Teufel als die weite Hölle faßt;
   Der Tolle nämlich: der Verliebte sieht,
   Nicht minder irr', die Schönheit Helenas
   Auf einer äthiopisch braunen Stirn.
   Des Dichters Aug', in schönem Wahnsinn rollend,
   Blitzt auf zum Himmel, blitzt zur Erd' hinab,
   Und wie die schwangre Phantasie Gebilde
   Von ungekannten Dingen ausgebiert,
   Gestaltet sie des Dichters Kiel, benennt
   Das luft'ge Nichts und gibt ihm festen Wohnsitz.
   So gaukelt die gewalt'ge Einbildung,
   Empfindet sie nur irgendeine Freude,
   Sie ahnet einen Bringer dieser Freude;
   Und in der Nacht, wenn uns ein Graun befällt,
   Wie leicht, daß man den Busch für einen Bären hält!
H.: Doch diese ganze Nachtbegebenheit
   Und ihrer aller Sinn, zugleich verwandelt,
   Bezeugen mehr als Spiel der Einbildung
   Es wird daraus ein Ganzes voll Bestand.«
   (Übers. v. A. W. von Schlegel)

Die Verse über den Dichter werden häufig als zur Tradition des Schöpferischen gehörig zitiert. Sicher gehören sie auch hierher. Was aber nur selten bemerkt wird, ist die Tatsache, daß sie im Kontext einer Schilderung stehen, die ganz allgemein von der Täuschung handelt. Noch im Zitat schlägt die Bewertung um und bringt damit eine dauerhafte Vorstellung zum Ausdruck: Täuschung oder Illusion seien etwas ganz Gewöhnliches, daneben aber gebe es eine besondere, vom Dichter benutzte Kategorie von Illusion, die wertvoll sei.

Nahezu jede denkbare Ansicht ist in dieser konfusen Debatte vertreten worden. In der Praxis zeigt sich seit dem Beginn des 18. Jahrhunderts ein Schwanken zwischen einem naiven Realismus: »die Dinge so beschreiben, wie sie wirklich sind« – und den verschiedenen Spielarten der Romantik: von der Forderung, »die Dinge so zu beschreiben, wie sie sein sollten, wie sie im idealen Falle sind«, bis zu dem einfachen Anspruch auf »höhere Realität« – wie hier bei Shelley:

> »He will watch from dawn to gloom
> The lake-reflected sun illume
> The yellow bees in the ivy bloom
> Nor heed nor see, what things they be;
> But from these create he can
> Forms more real than living man,
> Nurslings of immortality.«[16]

Bewegt man sich auf die Gegenwart zu, stößt man auf zwei andere weitverbreitete Auffassungen. Der Glaube an eine einfache Art von Materialismus, der zumeist von der Leugnung jeglicher Vorstellung von übernatürlicher Wirklichkeit (einer Wirklichkeit außerhalb der menschlichen Reichweite) begleitet war, ist von einer Kunstauffassung ersetzt worden, die von der »Widerspiegelung der Wirklichkeit« (Nachahmung) subtiler ausgedrückt: von der »Organisierung der Wirklichkeit« ausgeht, derzufolge der Künstler selektiert, organisiert (wie in Shelleys »Synthese«) und somit Sinn und Wert verleiht. Die neue Psychologie dagegen, besonders Freud und Jung, hat den Anspruch erneuert, daß es eine Realität außerhalb der menschlichen Reichweite, besser: außerhalb der gewöhnlichen Reichweite des Menschen gebe, das »Unbewußte«, und daß von hier aus der Weg zu einer neuen Wissenschaft oder neuen

---

[16] *Prometheus Unbound*, 1. Akt.
»Schaun wird er von früh bis spät,
Wie im See die Sonne sich spiegelt
Und die gelben Bienen in Efeu taucht,
Nicht achten, wie sie beschaffen sind;
Gestalten aber kann er dann
Weit Höhres als belebte Menschen,
Zöglinge der Unsterblichkeit.«

Kunstdefinition zu beschreiten sei. Für Freud war die »Phantasie« das Material der Kunst, und er stellte ihr die »Realität« gegenüber. Der Künstler erschien ihm als eine Person, die sich aufgrund einer bestimmten psychologischen Veranlagung

»wie ein anderer Unbefriedigter von der Wirklichkeit ab(wendet) und all sein Interesse, auch seine Libido, auf die Wunschbildungen seines Phantasielebens (überträgt) ... Den Rückweg zur Realität findet der Künstler aber auf folgende Art. Er ist ja nicht der einzige, der ein Phantasieleben führt. Das Zwischenreich der Phantasie ist durch allgemein menschliche Übereinkunft gebilligt ... Aber den Nichtkünstlern ist der Bezug von Lustgewinn aus den Quellen der Phantasie mehr eingeschränkt ... Wenn einer ein rechter Künstler ist, dann verfügt er über mehr. Er versteht es erstens, seine Tagträume so zu bearbeiten, daß sie das allzu Persönliche, welches Fremde abstößt, verlieren ... Er weiß sie auch soweit zu mildern, daß sie ihre Herkunft aus den verpönten Quellen nicht leicht verraten. Er besitzt ferner das rätselhafte Vermögen, ein bestimmtes Material zu formen, bis es zum getreuen Ebenbild seiner Phantasievorstellung geworden ist, und dann weiß er an diese Darstellung seiner unbewußten Phantasie so viel Lustgewinn zu knüpfen, daß durch sie die Verdrängungen wenigstens zeitweilig überwogen und aufgehoben werden. Kann er das alles leisten, so ermöglicht er es den Anderen, aus den eigenen unzugänglich gewordenen Lustquellen ihres Unbewußten wiederum Trost und Linderung zu schöpfen, gewinnt ihre Dankbarkeit und Bewunderung ...«[17]

Die »Dankbarkeit und Bewunderung« sind Teil der »Realität«, zu der der Künstler zurückfindet.
Eine Weiterentwicklung dieser Position ist bei Herbert Read zu finden, der von Freuds Konzeption des menschlichen Geistes ausgeht:

»Wenn wir uns die Regionen des Geistes als drei übereinander gelagerte Schichten vorstellen (daß es sich dabei um ein inadäquates Bild handelt, wurde bereits angedeutet), dann können wir uns in einigen seltenen Fällen ein Phänomen ausmalen, das einer ›Verwerfung‹ in der Geologie gleichkommt. Daraus würde folgen, daß in einem Teil des Geistes die Schichten unterbrochen würden, so daß diese auf ungewöhnlichen Ebenen einander ausgesetzt wären ... Irgendeine derartige Hypothese ist notwendig, um die Einfühlsamkeit oder lyrische Intuition erklären zu können, die, als Inspiration bekannt, zu allen Zeiten im Besitz einiger weniger Individuen war, die wir als künstlerische Genies anerkennen.«[18]

Jung dagegen unterscheidet zwischen zwei Arten von künstlerischem Schaffen, einem »psychologischen«, das sein Material dem zur Intensität gesteigerten Bewußtsein entnimmt, und einem »visionären«, das aus den »zeitlosen Tiefen«, dem »Hinterland des menschlichen Geistes« kommt. Er unterscheidet weiterhin zwischen der Privatperson des Künstlers und der Natur seiner Tätigkeit als Künstler, die er als einen unpersönlichen

[17] »Vorlesungen zur Einführung in die Psychoanalyse«, *Gesammelte Werke*, Bd. XI (Frankfurt, 1966), S. 390 f.
[18] *Art and Society* (London, 1945), S. 94.

»Schaffensprozeß« sieht. Die schöpferische Tätigkeit erscheint hier als allgemeiner menschlicher Vorgang, den der Künstler durch seine Kunst auf unpersönliche Weise verkörpert, da er uns zurückversetzt »auf diejenige Stufe der Erfahrung, auf der der *Mensch,* nicht das Individuum lebt«.

Auf diese Weise wird die Idee des Schöpferischen einer weiteren Modifikation unterzogen. Die normalerweise unerreichbare Realität ist in den Menschen selbst hineinverlegt worden, wobei der Künstler zu der besonders begabten Person wird, die bis in diese Region vordringen kann. Die Assoziation mit der »Phantasie« aber, insbesondere bei Freud, ist nicht weit von der allgemeinen, sich realistisch gebenden Ansicht entfernt, der zufolge das Material der Kunst von der »Realität« geschieden und ihr unterlegen ist. Demgegenüber wurde von der realistischen Seite in der Kunst jedoch betont, daß das Material der Kunst die normale Realität sei und der Künstler, indem er sie nachahme, etwas Wertvolles leiste – d. h. abbilde, aufzeichne und lehre; oder aber es wurde der Anspruch aufgestellt, daß die Kunst eine besondere Art der Erforschung und Organisierung der Wirklichkeit darstelle, der Künstler in erster Linie ein »emotionaler« Forscher, der Wissenschaftler dagegen ein »rationaler« Forscher sei. So haben sich zwei extreme Positionen herausgebildet: auf der einen Seite wird das Material der Kunst als eine besondere Art von abnormaler Erfahrung betrachtet, als »Phantasie« abgewertet oder als »Inspiration« hochgeschätzt; auf der anderen Seite gilt das Material als »normale Alltagswirklichkeit«, die vom Künstler abgebildet oder organisiert wird. Die sprachliche Kuriosität in dieser oft stürmischen Debatte war der Gebrauch des Wortes »schöpferisch«, zu dem alle Schulen und Lehrmeinungen Zuflucht nahmen. Auch nach einem nur kurzen Einblick in die langwierige Diskussion um die Natur der Kunst gehört schon Mut dazu, noch zu behaupten, man wisse mit Sicherheit, was das Wort »schöpferisch« aussagt. Damit haben wir den Punkt erreicht, an dem wir uns einigen jüngeren Arbeiten zuwenden können, die die Wahrnehmung als einen Vorgang im Hirn und Nervensystem begreifen. Ich bin mir sicher, daß wir auf diese Weise der notwendigen Klärung dieser Fragen einen entscheidenden Schritt näher kommen.

IV

Das Hirn eines jeden von uns schafft buchstäblich seine eigene Welt. Diese erstaunliche These aus Professor J. Z. Youngs Werk *Doubt and Certainty in Science – a Biologist's Reflections on the Brain* hebt die Diskussion auf eine neue Stufe. In der traditionellen Debatte stand die

Betonung des »Schöpferischen« in einem impliziten Gegensatz zur »natürlichen Sichtweise«. Der Platoniker würde es so ausdrücken:

Mensch   – natürliche Sichtweise – Erscheinungen
Künstler – außergewöhnliche Sichtweise – Wirklichkeit

Der Romantiker hätte es vermutlich so gesehen:

Mensch   – natürliche Sichtweise – Wirklichkeit
Künstler – außergewöhnliche Sichtweise – höhere Wirklichkeit

Eine typisch moderne Darstellung wäre:

Mensch   – natürliche Sichtweise – Wirklichkeit
Künstler – außergewöhnliche Sichtweise – Kunst

Die Beziehung kann nahezu unendlich oft variiert werden, zumal man das Wort »Wirklichkeit« auf vielfache Weise benutzen kann. Aber als Ausgangspunkt dient doch stets die gleiche Prämisse: daß es nämlich eine normale Alltagswahrnehmung gebe, die aber ausnahmsweise von einer bestimmten Art Mensch oder Tätigkeit transzendiert werden kann. In den meisten Versionen wird ferner das Produkt der Alltagswahrnehmung als »Wirklichkeit« beschrieben – als die Gesamtheit der Dinge an sich, wie sie wirklich sind –, so daß das Produkt der künstlerischen Wahrnehmung als Veränderung (Organisierung, Idealisierung, Transzendierung) dieser »Wirklichkeit« gesehen werden muß, die von allen anderen Menschen geteilt wird. Diese Denkweise ist so tief in unserer Sprache und geistigen Tradition verwurzelt, daß ihre Neuinterpretation, die aufgrund unseres Wissens über die Wahrnehmung nun notwendig wird, außerordentlich schwierig ist. Die Herausforderung von Youngs These besteht darin, daß das Wort »schaffen« nicht nur die künstlerische Tätigkeit, sondern die Aktivität des menschlichen Geistes überhaupt meint.

Entscheidend an dieser neuen Darstellung der Tätigkeit unseres Hirns ist die Feststellung, daß jeder von uns *sehen lernen muß*. Die Entwicklung jedes menschlichen Lebewesens ist ein langsamer Prozeß, in dem es das lernt, was Young als die »Sehregeln« [the rules of seeing] bezeichnet, ohne die wir die Welt um uns herum nicht sehen könnten. Es gibt keine Realität von vertrauten Formen, Farben und Klängen, die wir einfach durch das Öffnen unserer Augen erfassen könnten. Die Informationen, die wir vermittels unserer Sinne von der materiellen Welt um uns herum empfangen, müssen bestimmten menschlichen Regeln gemäß interpretiert werden, bevor das, was wir »Realität« nennen, sich bildet. Das menschliche Hirn hat diese »schöpferische« Tätigkeit zu leisten, bevor wir als normale menschliche Lebenswesen überhaupt sehen können:

»Das visuelle System hat in ungeübtem Zustand eine nur sehr beschränkte Aufnahmefähigkeit. Wir lassen uns vielleicht dadurch täuschen, daß wir das Auge mit einer Art Kamera vergleichen. Entgegen unserer Ansicht registrieren Auge und Hirn aber nicht einfach in photographischer Manier, was vor ihnen abläuft. Das Hirn ist keineswegs ein Aufnahmesystem wie der Film . . . Viele unserer Geschäfte beruhen auf der Annahme, daß die Sinnesorgane uns, sozusagen unabhängig von uns selbst, genaue Aufzeichnungen liefern. Langsam erkennen wir indessen, daß dies eine Illusion ist, daß wir die Welt sehen lernen müssen.«[19]

Young fährt fort:

»In einem bestimmten Sinn läßt sich davon sprechen, daß wir die Welt buchstäblich schaffen . . . Es kommt entscheidend darauf an, zu begreifen, daß wir nicht einfach so tun können, als gebe es um uns eine Welt, über die unsere Sinne uns wahre Informationen vermittelten. Wenn wir bestimmen wollen, wie die Welt beschaffen ist, müssen wir stets daran denken, daß was wir sehen und sagen abhängig ist von dem, was wir gelernt haben, d. h. wir selbst treten in den Prozeß ein.«[20]

Für Sir Russell Brain stellt es sich so dar:

»Die sensorischen Qualitäten der normalen Wahrnehmung, Farben, Geräusche, Gerüche und Berührungen werden vom Hirn des Wahrnehmenden erzeugt; sie unterscheiden sich von den äußeren Vorgängen, die den Zustand der Objekte konstituieren, von denen sie hervorgerufen werden.«[21]

Die philosophischen Implikationen dieser Ansicht sind weitreichend und daher schwierig zu beurteilen; es kann aber kaum ein Zweifel daran bestehen, daß wir fortan davon ausgehen müssen, daß die *Realität, so wie wir sie erfahren,* in dem genannten Sinne eine menschliche Schöpfung darstellt, daß unsere gesamte Erfahrung eine menschliche Version der Welt ist, in der wir leben. Diese Version hat vor allem zwei Quellen: das menschliche Hirn, wie es sich langsam herausgebildet hat, und die Interpretationen, die wir von unserer Kultur geliefert bekommen. Die Version des Menschen von der von ihm bewohnten Welt hat eine zentrale biologische Funktion: sie ist eine Form der Interaktion zwischen ihm und seiner Umgebung, die ihm gestattet, sein Leben zu erhalten und größere Kontrolle über die Umwelt zu erlangen. Wir »sehen« auf bestimmte Weise, d. h. wir interpretieren sensorische Informationen aufgrund bestimmter Regeln, entsprechend einer Lebensweise. Aber diese Regeln und Interpretationen sind alles andere als konstant. Wir lernen vielmehr ständig neue Regeln und Interpretationen und sehen daher buchstäblich auf neue Weise. Es läßt sich deshalb im doppelten Sinne von einer »schöpferischen« Tätigkeit sprechen. Die Entwicklung des menschlichen Hirns und die dann von der Kultur gelieferten jeweili-

[19] J. Z. Young, *Doubt and Certainty in Science – a Biologist's Reflections on the Brain* (Oxford, 1951), S. 66.
[20] Ebda., S. 108.
[21] Sir Russell Brain, *Mind, Perception, and Science* (Oxford, 1951), S. 56.

gen Interpretationen geben uns bestimmte »Regeln« oder »Modelle«, ohne die ein menschliches Wesen einfach nicht »sehen« könnte. In jedem Individuum ist das Erlernen dieser Regeln infolge von Vererbung und Kultur eine Art Schöpfung, insofern nämlich, als die menschliche Welt – die durch eine Kultur bestimmte normale »Wirklichkeit« – sich erst herausbildet, wenn die Regeln gelernt werden. Wie Kulturen aber bestimmte Regeln entwickeln und Welten schaffen, die von ihren Trägern erfahren werden, so kann von ihnen auch in einem ganz ähnlichen Sinne gesagt werden, daß sie bestimmte Versionen der Wirklichkeit mit sich bringen. Indessen, es gibt nicht nur Unterschiede zwischen den einzelnen Kulturen, sondern die Individuen, die die jeweiligen Regeln zur Geltung bringen, sind auch fähig, sie zu verändern, zu erweitern, neue oder modifizierte Regeln einzuführen, mit Hilfe derer eine erweiterte oder veränderte Wirklichkeit erfahren werden kann. Auf diese Weise können neue Bereiche der Realität »entdeckt« oder »geschaffen« werden, und diese brauchen nicht auf irgendein Individuum beschränkt zu bleiben, sondern sie können auf interessante Art und Weise weitervermittelt werden, so daß das in einer bestimmten Kultur gegebene Bündel von Regeln erweitert wird.

Die sich aus diesem neuen Wissen ergebenden Auswirkungen scheinen mir von äußerster Bedeutung, aber aufgrund meiner eigenen Bemühungen, es zu verarbeiten, weiß ich, wie schwierig die Materie ist, wie gewiß seine Anwendung auf Ablehnung und Unverständnis stoßen wird. Allein die Formulierung dieses Wissens (das detailliert nur den einschlägigen Darstellungen entnommen werden kann) stellt schon ein Bemühen um eine Neuinterpretation, um neue Regeln dar, die nur unter Schwierigkeiten gelernt und weitervermittelt werden können. Wenn wir aber die Entwicklung der Idee des »Schöpferischen« bis hierhin verfolgt haben, haben wir eine außergewöhnlich gute Position erreicht, um den Charakter dieses Bemühens verstehen und klären können.

V

Die Theorien der »Nachahmung« und der »Schöpfung« lassen sich am besten als Versuche begreifen, die Beziehung zwischen zwei Tatsachenbereichen zu bestimmen: »Wirklichkeit« und »Kunst«. Wir haben gesehen, wie sehr sich die einzelnen Definitionen unterschieden, konnten aber nichtsdestoweniger beobachten, daß nahezu der gesamte Korpus der Kunsttheorie auf dem Gegensatz dieser beiden Bereiche aufbaute. Im einen Falle wurde die Kunst als Nachbildung der Wirklichkeit verstanden und dann entweder als eine Form des Lernens und der Aufzeichnung geschätzt oder als bloße Fiktion – zweitrangige Reproduktion – bzw. Lüge verworfen. Im anderen Falle galt Kunst als Schöpfung, wurde als Enthüllung und Transzendenz gefeiert oder als bloße Einbildung und Phantasie abgetan. Allen diesen Positionen, ungeachtet ob hohe Theorie oder niedriges Vorurteil, eignete die Annahme einer grundlegenden Dualität. Ein praktisch veranlagter moderner Mensch konnte ebenso wie Plato oder ein Puritaner die Kunst als minderwertig ablehnen. Ein Ästhet konnte wie ein Renaissancetheoretiker oder Aristoteles die Kunst als etwas Hohes preisen. Heute aber kann es bei dem so lange und teilweise erbittert geführten Dialog zwischen den beiden Positionen nicht mehr um ein Partei-Ergreifen für die eine oder andere Seite, sondern nur noch um die Ablehnung der Prämissen beider Seiten gehen. Der Gegensatz zwischen Kunst und Wirklichkeit kann endlich als falscher erkannt werden.

Die hochentwickelte Kunsttheorie unseres Jahrhunderts, in dem es eine verwirrende Vielfalt von Stilrichtungen gegeben hat, hat die folgende Unterscheidung getroffen: Eine Kunstform, die wir als darstellend, realistisch oder naturalistisch bezeichnen, enthält in einem ganz allgemeinen und objektiven Sinn eine normale Beschreibung oder Reproduktion der Wirklichkeit. Eine andere Form, die sich nicht so leicht etikettieren läßt, gelegentlich aber romantisch genannt wird, bietet nicht eine Darstellung der Wirklichkeit, sondern eine Darstellung, die bereits von den subjektiven emotionalen Reaktionen des Künstlers gefärbt ist, in der die Realität von der persönlichen Sicht des Künstlers organisiert, selektiert, idealisiert oder karikiert worden ist. Eine dritte Kunstform, die meistens als abstrakt bezeichnet wird, enthält weder eine Darstellung der Wirklichkeit noch ihrer subjektiven Modifikation, sondern gilt als direkter Ausdruck einer rein »ästhetischen« Erfahrung, als Darstellung nicht der Realität, sondern der Vision des Künstlers. Offensichtlich war irgendeine Klassifizierung dieser Art notwendig, um die auffällige Differenz zwischen den modernen künstlerischen Methoden zu verstehen. Aber wiederum wird deutlich, daß diese Klassifizierung im Grunde unzulänglich ist; denn auch sie beruht auf der Prämisse einer Dualität von Kunst und Wirklichkeit, einer Trennung zwischen dem Menschen und der von ihm beobachteten Welt.

Was wir nun über die Wahrnehmung wissen, ist insofern von großer Bedeutung, als es einen Ausweg aus dieser Dualität zeigt und somit unser Denken über die Kunst verändern kann. Die neuen Fakten entziehen der Annahme den Boden, daß es eine vom Menschen erfahrene Wirklichkeit gebe, in die seine Beobachtungen und Interpretationen nicht einflössen. Die Annahme des naiven Realismus – die Dinge so zu sehen, wie sie wirklich sind, unabhängig von unseren Reaktionen auf sie – bricht damit in sich zusammen. Gleichermaßen jedoch deuten die neuen Fakten in eine Richtung, die sich auch von der Spätform des

Idealismus unterscheidet. Sie führen nicht zu der Annahme, daß es überhaupt keine Realität außerhalb des menschlichen Geistes gebe. Vielmehr unterstreichen sie, daß alle menschliche Erfahrung eine Interpretation einer nichtmenschlichen Wirklichkeit ist. Dies aber ist keine Dualität von Subjekt und Objekt, wie die Prämisse der meisten Kunsttheorien lautete. Die menschliche Erfahrung ist vielmehr sowohl subjektiv als auch objektiv, ein einziger untrennbarer Prozeß. Caudwell drückte das wie folgt aus:

»Körper und Umgebung stehen in ständig determinierenden Beziehungen zueinander [constant determining relations]. Wahrnehmung ist nicht das Entschlüsseln irgendwelchen Kribbelns auf der Haut. Wahrnehmung ist eine determinierende Beziehung zwischen Nervenelektronen und Umgebungselektronen. Jeder Körperteil wirkt nicht nur auf die anderen Körperteile ein, sondern steht auch in einer determinierenden Beziehung zur übrigen Realität, wird von ihr bestimmt und bestimmt sie, wobei diese Interaktion – die ständig wechselnden Folgen ineinandergreifender Vorgänge – die Entwicklung vorantreibt . . . In dieser ungeheuren Zahl von Beziehungen läßt sich eine bestimmte Gruppe erkennen, die sich verändert, wenn die Welt sich verändert, nicht mit ihr oder unabhängig von ihr, sondern in einer gegenseitig determinierenden Interaktion mit ihr. Diese reichhaltige, hochorganisierte und noch frische Selektion bezeichnen wir als das Bewußtsein oder als unser Ich. Nicht wir selektieren es, sondern es wird im Laufe der Entwicklung abgesondert [separated out], wie das Leben, die Sonne, die Planeten und die Elemente im Entstehungsprozeß abgesondert worden sind. Abgesondert und dennoch sich verändernd, ist es das Bewußtsein, sind *wir* es, insofern wir uns als bewußtes Ich betrachten. Abgesondert, ist es dennoch nicht vollends ausgesondert, wie ja auch die Elemente nicht vollkommen ausgesondert worden sind. Wie diese bleibt es in einer determinierenden Beziehung zum übrigen Universum, und das Studium der Organisation dieser entwickelten Struktur, ihrer inneren Beziehungen sowie der Beziehungen des Systems mit allen anderen Systemen – das ist Psychologie.«[22]

Die Schwierigkeit dieser Konzeption braucht kaum hervorgehoben zu werden, ihr Verständnis erfordert viel Mühe. Es ist aber interessant festzustellen, daß man zu ihr nicht nur auf dem Weg über die Wissenschaft von der Wahrnehmung gelangen kann, sondern auch über einen Teil unseres überlieferten Denkens zum Problem der »Schöpfung«. Coleridge kam ihr sehr nahe, als er, wie bereits bemerkt, schrieb, daß die »primäre Imagination« das »Hauptagens und die lebendige Kraft hinter aller menschlichen Wahrnehmung« sei, »eine Wiederholung des ewigen Schöpfungsaktes im endlichen Geist«. An der Tendenz zur Personifizierung dieses Prozesses [Coleridge schreibt *living Power*, »lebendige Kraft«, und *prime Agent*, »Hauptagens«, mit großen Anfangsbuchstaben, H. G. K.] sowie an dem Gegensatz zwischen »endlichem Geist« und personifizierter »Schöpfung« [Creation] läßt sich jedoch erkennen, daß dieser Einsicht durch das traditionelle Denken Grenzen gesetzt

[22] Christopher Caudwell, *Further Studies in a Dying Culture* (London, 1949), S. 208 f.

waren. Betrachten wir das Problem noch einmal mit den Augen des Biologen Young:

»Unsere geringe Erfahrung von Zeit und Sein befugt uns nicht, eine Art von Schöpfung oder überhaupt einen Anfang als gegeben vorauszusetzen. Diese dürftige Art, die Dinge beim Namen zu nennen, rührt von dem Denkmodell her, das die grundlegende Realität des Lebens als ein Ich, mit einem Anfang und einem Ende, betrachtet. Die Erkenntnisse der Biologie haben gezeigt, daß die Annahme eines solchen Beginns für jeden einzelnen von uns unhaltbar ist. Unsere Organisation, das Wesentlichste und Dauerhafteste, was uns umgibt, ist nicht aus dem Nichts entstanden, sondern wird ständig weitervermittelt ... Vielleicht sollten wir, anstatt uns weiterhin mit dem Schöpfungsakt als einem Anfang zu beschäftigen, genau am entgegengesetzten Ende beginnen und über die Frage der Kontinuität sprechen. Der Sinn, in dem sich von Schöpfung sprechen läßt, liegt im Aufbau der Organisation, der im Leben jedes einzelnen Individuums vor sich geht, besonders hinsichtlich des Hirns ... Es scheint im Universum zwei generelle Gesetze zu geben: erstens das Gesetz der Assoziation, der Bindung, d. h. die Tendenz, daß zufällig angeordnete Prozesse sich zusammenschließen und eine größere Einheit bilden; zweitens das Gesetz, daß eine solche Einheit nicht von Permanenz ist, sondern sich früher oder später auflöst und neue Zufälligkeit herbeiführt. Das scheint mit Gewißheit ein allgemeines biologisches Prinzip zu sein, und wir haben bemerkt, wie nützlich dieser Wechsel von Aggregation und Desaggregation für die Beschreibung der Entwicklung unseres Hirns und der gesamten Organisation des Menschengeschlechts ist. Infolge des Wechsels von Entwicklung und Tod, auf den wiederum eine neue Form der Organisation folgt, bleibt so jede Art im Gleichgewicht mit ihrer Umwelt. Das Leben erhält auf diese Weise gewissermaßen die Kommunikation mit der nicht-lebendigen Welt ... Durch den Wechsel von Organisation und Auflösung ergibt sich ein rhythmischer Aufbau, ein ununterbrochener Prozeß der ›Schöpfung‹.«[23]

Dieser grundlegende Vorgang verbindet den Menschen mit allen anderen Lebewesen. Allerdings hat sich der Mensch in einer Weise entwickelt, daß daraus ein ständiger Lern- und Umlernprozeß geworden ist, mit dem verglichen die Instinktmechanismen der Tiere relativ unveränderlich wirken. Es gehört zur Natur des Menschen und kennzeichnet die Geschichte seiner Evolution, daß er infolge der beschriebenen Vorgänge ständig lernt. Da diese ständige Organisation und Reorganisation des Bewußtseins für den Menschen eine Organisation und Reorganisation der Wirklichkeit ist – das Bewußtsein ist ein Mittel, mit dem er seine Umwelt beherrschen lernt –, kann der Mensch ganz offensichtlich in einem echten Sinne als Schöpfer bezeichnet werden.
Alle Formen von Leben verfügen über irgendein Kommunikationssystem, aber wiederum hat beim Menschen der Prozeß des Lernens und Umlernens infolge gesellschaftlicher Organisation und Tradition eine Anzahl von höchst komplexen und stark ausgeprägten Kommunikationssystemen ermöglicht. Gestik, Sprache, Musik und Mathematik sind allesamt Systeme dieser Art. Wir können sie uns zwar als separate

[23] Young, a.a.O., S. 159 ff.

Systeme vorstellen, um ihre Natur richtig zu verstehen, müssen wir sie aber im Zusammenhang mit dem gesamten gesellschaftlichen Lernprozeß betrachten. Kunst und Wissenschaft, Gefühl und Vernunft lassen sich zwar gegenüberstellen, die von ihnen bezeichneten Tätigkeiten sind aber eng miteinander verflochtene Teile des gesamten menschlichen Prozesses. Wir können nicht die Wissenschaft auf das Objekt und die Kunst auf das Subjekt beziehen; denn die Auffassung von der menschlichen Aktivität, die wir hier zu begreifen versuchen, lehnt eine solche Dualität ab: Das Bewußtsein ist Teil der Wirklichkeit, die Wirklichkeit Teil des Bewußtseins und beide sind Teil des gesamten Prozesses unserer lebendigen Organisation. Coleridge sprach vom »substantiellen Wissen« als einer »Intuition der Dinge, die dann entsteht, wenn wir eins mit dem Ganzen sind«. Diese Erkenntnis erfaßt die höchste Form der menschlichen Organisation, obwohl der darin erfaßte Prozeß nichts anderes als die gewöhnliche Form unseres Lebens darstellt. Wenn wir uns dagegen als »losgelöste Wesen betrachten und die Natur als Antithese des Geistes auffassen, das Objekt dem Subjekt, das Ding dem Gedanken, den Tod dem Leben« entgegensetzen, dann fallen wir zurück auf das, was Coleridge das »abstrakte Wissen« nannte. Das Verhältnis von Objekt und Subjekt nicht länger als Antithese von Natur und Geist zu konzipieren, verlangt eine langwierige und mühsame Revolution unserer Vorstellung; denn ein Großteil unseres Denkens beruht noch immer auf solchen falschen Prämissen. Es kann jedoch als gesichert gelten, daß Kunsttheorien, die weiterhin auf einen Gegensatz von »Künstler« und »Realität« aufbauen, von nun an irrelevant sind. Wir müssen solche Ansätze rückgängig machen und nach neuen Bestimmungen suchen.

VI

Wir lernen, eine Sache zu sehen, indem wir sie beschreiben lernen. Dieser normale Wahrnehmungsvorgang kann aber nur dann als vollständig betrachtet werden, wenn wir die anfallende sensorische Information entweder mit einer bekannten Regel oder einer neuen Struktur interpretiert haben, die dann als neue Regel erlernt werden kann. Dieser Vorgang der Interpretation hat nichts Zufälliges oder Abstraktes an sich. Er erfüllt vielmehr eine lebensnotwendige Funktion; denn durch das Verständnis unserer Umgebung können wir erfolgreicher in ihr leben. Stellt man jedoch die Behauptung auf, man sähe eine Sache dadurch, daß man sie beschreiben lernt, so verknüpft man das Sehen in grundlegender Weise mit der Kommunikation. Wir verfügen über viele

Möglichkeiten der Beschreibung, sowohl über solche, die auf erlernten Regeln aufbauen – also konventionelle Beschreibungen –, als auch über bestimmte Arten von Handlungen oder Reaktionen – Gestik, Sprache oder Bild –, von denen wir genau spüren, daß wir sie schaffen, wenn wir darum bemüht sind, neue Informationen mitzuteilen, für die die konventionellen Beschreibungen nicht mehr ausreichen. Man hat dieses Bemühen um Beschreibung – das nicht einfach ein Bemühen um die Darstellung von etwas Bekanntem ist, sondern tatsächlich eine Sichtweise neuer Dinge und neuer Beziehungen umfaßt – oft bei Künstlern bemerkt, es ist aber keineswegs auf diese beschränkt. Nicht nur Wissenschaftler und Denker, sondern alle Menschen zeigen dieses Bemühen. Die Geschichte einer Sprache ist dafür ein sehr gutes Beispiel; denn die Art und Weise, wie sich eine Sprache ändert, wie alte Beschreibungen verbessert, neue eingeführt werden, ist eine wahrhaft gesellschaftliche Angelegenheit, ist Teil des normalen Lebens. Die besondere Funktion der Künste und das Wesen des Künstlers können aus dieser Tätigkeit jedoch nicht erschlossen werden. Weder imaginatives Leben noch das Bemühen, eine neue Erfahrung zu beschreiben sind auf den Künstler beschränkt, die Verbreitung und Vermittlung neuer Beschreibungen und Bedeutungen geht in vielen Bereichen vor sich: in der Kunst, im Denken, in der Wissenschaft und im normalen gesellschaftlichen Prozeß. Was wir als Kunst bezeichnen, ist nur eine von vielen Beschreibungs- und Kommunikationsmöglichkeiten, und die meisten Künste sind offensichtlich nur Weiterentwicklungen dieser Möglichkeiten, so wie sich der Tanz aus der Gestik, die Poesie aus der Sprache entwickelt hat. Dennoch aber ist die Beschreibung eine Funktion der Kommunikation, und wir können die Künste am besten verstehen, wenn wir einen Blick auf diese lebensnotwendige Beziehung werfen. Die Erfahrung muß also beschrieben werden, um erkannt werden zu können (wobei die Beschreibung die Umsetzung der Erfahrung in eine kommunikable Form ist), und weiterhin muß infolge der biologischen Grundlage dieser Beschreibung ein anderer Organismus Anteil nehmen können. Das Charakteristische an den Künsten ist nun, daß sie über sehr mächtige Mittel verfügen, diese Anteilnahme [sharing] herbeizuführen, obwohl diese Mittel in den meisten Künsten wiederum nur Höherentwicklungen allgemeiner Kommunikationsformen sind.

Das augenfälligste Mittel dieser Art ist der Rhythmus. Die wissenschaftliche Erforschung des Rhythmus steht noch in den Anfängen; aus dem, was uns bekannt ist, geht aber klar hervor, daß der Rhythmus ein Weg zur Übermittlung einer Erfahrung ist, ein Weg, auf dem die Erfahrung in der rezipierenden Person neu geschaffen wird, und zwar nicht nur als »Abstraktion« oder »Emotion«, sondern mittels eines physischen Effekts im Organismus – im Blut, im Atemvorgang, im physischen Muster des Hirns. Wir gebrauchen den Rhythmus für verschiedene Zwecke, die Künste aber (alle Künste, würde ich sagen, obwohl es sich bei den visuellen Künsten nur schwer nachweisen läßt) enthalten besonders hochentwickelte, außergewöhnlich mächtige rhythmische Mittel, mit deren Hilfe die Mitteilung der Erfahrung bewerkstelligt wird. Der Mensch schuf diese Rhythmen und schafft sie noch immer, so wie er Farben »schafft«. Die Bewegung des Körpers, die Kraft der Stimme, der Klang der Instrumente sind – wie Farben, Formen und Muster – so machtvolle Formen der Übermittlung unserer Erfahrung, daß die Erfahrung von anderen Menschen im wahrsten Sinne des Wortes erlebt werden kann. Immer wieder ist dies beim Umgang mit den Künsten so empfunden worden, und langsam beginnen wir zu verstehen, warum dies mehr als eine Metapher war und daß sich dahinter eine wirkliche physische Erfahrung verbarg und verbirgt.

Die Künste sind demnach intensive Formen der Kommunikation allgemein, aber damit begegnen wir einer neuen Schwierigkeit; denn die klangvolle Stimme, der sich bewegende Körper, die Skulptur und das Bild sind natürlich ihrerseits »Objekte«, die interpretiert und rezipiert werden müssen. Die von einem Gemälde ausgehende sensorische Information ist mit diesem Gemälde genauso wenig »identisch« wie eine sensorische Information, die von einem Stein oder Baum ausgeht, mit diesem Stein oder Baum identisch ist. Das Gemälde muß wie jedes andere visuelle »Objekt« zunächst interpretiert und beschrieben werden, bevor es »gesehen« werden kann. Daran wird die notwendige gesellschaftliche Basis jeglicher Kunst deutlich, denn niemand kann ein Kunstwerk sehen, wenn er nicht mit dem Künstler die komplexen Details und Mittel eines erlernten Kommunikationssystems gemein hat (und dies gilt durchaus für das Sehen, ist erst für das Verstehen eines Kunstwerks). Aber natürlich gibt es verschiedene Niveaus der Kommunikation, angefangen von ihrem völligen Versagen (was freilich innerhalb einer bestimmten Kultur kaum je vorkommen wird) über Fehlinterpretationen und Mißverständnisse bis zu so etwas wie einer umfassenden Rezeption. Daher ist es möglich, daß wir ein Gemälde sehen, es aber nicht begreifen. Irgend etwas dringt vielleicht zu uns durch, aber nicht auf einem signifikanten Niveau. Daran kann sowohl der Künstler als auch der Betrachter schuld sein, aber in die üblichen Anschuldigungen zu verfallen, ist nicht sehr hilfreich. Vielmehr geht es darum, die Natur und Schwierigkeit dessen zu erkennen, was hier angestrebt wird: die substantielle Kommunikation einer Erfahrung von einem Organismus zu einem anderen. Kunst kann nur dann existieren, wenn eine arbeitsfähige Kommunikation hergestellt wird, und diese Kommunikation ist eine Tätigkeit, in die sowohl Künstler als auch Betrachter eingespannt sind. Wenn Kunst vermittelt wird, wird eine menschliche Erfahrung aktiv angeboten und aktiv rezipiert. Unterhalb dieser Schwelle von Aktivität kann es keine Kunst geben.

Die Beschaffenheit der künstlerischen Tätigkeit innerhalb dieses Prozesses läßt sich näher bestimmen. Der Künstler hat mit anderen Menschen das gemein, was gewöhnlich als die »schöpferische Vorstellungskraft« bezeichnet wird, d. h. die Fähigkeit, neue Beschreibungen der Erfahrung zu finden und zu organisieren. Andere Menschen haben wiederum mit dem Künstler die Fähigkeit gemein, diese Beschreibungen zu vermitteln, denn im vollen Sinne Beschreibungen sind sie nur, wenn sie in eine kommunikable Form gebracht worden sind. Die besondere Natur der künstlerischen Arbeit besteht nun darin, daß der Künstler eine erlernte Geschicklichkeit bei einer bestimmten Art der Vermittlung von Erfahrung benutzt. Seine Beherrschung dieser Geschicklichkeit ist seine Kunst (es ist daran zu erinnern, daß der traditionelle Sinn des Wortes »Kunst« eben »Geschicklichkeit« war). Die Intention hinter dieser Geschicklichkeit entspricht aber der in allen anderen menschlichen Kommunikationsfertigkeiten: intendiert ist die Vermittlung einer bedeutenden Erfahrung. Der künstlerische Impuls ist daher wie jeder andere menschliche Kommunikationsimpuls eine als bedeutend empfundene Erfahrung; die künstlerische Tätigkeit besteht lediglich in der Arbeit an ihrer Vermittlung. Deshalb kann es auch keine Trennung von »Inhalt« und »Form« geben; denn die Auffindung der Form ist die Auffindung des Inhalts – nichts anderes meint die Tätigkeit, die wir »beschreiben« nannten. Es ist also zunächst für jeden Menschen eine dringende persönliche Notwendigkeit, seine Erfahrung zu »beschreiben«, da er sich hierbei buchstäblich erneuert, einen schöpferischen Wandel in seiner persönlichen Organisation durchmacht, um die Erfahrung einschließen und kontrollieren zu können. Dieses Ringen um unsere Erneuerung – die Veränderung der persönlichen Organisation, um in eine richtige Beziehung zu unserer Umwelt zu treten – ist oft mit großen Schmerzen verbunden. Viele Neurologen würden heute sagen, daß der Zustand, bevor die Beschreibung gelingt, das Stadium unserer Organisation, bevor eine neue sensorische Erfahrung erfaßt wird, das Bemühen, adäquat zu reagieren, während die neue Erfahrung noch desorganisiert und beunruhigend ist – daß all dies biologisch dem entspricht, was wir »physischen Schmerz« nennen. Die manchmal als Übertreibung betrachtete »schöpferische Agonie« gibt es tatsächlich. Darüber hinaus ist der Impuls zur Kommunikation eine erlernte menschliche Reaktion auf alles Unruhe Verursachende. Für das Individuum geht es natürlich darum, durch eine adäquate Beschreibung erfolgreich zu kommunizieren. So ist auch der bei Künstlern oft beobachtete Zustand zu verstehen, in dem das Ringen um eine adäquate Beschreibung – um die richtige Handhabung der Worte oder der Farbe

– ohne Rücksicht auf andere unternommen zu werden scheint und anscheinend nur persönliche Bedeutung hat. Solange die Beschreibung inadäquat ist, kann es keine relevante Kommunikation geben. Nur an den Kontakt mit anderen zu denken, ohne gleichzeitig diese Erfahrung im Auge zu behalten, wäre irrelevant und ablenkend. Echte Kommunikation beruht auf diesem Bemühen um eine präzise Beschreibung, obwohl daraus natürlich nicht folgt, daß die Beschreibung um ihrer selbst willen da wäre; Aufmerksamkeit und Bemühen sind vielmehr Vorbedingungen relevanter Kommunikation.

Wir reagieren auf beunruhigende Vorkommnisse nicht nur damit, daß wir uns erneuern, sondern auch damit, daß wir – wenn möglich – die Umwelt verändern. In der Tat handelt es sich dabei um zwei Seiten desselben Vorgangs, so wie Bewußtsein und Wirklichkeit sich gegenseitig durchdringen. Der Künstler erneuert sich, wie alle Menschen, durch Arbeit, die die Umgebung und, indem sie erlernt wird, auch den Menschen selbst erneuert. Dies ist der Fall in allen auf Sprache, Klang und Bewegung beruhenden Künsten, in denen die künstlerische Vermittlung der Erfahrung intendiert, die bestehenden Beziehungen zu verändern. Am deutlichsten läßt sich das an der Bildhauerei erkennen, wo an einem Objekt gearbeitet wird, als würde ein ganzer Prozeß der Erfahrung modelliert und wo doch die Erfahrung erst im Akt des Modellierens entdeckt wird. Der Künstler arbeitet am Material, bis es »richtig« ist; wenn es aber richtig ist, ist auch er selbst auf dem richtigen Weg. Im gleichen Prozeß, in dem das Kunstwerk geschaffen wird, erneuert sich auch der Künstler. Abstrakt gesprochen ließe sich sagen, er habe das Material so lange bearbeitet, bis es ihm seine Erfahrung rückvermittelt; oder er sei bei der Arbeit am Material auf eine neue Art von Erfahrung gestoßen, die er tatsächlich an ihm erlernt habe. Aber so schwer das vielleicht zu begreifen ist, der tatsächliche Prozeß gleicht keinem von beiden. Weder arbeitet das Subjekt am Objekt, noch das Objekt am Subjekt. Sondern wir haben eine dynamische Interaktion vorliegen, die ein einziger ununterbrochener Prozeß ist. Der Mensch gestaltet die Form, die Form gestaltet wiederum den Menschen, beides sind lediglich alternative Beschreibungen desselben Prozesses. Auf die aufregende und mühevolle Arbeit folgt das genußvolle Vergnügen angesichts der Vollendung, und so lebt und arbeitet nicht nur der Künstler, sondern so leben und arbeiten in einem langen, immer wieder endenden und von neuem beginnenden Prozeß die Menschen überhaupt.

VII

Die wahre Bedeutung dieses neuen Wahrnehmungs- und Kommunikationsverständnisses liegt darin, daß es die schöpferische Tätigkeit der

Kunst als menschliche Aktivität allgemein faßt. Wir hatten uns dem Wort »schöpferisch« wegen seiner Stellung in der Tradition zugewandt; die in dieser Tradition aktiven Kräfte führten aber auch zur Verwendung der Idee des »Schöpferischen« in anderen Bereichen. Wir müssen uns nun mit einer Konsequenz beschäftigen, die sich daraus für die Bestimmung der Kunst ergibt.

J. Z. Young schreibt:

»Der schöpferische Künstler ist ein Beobachter, dessen Hirn auf neue Weise arbeitet und es ihm daher ermöglicht, anderen Informationen über Dinge zu vermitteln, die zuvor nicht Gegenstand der Kommunikation waren. Auf der Suche nach Mitteln der Kommunikation schärfen wir unsere Beobachtungskraft. In dieser Hinsicht sind die Entdeckungen des Künstlers und des Wissenschaftlers völlig gleich.«[24]

Und noch einmal:

»Der Maler hat seine eigene Art, seine Beobachtungen zu kommunizieren. Originelle Maler gehen neue Wege, finden neue Formen. Diese erweitern im wahrsten Sinne des Wortes die Sicht von Künstler und Betrachter gleichermaßen. Die Künstler haben mit einem bestimmten Symbolsystem neue Aspekte des Raumes entdeckt, die Physiker mit einem anderen.«[25]

So weit ist das ein brauchbares und akzeptables Argument; in dem Augenblick allerdings, wo wir uns nicht mehr mit der Kunst allgemein, sondern mit einzelnen Werken befassen, ergibt sich aus der Kennzeichnung der Kunst als etwas »Neuem« eine Schwierigkeit. Es ist unter Philosophen und Naturwissenschaftlern weit verbreitet, ihre Kunstdiskussion – vielleicht unbewußt – auf große und originelle Werke zu beschränken, eine Beschränkung, die der Kritiker, der mit allen möglichen Arten von Kunst zu leben hat, kaum akzeptieren kann. Wenn wir uns dem neuesten Roman, dem letzten Gedichtband, einem gängigen Stück oder Film, einer normalen Ausstellung zuwenden, können die besten ästhetischen Definitionen jeden Wirklichkeitscharakter verlieren. Und wenn dies für die durchschnittliche Kunst gilt, dann erst recht für die wirklich schlechte, von der es genug Beispiele gibt. Die Produzenten aller Arten von Kunst beanspruchen ganz zu Recht das Wort »schöpferisch«, obwohl offenbar nur wenige von ihnen »Informationen über Dinge vermitteln, die zuvor nicht Gegenstand der Kommunikation waren«. Für gewöhnlich wird die Schwierigkeit dadurch umgangen, daß alle Werke, auf die die Definition nicht zutrifft, als »nicht zur Kunst, nicht wirklich zur Kunst gehörig« bzw. als »Produkte von Schreiberlingen« ausgegeben werden. Aber können wir uns damit begnügen? Nahezu alle Kunstwerke sind das Resultat der gleichen allgemeinen Tätigkeit,

[24] Ebda., S. 120.
[25] Ebda., S. 186.

der gleichen *Art* von Geschicklichkeit, die den *King Lear,* Blakes *Sunflower* und van der Weydens *Pieta* hervorgebracht hat. Die Wertdisparität ist kein Beweis dafür, daß es sich um grundsätzlich verschiedene Praktiken oder Intentionen handelt, zumal wir nicht nur auf große und schwache Kunst, sondern auf das ganze Spektrum der dazwischen liegenden Abstufungen stoßen. Tatsache ist, daß die ästhetische Theorie, selbst wenn sie durch neues Wissen über die Wahrnehmung und Kommunikation bereichert wurde, normalerweise an zwei traditionellen Vorstellungen über das »Schöpferische« festgehalten hat. Einmal daran, daß der Künstler besonders inspiriert sei, wodurch man zu einer leichten, aber falschen Lösung des Problems der Wertung in der Kunst gelangte: »Wir meinen mit Kunst die Werke von Künstlern, d. h. Menschen, die besonders inspiriert sind; nicht dagegen die Werke von Menschen, die, obgleich sie schreiben, malen, komponieren, nicht Künstler, d. h. nicht inspiriert sind.« Schwarz auf weiß wirkt eine derartige Aussage ungeheuer dumm. Zum anderen hat man in ganz ähnlicher Weise an dem Gedanken der »Enthüllung«, der Entdeckung einer »höheren Wirklichkeit« festgehalten, und natürlich soll uns damit Glauben gemacht werden, daß es die Aufgabe des Künstlers sei, neue Entdeckungen über die Welt zu machen (»schöpferisch« entspricht hierbei »neu«). In Wirklichkeit aber ist dies ein sehr hinderlicher Gedanke, da er uns zwingt, von vornherein einen beträchtlichen Teil der Kunst auszuschließen, der von uns untersucht und verstanden werden muß. Indem wir uns jedoch bewußt werden, aus welcher Tradition solche Gedanken kommen, können wir sie auch zurückweisen, und wenn dies einmal erfolgt ist, sind wir in der Lage, die gesamte Kunst und nicht nur ausgewählte Beispiele als Teil unserer allgemeinen Darstellung von Wahrnehmung und Kommunikation zu schildern.

Bezeichnenderweise klammert die ästhetische Theorie stillschweigend die Kommunikation als gesellschaftliches Faktum aus. Kommunikation ist aber die Crux jeder Kunst, denn eine adäquate Beschreibung der Erfahrung muß mehr als eine einfache Vermittlung sein; sie muß rezipiert werden und einen Respons auslösen. Wie erfolgreich der Künstler auch seine Erfahrung in eine Form gebettet haben mag, die der Vermittlung fähig ist, sie kann doch von keiner Person ohne die weitere »schöpferische Tätigkeit« der gesamten Wahrnehmung rezipiert werden: Die vom Werk vermittelte Erfahrung muß interpretiert, beschrieben und in die Organisation des Betrachters aufgenommen werden. Es ist nicht eine Frage der »inspirierten« oder »nicht-inspirierten« Vermittlung an ein passives Publikum, sondern auf jeder Stufe ein Angebot von Erfahrung, das akzeptiert, abgelehnt oder ignoriert werden kann. Zwar wird jedes Kunstwerk, das bewußt gesehen wird, auch in einem einfachen Sinn rezipiert; für den Betrachter ist es aber damit nicht getan. Wie gelangt die Erfahrung zum Betrachter und welche Wirkungen hat sie auf ihn?

In bestimmten Fällen wird es vorkommen, daß die von einem Werk beschriebene künstlerische Erfahrung vom Betrachter völlig im Sinne des Künstlers interpretiert wird, so daß diese Erfahrung buchstäblich im Betrachter aufgeht. Eine solchermaßen zugänglich gemachte Erfahrung meint Young, wenn er von der »buchstäblichen Erweiterung« der Sicht spricht, obwohl »Erweiterung« vielleicht nicht das beste Wort ist. Manchmal mag es sich dabei in der Tat um eine Ausdehnung, eine neue Sichtweise handeln. Aber ein beträchtlicher Teil auch der von der großen Kunst angebotenen Erfahrung ist in diesem Sinne gar nicht neu. Zur Erfahrung gehört auch die ganz andere Qualität von »Erkenntnis«, die etwas meint, das wir bereits kannten. Wenn wir die Kunstgeschichte betrachten, verschwindet diese Schwierigkeit jedoch. In vielen Gesellschaften hatte die Kunst die Funktion, etwas darzustellen, das man als die gemeinsamen Bedeutungen [common meanings] der Gesellschaft bezeichnen könnte. In diesem Fall schildert der Künstler nicht neue Erfahrungen, sondern gibt bekannten Erfahrungen Gestalt. Es ist also gefährlich, anzunehmen, daß die Kunst nur an der Grenze des Wissens arbeite und diene. In unruhigen und sich rasch verändernden Gesellschaften nimmt sie eine solche Funktion wahr; daneben aber wirkt sie auch im Zentrum der Gesellschaft. Nicht selten findet eine Gesellschaft erst durch die Kunst ihre Ausdrucksform. In diesem Fall ist der Künstler nicht der einsame Forscher, sondern die Stimme seiner Gemeinschaft. Selbst in einer komplexen Gesellschaft wie der unsrigen scheinen bestimmte Künstler noch im Zentrum der gemeinsamen Erfahrung zu stehen, wohingegen andere an ihren Grenzen zu finden sind. Es wäre aber falsch, anzunehmen, daß es sich hierbei um den Unterschied zwischen »mittelmäßiger« und »großer Kunst« handle. Weder ist alle »ungewöhnliche« Kunst wertvoll noch alle »vertraute« Kunst wertlos.

Es scheint sinnvoller, von der Kunst als einer Organisation der Erfahrung, insbesondere von ihrer Wirkung auf den Betrachter oder das Publikum zu sprechen. Bei Menschen, die aufgrund eines gemeinsamen Lebenszusammenhangs an einer bestimmten – ihre Tätigkeit formenden – Organisation teilhaben, zeigt sich, daß die Organisationsprozesse Institutionen sind, zu denen gewöhnlich auch die Kunst gehört. Young weist darauf hin, daß das innerhalb einer Gesellschaft zentrale Gebäude, ob Grabhügel oder Kathedrale, in Wirklichkeit ein Mittel der Kommunikation ist; es organisiert und erneuert eine gemeinsame Bedeutung, vermöge deren die Menschen in der Gesellschaft leben. Die Entdeckung eines Kommunikationsmittels ist die Entdeckung einer gemeinsamen Bedeutung, und in vielen Gesellschaften besteht die Funktion des Künstlers eben darin, Geschicklichkeit im Umgang mit den Mitteln zu erwerben, mit denen diese Bedeutung weiterhin erfahren und aktiviert werden kann. Die menschlichen Körper, die die Träger der Bedeutungen sind, sterben. Die einzelnen überdauernden Monumente aber sowie die sich in den jeweiligen Bildern, Mustern und Rhythmen ausdrückende künstlerische Geschicklichkeit überleben, um den Prozeß der Organisation fortzusetzen. Die Bedeutung muß von der Gesellschaft als ganzer wie auch von jedem Individuum in ihr ständig neu geschaffen werden. Selbst die Geschicklichkeit ist nicht eine Ware, die sich passiv ererben ließe, sondern ein Vorgang, der als ein Bestandteil der individuellen künstlerischen Entwicklung zu erlernen ist: Mittel und Bedeutung müssen in diesem gesamten Prozeß persönlich nachvollzogen werden. Andererseits verändert sich aber die gemeinsame Erfahrung selbst, die von den einzelnen Erfahrungen interpretiert wird. Dies kann auf mehreren Wegen geschehen: einmal auf langsame, kaum merkbare Weise; dann mit einer derartigen Schnelligkeit, daß das Faktum des Wandels eine Angelegenheit des allgemeinen Bewußtseins wird; oder schließlich auf vielfach abgestufte Weise zwischen diesen beiden Extremen. Die Beziehungen zwischen den Menschen und ihrer Umgebung ändern sich; ein Bewußtsein von diesem Vorgang läßt sich aber nur mit Beschreibungen herstellen, die kommuniziert werden können. Die Organisation der überlieferten Bedeutungen muß mit denkbaren neuen Bedeutungen in Übereinstimmung gebracht werden – ein höchst komplexer Vorgang. Dabei handelt es sich nicht allein um »die Gesellschaft«, die im Wandel begriffen ist, sondern um wirkliche Veränderungen in der persönlichen Organisation aller ihrer Mitglieder. Der Prozeß der Organisation ist nämlich trotz der Partizipation der einzelnen Mitglieder an einem Bereich von gemeinsamen Bedeutungen zwangsläufig eine persönliche Angelegenheit. Gemäß seiner Position im Gesamtkomplex der wirklichen Beziehungen in der Gesellschaft und gemäß seinem Maß an ererbter Individualität (die ein Ergebnis einer bestimmten Selektion aus dem großen Komplex variabler Faktoren der menschlichen Vererbung ist) wird das Individuum auf seine Weise durch die Interaktion mit der wechselnden Organisation der Gesellschaft lernen. Lernen und zugleich beitragen zu einer sich verändernden Organisation der Gesellschaft – dies umschreibt die Tätigkeit einer Reihe von außerordentlichen Individuen. Wandel und Scheitern in der Kunst sind in diesem Kontext zu sehen.

Der individuelle Künstler kann entweder gemeinsame Bedeutungen erneut schaffen (indem er mit ihnen seine persönliche Organisation errichtet) oder neue Bedeutungen schaffen (indem er bei der Organisierung seiner Erfahrung neue Beschreibungen findet). Für den Künstler ist der Unterschied zwischen beiden Prozessen gering; es geht ihm jeweils um das echte Bemühen, eine bestimmte Erfahrung so sehr in sich zu aktivieren, daß sie anderen mitgeteilt werden kann. Im Prozeß der Kommunikation allerdings ist das genaue Verhältnis von persönlichen Bedeutungen und gemeinsamen Bedeutungen von eminenter Wichtigkeit. Wo das Verhältnis sehr eng ist, wird er in der Lage sein, direkt auf schon erprobten Mitteln der Kommunikation aufzubauen, mit denen sein Publikum vertraut ist. In diesem Falle haben wir es keineswegs einfach mit »konventioneller« und zudem angeblich minder wertvoller Kunst zu tun, es ist vielmehr sehr wahrscheinlich, daß große Kunst unter eben solchen Bedingungen entstanden ist. Denn der Künstler »kopiert« in diesem Fall nicht einfach die gemeinsamen Bedeutungen; sie sind vielmehr in einem tiefen Sinn sein eigen, und gleichwohl wird den Bedingungen für ihre Kommunikation dadurch kein Abbruch getan. Das andere Extrem liegt vor, wenn die gemeinsamen Bedeutungen eine große Distanz zu den persönlichen Bedeutungen aufweisen, wodurch das Ringen um die geeigneten Mittel der Kommunikation offensichtlich langwierig und schwer wird.

In der Praxis erscheint der Prozeß der Veränderung in der Kunst normalerweise als Erweiterung von Bedeutungen oder Modifikation von Mitteln. Von einem bestimmten Punkt an kann ein neuer Sinn kaum noch beschrieben, geschweige denn vermittelt werden; der auf dem Künstler lastende Druck würde seine Organisation zusammenbrechen lassen. Der »schöpferische« Akt jedes Künstlers ist stets ein Prozeß der Aktivierung eines Sinns vermöge der Kommunikation einer organisierten Erfahrung. Wir müssen uns dies als einen Prozeß vorstellen, in dem viele Bedeutungen angeboten, aber nur einige rezipiert werden. Oft verändert sich die Kunst in einer Gesellschaft, ohne daß dies als ein Bruch empfunden wird: Eine Anzahl von individuellen Angeboten wird rezipiert und in neue Bedeutungen umgesetzt, ohne daß ein noch wirksamer Rest an abgelehnten Bedeutungen übrig bliebe, der Spannungen hervorrufen würde. Heute dagegen machen wir ganz offensichtlich eine Zeit derart komplexer Veränderungen durch – komplex nicht nur infolge der Geschwindigkeit, mit der sich der Wandel in der gemeinsamen Erfahrung niederschlägt, sondern auch infolge der Erweiterung und Auffächerung der verschiedenen Gesellschaften –, daß der Bruch wenigstens für eine Zeitlang klar zu Tage liegt, was dazu führt, daß Kunst in erster Linie als eine Reihe individueller Angebote erscheint, wohingegen das Schaffen gemeinsamer Bedeutungen fast völlig verlorengegangen scheint. Unter solchen Umständen neigen wir dazu, Kunsttheorien zu entwickeln, die zwar zu Recht das individuelle Element betonen, dabei aber die Realität der Kommunikation außer acht lassen. In diesen Theorien wird die Spannung zwischen Künstler und Publikum als unvermeidlich betrachtet und die Funktion des Künstlers, »neue« Erfahrungen zu beschreiben, als Ausdruck dieser Spannung gesehen.

Doch selbst in der heutigen komplexen Situation wird noch immer eine beträchtliche Anzahl von Bedeutungsangeboten in neue gemeinsame Bedeutungen umgesetzt, mag dies auch anfänglich mit Unruhe verbunden sein oder erst nach einer beträchtlichen Zeitspanne erfolgen, die uns noch einmal das Faktum der Veränderung ins Gedächtnis ruft. Das ist ein völlig normaler Vorgang, bei dem übrigens der einzelne die Bedeutung, ganz gleich ob sie nun eine neue ist oder nicht (d. h. schon jemals zuvor beschrieben wurde), als neu erfahren kann. Damit die Entwicklung aber weitergeht, muß ein bedeutender Bereich an gemeinsamer Beschreibung und Respons erhalten werden, und eine der Funktionen der Kunst – wie auch anderer Kommunikationssysteme – besteht darin, diesen Bereich mit unserer Lebensenergie aufzuladen. Einem Großteil der neuen Kunst gelingt dies auch tatsächlich, ebenso wie der Kunst aus früheren Perioden und Gesellschaften, die wir eben aus diesem Grund, als Mittel der Erneuerung dieses Gefühls gemeinsamer Erfahrung, aufbewahrt haben. (Wie wir diese ältere Kunst benutzen, sehen wir später, wenn wir uns mit der Tradition befassen.) Gleichzeitig gelingt es einem anderen Teil der neuen Kunst, neue Erfahrungen zu beschreiben und mitzuteilen, womit sie neue Formen von Respons und Tätigkeit in uns auslösen mag. Dies kann wiederum auch der Kunst aus früheren Perioden und Gesellschaften gelingen. Doch ungeachtet dessen, ob Kunst uns bekannte Formen der Organisation mitteilt oder auf neue Formen verweist, sie steht immer im Rahmen unserer gesamten Entwicklung; sie ist also nicht in einem »besonderen Bereich« unseres Geistes angesiedelt, sondern steht in Aktion und Interaktion mit unserer gesamten persönlichen und gesellschaftlichen Organisation. Der Wertunterschied zwischen einzelnen Kunstwerken ist in erster Linie in der Macht ihrer Kommunikation zu suchen. Da der Sinn nicht von den Mitteln zu trennen ist, hängt die erfolgreiche Kommunikation von der Fähigkeit des Künstlers ab, die Erfahrung zu leben. Ungeachtet also der Tatsache, ob die Erfahrung zuvor schon aufgezeichnet worden ist oder nicht, hat der Künstler sie zu einem Teil seiner selbst gemacht, und sie ist in ihm so tief verwurzelt, daß seine gesamte Energie zu ihrer Beschreibung und Vermittlung zur Verfügung steht. Schlechte Kunst ist somit das mehr oder minder vollständige Scheitern dieser Art von persönlicher Organisation, von der wir heute wissen, daß sie mehr als nur eine Redewendung ist, daß sie vielmehr der Prozeß ist, durch den wir leben. Zweck unserer menschlichen Organisation ist die Kommunikation, und in der Kunst wie in anderen Arten der Kommunikation – insbesondere in den sexuellen Beziehungen, die einen der grundlegenden Kommunikationsprozesse darstellen – ist die Fähigkeit, mitzuteilen, nicht eine Frage abstrakter Qualitäten wie Gefühl, Intelligenz oder Wille, sie ist vielmehr in bestimmten Organisationsmustern verwurzelt: Erfolg oder Mißerfolg wird zu einer Sache des gesamten Ich. Die von den Menschen entwickelten verschiedenartigen Kommunikationssysteme sorgen dafür, daß die persönliche Organisation immer vielfältiger und komplexer wird. Die Vorliebe einzelner Individuen für bestimmte Formen der Kommunikation, die Selektion bestimmter Kategorien von Mitteln, die sie hoch schätzen und in deren Umgang sie sehr geschickt sein können – all das sind Entwicklungen, die sich innerhalb des großen Spektrums von genetischer Vielfalt, gesellschaftlichem Erbe und Erfahrung abspielen. Wir können nicht sagen, daß die Kunst einen Ersatz für andere Arten der Kommunikation darstellt; denn wenn sie erfolgreich ist, vermittelt sie offenbar eine Erfahrung, die anders nicht mitteilbar ist. Wir müssen die Kunst vielmehr als eine Erweiterung unserer Fähigkeit zur Organisation betrachten, als eine lebensnotwendige Fähigkeit, die die Beschreibung und Kommunikation bestimmter Bereiche der Wirklichkeit gestattet.

Erfolg in der Kunst heißt: anderen eine Erfahrung in einer Form zu vermitteln, durch die die Erfahrung aktiv erneuert, nicht kontemplativ aufgenommen, nicht »geprüft«, nicht passiv rezipiert, sondern so durchlebt wird, daß sie einen Respons auslöst, wo sie angeboten wird. An diesem Punkt scheitern bereits eine Anzahl von Kunstwerken, und zwar grundsätzlich deswegen, weil die Erfahrung des Künstlers unzureichend organisiert ist und er folglich nicht die Mittel entdecken kann, durch die er andere an seiner Erfahrung teilhaben lassen könnte. In dieser Hinsicht gibt es sowohl absolute Fehlschläge als auch viele Miß- und Teilerfolge, in denen bestimmte Teile der Erfahrung durchkommen und als lebendige Realität aufgefaßt werden können, andere Teile dagegen nur mit gebrochener, beträchtlich reduzierter Stärke zu uns dringen. Aus solchen Fehlschlägen ist leicht zu ersehen, warum und wie der Prozeß der Organisation, der stets auch eine Beschreibung ist, in sich zusammenbricht. Festzustellen ist einmal der Rückfall in die bloße Imitation anderer Werke (sowohl in bezug auf die Gesamtheit als auch auf Teilaspekte des Werks), wobei das Scheitern nicht daraus resultiert, daß die Methoden der imitierten Werke inadäquat wären, sondern vielmehr daraus, daß sie auf die neue Erfahrung nicht mehr zutreffen. Aus aktiver Beschreibung wird so mechanische Wiederholung. Obwohl diese Art von Scheitern weitverbreitet ist, kommt sie kaum häufiger vor als eine andere Art, die in der Theorie jedoch weniger berücksichtigt wird: hier ist zwar das Ringen um neue Beschreibungen vorhanden, aber die Kommunikation versagt. Es wird oft gesagt, das Publikum müsse nur Geduld aufbringen, dann werde es die »neue Sprache« des Künstlers schon verstehen. Aber obwohl das stimmen mag, ist die Schlußfolgerung doch falsch, daß jede neue Sprache zu gegebener Zeit schon verstanden werden könne. Eine solche Annahme vergißt nämlich, daß für die Mitglieder des Publikums die Kommunikation ebenso eine Lebensweise darstellt wie für die Künstler. Eine künstlerische Erfahrung zu rezipieren und zu erleben, ist nichts Zufälliges, sondern eine Tätigkeit, eine Veränderung. Zwar hängt unsere Entwicklung von neuen Beschreibungen ab. Ob wir sie aber akzeptieren, beruht wiederum auf unserer Fähigkeit, uns in der ihnen entsprechenden Weise zu entwickeln. Es ist daher klar, daß einige der uns angebotenen Beschreibungen unannehmbar sind, andere sogar aktiv zurückgewiesen werden. Die erfolgreiche Kommunikation hängt also nicht minder von der Organisation des Publikums ab. Wenn es auch zutreffen mag, daß wir Neuem gegenüber aufgeschlossen sein sollen, muß daran erinnert werden, daß jede Reaktion Teil einer Lebensweise ist, jede Organisation eine Selektion von Reaktionen verlangt. In manchen Fällen werden wir das Angebotene tatsächlich nicht akzeptieren können, da wir die Welt einfach nicht in der dargestellten Weise sehen, auf die dergestalt vermittelte Erfahrung einfach nicht reagieren können. Dabei mag es vorkommen, daß uns die Kraft des Werkes bewegt, wir es später aber dennoch zurückweisen. Die Erfahrung muß nämlich in unserer gesamten Organisation verarbeitet werden, und in einigen Fällen stellt sich erst nach einem mehrere Jahre dauernden Vergleich heraus, daß dies nicht möglich ist. Umgekehrt ist es denkbar, daß ein scheinbarer Fehlschlag irgendwann einmal Erfolg hat, von einigen geschätzt, von anderen abgelehnt wird. Der wirkliche Kommunikationsprozeß sieht jedenfalls anders aus, als es die populäre (und sentimentale) Formel »neue Sprache des Künstlers, anfänglicher Widerstand, allmähliches Akzeptieren« wahrhaben will. Die Geschichte der Kunst zeigt auch ganz andere Abläufe: »neue Sprache des Künstlers, anfängliches Akzeptieren, dauernde Ablehnung«; oder »neue Sprache des Künstlers, anfängliches Akzeptieren, allmähliche Ablehnung«; oder »neue Sprache des Künstlers, anfänglicher Widerstand, allmähliche Ablehnung«. Und eine solche Skala von Möglichkeiten war zu erwarten, denn Kommunikation ist ein Prozeß zwischen wirklichen Individuen, die alle im Lernen begriffen sind. Aufgrund ihrer großen Zahl und der Unterschiede zwischen diesen Individuen wird die Kommunikation stets unausgeglichen sein, und im Falle von neuen Beschreibungen wird diese Unausgeglichenheit [unevenness] deutlich hervortreten. Ob die neuen Beschreibungen zu einer neuen allgemeinen Lebensweise werden, hängt von der Richtung ab, in die die gemeinsame Erfahrung geht. In günstigen Fällen kann ein Werk, das anfangs vollständig versagte, großen Erfolg haben, dann nämlich, wenn die Erfahrung sich in eine Richtung bewegt, von der aus es wertvoll erscheint. In ungünstigen Fällen wird das Werk einfach vergessen, wie neu und wertvoll es ursprünglich auch erschienen sein mag. Genauso verhält es sich auch mit der Kunst, der gemeinsame Bedeutungen zugrunde liegen. Auch hier wird, solange die Bedeutungen noch befriedigen, die Kunst bewahrt, um jene wieder aufzuladen; versagen die Bedeutungen aber, verliert die Kunst ihre Kraft, uns zu bewegen; es sei denn, wir interpretierten sie – wie es häufig geschieht – entsprechend unseren eigenen Bedeutungen.

Wir müssen zuletzt daran denken, daß unsere wachsende Einsicht in die Bedeutung der Kunst einen komplizierten Prozeß des Aufzeichnens und Bewahrens begünstigt hat, der ihren Status entscheidend veränderte. Durch das Aufzeichnen und Bewahren von Kunst, durch die vielseitigen Techniken, die dabei benutzt werden, haben wir einige der Probleme der Kommunikation, insbesondere das ihrer Unausgeglichenheit lösen können. Die Kommunikation ist heute nur noch in den wenigsten Fällen ein einmaliger Vorgang. Mitteilungen werden aufgezeichnet und gespeichert, und wir schätzen einige Kommunikationssysteme gerade deswegen, weil sie diese Art von Permanenz zu gewährleisten vermögen. Erfahrungen können somit über eine lange Distanz hinweg aufbewahrt und abgewogen werden, Kommunikation kann über einen Zeitraum von hundert Generationen hinweg stattfinden. Aufgrund der Komplexität der Entwicklung ist es offensichtlich sinnvoll, so viele Angebote wie möglich am Leben zu erhalten; denn wir können nicht mit Sicherheit wissen, was schließlich aufgenommen wird. Diese Gewohnheit des Speicherns von Erfahrung war in der gesamten menschlichen Organisation stets von zentraler Bedeutung. Allerdings können solcherart aufgespeicherte Erfahrungen – wie neue Kunst – nur unter Zuhilfenahme des geschilderten aktiven Prozesses benutzt werden. Alte Sichtweisen müssen wie neue aktiv erlernt werden.

VIII

Die Kunst als einen bestimmten Prozeß innerhalb des menschlichen Gesamtprozesses der schöpferischen Entdeckung und Kommunikation zu sehen, heißt, eine Neubestimmung der Rolle der Kunst vornehmen und zugleich Wege finden, um sie mit dem gesellschaftlichen Alltag zu verbinden. Die traditionelle Bestimmung der Kunst als »schöpferisch« setzte zwar einen bedeutenden Akzent; als daraus aber ein Gegensatz von Kunst und gewöhnlicher Erfahrung wurde, hatte dies schlimme Folgen. Insbesondere in den modernen Industriegesellschaften setzte sich immer mehr die Ansicht durch, daß die Kunst ohne diese besondere Rolle verloren wäre. Parallel zu dieser Auffassung entwickelte sich eine weitverbreitete Ablehnung alles Praktischen in der Kunst. Diese Tendenz, jedes ernsthafte praktische Anliegen aus der Kunst auszuschließen, war so stark, daß in einer typischen Gegenposition der Anspruch laut wurde, sie sei etwas Besonderes und Außergewöhnliches. Dies in

Frage zu stellen, genügte schon, um bei denen, die sich als die einzigen Hüter der Kunst in einer sonst feindlich eingestellten Welt vorkamen, die schärfsten Reaktionen auszulösen. Die Auffassung, daß Kunst und Kultur etwas Gewöhnliches seien, stößt auf hysterischen Widerspruch, obwohl jeder neuerliche Anspruch auf das Außerordentliche der Kunst die Feindseligkeit gegenüber der Kunst, gegen die Klage geführt wird, nur verstärkt. Häufig wird angenommen, die Lösung läge darin, die Kunst auf das Niveau der übrigen gesellschaftlichen Tätigkeit herabzuwürdigen. Demgegenüber ist zu betonen, daß es im Grunde keine »gewöhnlichen« Tätigkeiten gibt, jedenfalls wenn darunter das Fehlen schöpferischer Interpretationen und Bemühungen verstanden wird. Die Kunst erlangt schließlich gerade dadurch ihren Wert, daß es das Faktum der Kreativität in unserem gesamten Leben gibt. Alles, was wir sehen und tun, die gesamte Struktur unserer Beziehungen und Institutionen hängt letztlich von unserem Bemühen um Lernen, Beschreiben und Mitteilen ab. Wir schaffen unsere menschliche Welt so, wie wir vermeinten, daß Kunst geschaffen würde. Die Kunst ist eines der großen Mittel eben dieses Schaffens. Daher sind auch die Trennung von Kunst und übrigem Leben einerseits und die Abfertigung der Kunst als einer unpraktischen und zweitrangigen Angelegenheit (einer »Freizeitbeschäftigung«) andererseits nur zwei Formulierungen des gleichen Irrtums. Wenn alle Realität über das Ringen um eine erfolgreiche Beschreibung erfahren wird, dann kann die »Realität« nicht isoliert und in einen Gegensatz zur Kunst gestellt werden, weder um der Kunst dadurch besonderes Ansehen zu verleihen, noch um das Gegenteil zu erreichen. Wenn alle Tätigkeit von Reaktionen abhängt, die durch die Partizipation an Beschreibungen erlernt werden, dann kann »Kunst« nicht auf der einen, »Arbeit« auf der anderen Seite einer Trennungslinie angesiedelt werden, dann läßt sich die Trennung zwischen dem »ästhetischen Menschen« und dem »ökonomischen Menschen« nicht länger aufrechterhalten.

Wie alle anderen Formen der Beschreibung und der Kommunikation, ist die Kunst eine erlernte menschliche Geschicklichkeit, die in einer Gesellschaft bekannt sein und praktiziert werden muß, bevor man ihre große Kraft bei der Vermittlung von Erfahrung benutzen und entwickeln kann. Die menschliche Gemeinschaft entwickelt sich über die Entdeckung gemeinsamer Bedeutungen und gemeinsamer Kommunikationsmittel. Die vom Gehirn geschaffenen Muster und die von der Gesellschaft realisierten Modelle wirken über ein aktives Spektrum hinweg ständig zusammen. Die individuelle schöpferische Beschreibung ist Teil des allgemeinen Prozesses, in dessen Verlauf Konventionen und Institutionen geschaffen werden, durch die man an den von der Gesellschaft geschätzten Bedeutungen aktiv teilhaben kann. Darin liegt der wahre Sinn unserer modernen Definition von Kultur, die auf der Gemeinschaftlichkeit dieses Prozesses insistiert.

Kommunikation ist der Vorgang, in dem eine einzelne, eine einzigartige Erfahrung zu einer gemeinsamen Erfahrung gemacht wird. Kommunikation ist aber vor allem der Anspruch auf Leben; denn im Grunde sagen wir bei jeder Art von Kommunikation: »Ich lebe so oder so, weil ich diese oder jene Erfahrung gemacht habe.« Die Fähigkeit, in einer bestimmten Weise zu leben, beruht letztlich darauf, daß diese Erfahrung von anderen akzeptiert wird; nur so ist erfolgreiche Kommunikation überhaupt möglich. Auf diese Weise entwickelt sich aus den einzelnen Beschreibungen unserer Erfahrung ein ganzes Netz von Beziehungen, und unser ganzes Kommunikationssystem einschließlich der Künste wird buchstäblich zu einem Teil unserer gesellschaftlichen Organisation. Die in unseren Beschreibungen implizierte Selektion und Interpretation stellt unsere Haltungen, Bedürfnisse und Interessen dar, die wir dadurch zu bekräftigen versuchen, daß wir sie anderen klarmachen. Gleichzeitig enthalten die Beschreibungen, die wir von anderen empfangen, deren Haltungen, Bedürfnisse und Interessen, und der sich daraus ergebende lange Prozeß der Interaktion und des Abwägens bestimmt im Grunde unser assoziiertes Leben. Da unsere Sichtweise der Dinge nichts anderes ist als unsere Lebensweise, ist der Prozeß der Kommunikation ein Prozeß zur Gemeinschaft [process of community]: er schließt ein die Partizipation an gemeinsamen Bedeutungen und damit an gemeinsamen Tätigkeiten und Zwecken, das Anbieten, das Akzeptieren und das Abwägen von neuen Bedeutungen und daraus sich ableitend Spannung und Erfolg, Entwicklung und Veränderung.

Es ist von äußerster Wichtigkeit, den Sinn der Kommunikation als eines umfassenden gesellschaftlichen Prozesses zu erkennen. Erst wenn dies erfolgt ist, können wir mit Gewinn einzelne Formen und Mittel der Kommunikation betrachten, die sich, wenn auch nie vollständig, verselbständigt haben. Es wäre vollkommen falsch, bei einer solchen Untersuchung davon auszugehen, daß die verschiedenen Bereiche voneinander getrennt wären, so wie gewöhnlich angenommen wird, daß politische Institutionen und Konventionen einer anderen Ordnung angehörten als künstlerische Institutionen und Konventionen. Politik und Kunst gehören mit der Wissenschaft, der Religion, dem Familienleben und anderen von uns als losgelöst betrachteten Kategorien zu der umfassenden Welt aktiver und zusammenwirkender Beziehungen, die unser gemeinsames assoziiertes Leben ausmachen. Wenn wir mit der Untersuchung dieses umfassenden Gewebes beginnen, können wir mit dem Studium einzelner Tätigkeiten und ihrem Einfluß auf andere Formen fortfahren. Allerdings sind wir normalerweise gerade umgekehrt vorgegangen, und dies hat immer wieder zu einer schädlichen Mißachtung der Beziehungen zwischen den Bereichen geführt. Jede Art von Tätigkeit leidet, wenn sie vollkommen abstrahiert und losgetrennt wird. Die Politik beispielsweise hat entscheidend unter ihrer Trennung von den gewöhnlichen Lebensbeziehungen gelitten, und die gleiche Entwicklung war in der Ökonomie, der Wissenschaft, der Religion und der Erziehung zu beobachten. Die Kunst hat darunter gelitten, daß man sie in einen Bereich besonderer Erfahrung (Emotion, Schönheit, Phantasie, Vorstellungskraft, das Unbewußte) relegiert hat, auf den sie sich in der Praxis nie beschränkte, da sie in Wirklichkeit von Alltagstätigkeiten bis zu außergewöhnlichen Krisen und Formen besonderer Intensität reichte und ein weites Spektrum von Mitteln benutzte, angefangen von der auf der Straße gesprochenen Sprache und volkstümlichen Geschichten bis zu eigenartigen Systemen und Bildern, die sich zu einem gemeinsamen Eigentum machen ließen. Zweck dieses Überblicks über die schöpferische Tätigkeit war es, dies zu erkennen. Definitionen und Formeln, die lediglich Etappen in der Interpretation der Kunst darstellen, haben uns bislang die Einsicht in diese wirkliche Geschichte der Kunst verwehrt. Aus dem beschriebenen Sinn von schöpferischer Tätigkeit folgt übrigens noch ein weiteres: Was wir über die Kommunikation und die Gemeinschaft erfahren haben, hilft uns, die Natur unseres gesamten gemeinschaftlichen Lebens zu überprüfen. Grundlage dieser Prüfung kann die Bestimmung der Kultur sein. Wenn wir die grundsätzliche Beziehung zwischen den Bedeutungen, zu denen wir über die schöpferische Interpretation und Beschreibung gelangen, und den Bedeutungen, die in Konventionen und Institutionen eingegangen sind, begriffen haben, dann sind wir in der Lage, den Sinn von Kultur als einer »schöpferischen Tätigkeit« mit jenem anderen Sinn »einer ganzen Lebensweise« [a whole way of life] zu versöhnen. Und diese Versöhnung bedeutet dann eine wirkliche Stärkung unserer Kraft, unsere Gesellschaft und uns selbst besser zu verstehen.

Theorie und Verfahren der Kulturanalyse

I

Die Definitionen von Kultur lassen sich in drei Kategorien einordnen. Zunächst gibt es eine »ideale« Bestimmung, derzufolge Kultur ein Zustand oder Prozeß menschlicher Perfektion ist, gemessen an bestimmten absoluten oder universellen Werten. Akzeptiert man eine solche Definition, dann besteht die wesentliche Aufgabe der Kulturanalyse darin, in Menschen und Werken Werte zu entdecken und zu beschreiben, die eine zeitlose Ordnung darstellen oder in einem ständigen Bezug zur *condition humaine* stehen. Als zweite Kategorie von Kulturdefinitionen wäre die »dokumentarisch« orientierte zu nennen, in der Kultur als der Korpus geistiger und imaginativer Werke erscheint, in denen menschliches Denken und Erfahrung auf detaillierte Weise aufgezeichnet sind. Dieser Definition zufolge entspricht die Kulturanalyse der Tätigkeit des Kritikers, der Denken, Erfahrung, Form und Konvention im Detail darstellt und bewertet. Unter dieser Definition sind die verschiedensten Arten der Kritik anzusiedeln: angefangen von einer Schule, die der Bestimmung von Kultur im »idealen« Sinne nahesteht, also um die Herausarbeitung des »Besten, was in der Welt gedacht und geschrieben wurde« bemüht ist, über eine Gruppe, die zwar noch an der Tradition interessiert ist, ihr Hauptaugenmerk aber auf die Untersuchung (die Auslegung und Bewertung) einzelner Werke richtet, bis zu einer mehr historisch orientierten Kritik, die die einzelnen Werke nach ihrer Analyse auf die jeweiligen Traditionen und Gesellschaften bezieht, aus denen sie hervorgegangen sind. Als letzte haben wir schließlich die »gesellschaftliche« Bestimmung der Kultur, in der diese als Beschreibung einer bestimmten Lebensweise erscheint, deren Werte sich nicht nur in Kunst und Erziehung ausdrücken, sondern auch in Institutionen und im ganz gewöhnlichen Verhalten. Demnach hätte eine Analyse von Kultur eine Klärung der Bedeutungen und Werte zu besorgen, die von einer bestimmten Lebensweise, einer bestimmten Kultur implizit oder explizit verkörpert werden. Eine solche Analyse wird auch die bereits erwähnte historische Kritik einschließen, in der geistige und imaginative Werke im Zusammenhang bestimmter Traditionen und Gesellschaften analysiert werden. Daneben wird sie aber auch Elemente der Lebensweise untersuchen, die den Anhängern der anderen Definitionen überhaupt nicht als »Kultur« erscheinen: die Organisierung der Produktion, die Struktur der Familie, der Aufbau bestimmter, die gesellschaftlichen Beziehungen regierender oder sie widerspiegelnder Einrichtungen, die charakteristischen Kommunikationsformen zwischen den Mitgliedern einer Gesellschaft. Wiederum wird das Spektrum solcher Analysen sehr groß sein. Es wird reichen von Analysen im »idealen« Sinne, d. h. vom Aufdecken bestimmter absoluter und universeller oder jedenfalls höherer und niederer Werte, über eine mehr »dokumentarisch« orientierte Sichtweise, in der die Klärung einer bestimmten Lebensweise angestrebt wird, bis hin zu einer Kritik, die Bedeutungen und Werte nicht untersucht, um sie miteinander zu vergleichen oder eine Werteskala aufzustellen, sondern um durch das Studium der Art und Weise, wie sie sich verändern, bestimmte allgemeine »Gesetze« oder »Trends« zu ermitteln, mit denen sich die gesellschaftliche und kulturelle Entwicklung als Ganzes besser verstehen läßt.

Mir scheint, daß jede dieser Definitionen ihren Wert hat. Sicher ist es keine Frage, daß Bedeutungen und Werte nicht nur in künstlerischen und geistigen Werken aufgehoben sind; es gilt, auch in Institutionen und Verhaltensformen nach ihnen zu suchen. Gleichzeitig jedoch ist in Anbetracht der Tatsache, daß unser Wissen von vergangenen Gesellschaften sehr stark auf geistigen und imaginativen Werken beruht, die ihre große Aussagekraft bewahrt haben, eine Umschreibung von Kultur im Sinne solcher Werke verständlich; außerdem läßt sich zugunsten einer engeren Kulturdefinition anführen, daß wir für eine weiter gefaßte Bestimmung ja noch das Wort »Gesellschaft« haben. Dennoch sehe ich in der »idealen« Begriffsbestimmung einige wertvolle Elemente, die mich an einem weiter gefaßten Bezug festhalten lassen. Zwar habe ich angesichts der vielen komparatistischen Studien Schwierigkeiten, den Prozeß der menschlichen Perfektion mit dem Herausarbeiten »absoluter« Werte zu identifizieren, und ich akzeptiere auch die Kritik, die besagt, daß es sich dabei normalerweise um nichts anderes als eine Erweiterung von Werten aus einer bestimmten Tradition oder Gesellschaft handelt. Wenn wir aber den Prozeß nicht »menschliche Perfektion« nennen, was ein allseits bekanntes Ideal voraussetzt, sondern »menschliche Evolution«, womit ein allgemeiner Entwicklungsprozeß der Menschen als Gattung gemeint ist, dann sind wir in der Lage, Bereiche zu erkennen, die bei den anderen Definitionen ausgeschlossen bleiben. Tatsächlich scheinen ja Bedeutungen und Werte, die in bestimmten Gesellschaften und bei bestimmten Individuen entdeckt und durch gesellschaftliche Vererbung und Darstellung in bestimmten Werken am Leben erhalten worden sind, insoweit universell, als sie, einmal erlernt, in einer bestimmten Situation zur Entwicklung der Kräfte des Menschen, zur Bereicherung seines Lebens, zur Regulierung seiner Gesellschaft und zur Beherrschung seiner Umwelt grundlegend beitragen können. Am deutlichsten ist das in bestimmten Techniken der Medizin, der Produktion und des Kommunikationswesens erkennbar. Nun ist indessen klar, daß diese auf eher geistigen Disziplinen beruhen, die einmal in der schöpferischen Auseinandersetzung mit der Erfahrung erarbeitet werden mußten; es gilt aber auch, daß diese Disziplinen selbst, zusammen mit bestimmten grundlegenden ethischen Prämissen und Kunstformen, in eine allgemeine Tradition aufgenommen werden können, die unter Berücksichtigung vieler Variationen und Konflikte eine gemeinsame Entwicklungslinie darstellt. Es scheint also sinnvoll, angesichts dieser Tradition von einer allgemeinen menschlichen Kultur zu sprechen, wobei hinzuzufügen ist, daß sie nur jeweils innerhalb konkreter Gesellschaften, geformt von lokalen und temporären Einflüssen, wirksam wird.

Worauf ich hinaus will, ist dies: die Bedeutungsunterschiede zwischen den einzelnen Bestimmungen von Kultur dürfen nicht einfach als Nachteil angesehen werden, der jede Art von säuberlicher Definition unmöglich macht. Sie sind vielmehr als echte Komplexität, als ein wirklich mit der Erfahrung übereinstimmendes Element aufzufassen. Jede der drei Definitionen enthält einen bedeutenden Gesichtspunkt, und wenn dies so ist, so verdienen die Beziehungen zwischen ihnen unsere Aufmerksamkeit. Mir scheint also, daß keine adäquate Bestimmung von Kultur um die von diesen Definitionen bezeichneten Bereiche herumkommt, oder umgekehrt, daß jede dieser drei Definitionen für sich genommen inadäquat ist. Eine Bestimmung von Kultur, die im Sinne der »idealen« Definition den von ihr beschriebenen Prozeß von seiner jeweiligen Ausbildung in konkreten Gesellschaften zu abstrahieren versucht und die »ideale« Entwicklung des Menschen in einen Gegensatz zu seiner »animalischen Natur«, seiner Bedürfnisbefriedigung setzt, erscheint mir ebenso unannehmbar wie eine Bestimmung von Kultur im »dokumentarischen« Sinn, die lediglich in den geschriebenen und gemalten Aufzeichnungen einen Wert sieht und diesen Bereich vom übrigen gesellschaftlichen Leben abtrennt. Und genauso falsch erscheint mir schließlich eine Bestimmung von Kultur im »gesellschaftlichen« Sinn, die die Geschichte und den Korpus der Kunst als bloßes Abfallprodukt, als passive Widerspiegelung der wahren Interessen der Menschheit behandelt. So schwer es in der Praxis auch sein mag, müssen wir doch versuchen, den Prozeß als Ganzes zu sehen und unsere jeweiligen Einzelstudien, wenn schon nicht ausdrücklich, so doch in letzter Instanz auf die wirkliche komplexe Organisation zu beziehen.

Dies läßt sich an einem Beispiel aus der analytischen Methode illustrieren. Nehmen wir ein bestimmtes Kunstwerk, etwa die *Antigone* des Sophokles, dann können wir sie sowohl im »idealen« Sinne – um in ihr bestimmte absolute Werte zu entdecken – als auch im »dokumentarischen« Sinne – als Kommunikation bestimmter Werte auf der Basis bestimmter künstlerischer Mittel – analysieren. Beide Analysen werden sich als nützlich erweisen. Die eine wird auf den absoluten Wert der

Verehrung der Toten verweisen können, die andere darauf, wie durch die dramatischen Mittel des Chors und des doppelten Kommos sowie durch die Intensität des Verses einige grundlegende menschliche Spannungen ausgedrückt werden. Aber natürlich reicht keine der beiden Analysen aus. Die Totenverehrung ist im Stück durch die besonderen verwandtschaftlichen Beziehungen und ihre konventionellen Verpflichtungen eingeschränkt: was Antigone tut, tut sie für den Bruder, würde sie aber nicht für den Gatten tun. Gleichermaßen stehen auch Dramenform und Versfuß nicht nur in einer künstlerischen Tradition, die das Werk vieler Menschen ist. Sie sind noch in anderer Hinsicht geformt, zum einen von der unmittelbaren Erfahrung, zum anderen von den besonderen Gesellschaftsformen, aus denen die dramatische Tradition hervorgegangen ist. Auf diese Weise kann die ursprüngliche Analyse zwar erweitert werden, nur läßt sich dann nicht länger behaupten, daß Totenverehrung, Dramenform und Versfuß lediglich in dem ihnen zugewiesenen Kontext einen Sinn hätten. Die durch solche beeindruckenden Beispiele erfahrbare Verehrung der Toten sprengt vielmehr ihren Kontext und wird Teil der allgemeinen Entwicklung des menschlichen Bewußtseins. Die dramatische Form sprengt ihren Kontext und wird zu einem Element einer allgemeinen dramatischen Tradition, die in ganz anderen Gesellschaften weiterlebt. Ja, das Stück selbst, eine besondere Mitteilung, überlebt die Gesellschaft und Religion, die es geprägt haben, und kann neu aufgeführt werden, so daß es sich direkt an ein Publikum wendet, für das es ursprünglich gar nicht gedacht war. Obwohl sich also der »ideale« Wert oder das spezifisch »Dokumentarische« nicht von der Gesellschaft abstrahieren ließ, lassen sie sich auch nicht auf eine Erklärung reduzieren, die nur im Rahmen einer bestimmten Kultur Anwendung fände. Wenn wir im Verlaufe irgendeiner Analyse die wirklichen Beziehungen untersuchen, gelangen wir an den Punkt, wo wir bemerken, daß wir die allgemeine Organisation am Beispiel eines Falles studieren, und in dieser allgemeinen Organisation gibt es dann kein Element, das sich von dem übrigen abstrahieren oder ablösen ließe. Gewiß war die Annahme, daß Werte oder Kunstwerke ohne Bezug zur jeweiligen Gesellschaft, in der sie entstanden sind, adäquat untersucht werden könnten, ein Irrtum; es ist aber ebenso irrig, anzunehmen, daß die gesellschaftliche Erklärung ausschlaggebend und die Werte und Werke bloße Abfallprodukte seien. Seit wir erkannt haben, wie sehr Werte und Werke von der Situation bestimmt sein können, in der sie geschaffen wurden, haben wir uns die Standardfrage angewöhnt: »In welchem Verhältnis steht diese Kunst zur Gesellschaft?« Aber »Gesellschaft« ist in dieser Frage ein trügerisches Ganzes. Wenn die Kunst Teil der Gesellschaft ist, dann gibt es kein stichhaltiges Ganzes außerhalb ihrer selbst, dem – im Sinne unserer Frage – Priorität zugestanden werden könnte. Kunst ist eine Aktivität wie die Produktion, der Handel, die Politik, das Familienleben. Eine adäquate Untersuchung ihrer Beziehungen muß alle diese Tätigkeiten als besondere zeitgenössische Formen menschlicher Energie auffassen. Greift man eine dieser Tätigkeiten heraus, so ist zu erkennen, daß sich viele andere auf verschiedenartige Weise, entsprechend der Natur der gesamten Organisation, in ihr widerspiegeln. Schon die Tatsache, daß wir zu erkennen vermögen, wie eine Tätigkeit einem bestimmten Zweck dient, spricht dafür, daß die Gesamtheit der menschlichen Organisation ohne diese Tätigkeit nicht gedacht werden kann. So ist die Kunst, obwohl sie offensichtlich mit anderen Aktivitäten in Beziehung steht, Ausdruck bestimmter Elemente in der Organisation, die nur in der gegebenen Weise vermittelt werden konnten. Es geht also nicht darum, eine Beziehung zwischen Kunst und Gesellschaft herzustellen, sondern darum, alle Aktivitäten und ihre Wechselbeziehungen zu studieren, ohne einer von ihnen eine Priorität einzuräumen. Selbst wenn wir, wie so oft, herausfinden, daß eine bestimmte Aktivität die gesamte Organisation radikal verändert hat, läßt sich daraus noch nicht folgern, daß alle anderen Tätigkeiten auf diese eine bezogen werden müssen; wir können einzig untersuchen, wie die Tätigkeiten und ihre Wechselbeziehungen im einzelnen von ihr, aber innerhalb der Gesamtorganisation betroffen sind. Da die einzelnen Aktivitäten verschiedenen, gelegentlich miteinander im Widerstreit liegenden Zwecken dienen, dürfte es sich dabei auch kaum um eine einfache Art von Veränderung handeln: Elemente von Beharren, Anpassung und unbewußter Assimilation werden in den einzelnen Aktivitäten wie auch in der Gesamtorganisation normalerweise ebenso vorhanden sein wie Elemente von aktivem Widerstand und Gegenbestrebungen.

Die Analyse der Kultur im dokumentarischen Sinn ist von großer Bedeutung, da sie Material über die Gesamtorganisation zusammentragen kann, in der die Kultur ihren Ausdruck fand. Nur können wir nicht sagen, daß wir eine bestimmte Form oder Periode einer Gesellschaft kennen und herausfinden wollen, wie ihr Verhältnis zur Kunst und Theorie war; denn solange wir diese nicht kennen, können wir auch nicht beanspruchen, die Gesellschaft zu kennen. Dieses methodische Problem sei hier erwähnt, weil ein Großteil der Historiographie auf der Annahme beruht, daß die Basis der Gesellschaft – die politischen, ökonomischen und »gesellschaftlichen« Ordnungen – das Kernstück der Fakten ausmache und daß Kunst bzw. Theorie sich hinterher als Randbemerkung, Illustration oder »Korrelation« hinzufügen ließen. Bei der Literatur-, Kunst-, Wissenschafts- und Philosophiegeschichtsschreibung hat sich genau die umgekehrte Verfahrensweise eingebürgert: sie werden ihren eigenen Gesetzen gemäß verfaßt, und zuletzt wird der sogenannte »Hintergrund« (das, was in der allgemeinen Geschichte das Kernstück darstellt) flüchtig eingefügt. Natürlich ist es notwendig, in einer Abhandlung bestimmte Tätigkeiten für eine eindringlichere Beschäftigung auszuwählen, und ebenso vernünftig ist es, bestimmte Entwicklungslinien vorübergehend isoliert zu verfolgen. Die Geschichte einer Kultur aber, die auf solcher Einzelarbeit aufbaut, kann erst geschrieben werden, wenn die aktiven Beziehungen wiederhergestellt sind und die Tätigkeiten in echter Gleichgewichtigkeit betrachtet werden. Kulturgeschichte muß mehr sein als die Summe der Einzelgeschichten; denn sie beschäftigt sich mit den Beziehungen zwischen ihnen, mit den besonderen Formen der ganzen Organisation. Ich würde daher die Kulturtheorie als die Untersuchung der Beziehungen zwischen den Elementen einer ganzen Lebensweise definieren. Die Analyse der Kultur ist der Versuch, das Wesen der Organisation zu ergründen, den ganzen Komplex dieser Beziehungen. Die Analyse einzelner Werke oder Institutionen ist, in diesem Zusammenhang betrachtet, die Analyse ihrer wesentlichen Organisationsform, der Beziehungen, die Werke und Institutionen als Bestandteile der Gesamtorganisation zum Ausdruck bringen. Das Schlüsselwort in einer solchen Analyse lautet »Muster« [pattern]. Eine sinnvolle Kulturanalyse beginnt mit der Entdeckung charakteristischer Muster, und eine allgemeine Kulturanalyse beschäftigt sich mit den Beziehungen zwischen diesen Mustern, was manchmal unerwartete Identitäten und Übereinstimmungen zwischen bislang getrennt voneinander betrachteten Tätigkeiten enthüllt, dann wieder unerwartete Brüche offenbart.

Erst heute können wir erwarten, die allgemeine Organisation einigermaßen grundlegend zu erfassen. Dennoch sind meines Erachtens bestimmte Elemente des Lebens, wie es in anderen Zeiten, an anderen Orten gelebt wurde, nie mehr zu rekonstruieren. Selbst diejenigen Elemente, die sich aufdecken lassen, können nur abstrakt rekonstruiert werden, was nicht ohne Konsequenzen bleiben wird. Wir lernen jedes Element nur in abgelagerter Form kennen, in der lebendigen Erfahrung seiner Zeit hingegen war jedes Element noch im Fluß, untrennbarer Bestandteil des komplexen Ganzen. Die Qualität des Lebens zu einer gegebenen Zeit an einem gegebenen Ort zu erfassen, ist beim Studium einer vergangenen Periode eines der schwierigsten Dinge überhaupt. Hierbei ist es erforderlich, ein Gefühl dafür zu entwickeln, wie aus einzelnen Tätigkeiten eine Denk- und Lebensweise wurde. Wir können zwar bei der Rekonstruktion der großen Züge einer bestimmten Lebensorganisation Fortschritte machen, wir können entdecken, was Fromm den »Sozialcharakter« [social character] oder Benedict die »kulturellen Muster« [patterns of culture] nannte. Der Sozialcharakter, ein Wertsystem bezüglich des Benehmens und Verhaltens, wird formell und informell

gelehrt, ist Ideal und Verhaltensweise zugleich. Mit »kulturellen Muster« ist die Selektion und Strukturierung von Interessen und Tätigkeiten gemeint, ihre besondere Wertschätzung, und daraus abgeleitet eine
deutlich erkennbare Organisation, eine »Lebensweise«. Selbst wenn es
uns gelingen sollte, diese aufzudecken, wird sie gewöhnlich abstrakt
bleiben. Dagegen können wir womöglich ein weiteres gemeinsames
Element aufspüren, das weder dem Sozialcharakter noch den kulturellen
Mustern entspricht, sondern gewissermaßen der tatsächlichen Erfahrung, vermöge derer jene gelebt wurden. Tatsache ist nun, daß wir einen
solchen, in seiner Bedeutung kaum zu überschätzenden Kontakt gerade
über die Künste einer bestimmten Periode herstellen können. Es kommt
nämlich vor, daß, wenn diese Künste mit den äußeren Merkmalen einer
Periode verglichen worden sind und selbst Raum für individuelle Abweichungen gelassen wurde, noch immer ein wichtiges gemeinsames Element übrig bleibt, das sich nicht ohne weiteres einordnen läßt. Am
besten läßt sich das verstehen, wenn man an die Analyse der Lebensweise denkt, an der man selbst partizipiert. Man stößt dabei auf einen
Lebenssinn, der keines besonderen Ausdrucks bedarf, eine Gemeinsamkeit der Erfahrung, durch die die Besonderheiten unserer Lebensweise,
die ein von außen kommender Gelehrter vielleicht zu beschreiben sucht,
irgendwie geprägt und in einer besonderen, charakteristischen Farbe
getönt sind. Gewöhnlich bemerken wir das, wenn wir den Kontrast
zwischen zwei Generationen sehen, die nicht »die gleiche Sprache«
sprechen; oder eine Darstellung unseres Lebens lesen, die von jemandem außerhalb der Gemeinschaft verfaßt worden ist; wenn wir die
kleinen Stil-, Sprach- und Verhaltensunterschiede bei jemandem erkennen, der unsere Gewohnheiten erlernt hat, aber nicht in ihnen aufgewachsen ist. Keine formelle Beschreibung könnte den feinen, aber
dennoch deutlichen Unterschied zwischen diesem und dem »heimischen« Stil wiedergeben. Wenn dies aber schon bei einer Lebensweise
der Fall ist, die uns vertraut ist, dann erst recht, wenn wir selbst in der
Lage des Besuchers, des Lernenden, des Gastes, der einer anderen
Generation angehört, sind, d. h. wenn wir die Position dessen einneh-
men, der eine vergangene Periode studiert. Und diese Eigenartigkeit ist
nicht trivial oder marginal, sie ist von zentraler Bedeutung.
Der Begriff, mit dem ich all dies kennzeichnen möchte, *Gefühlsstruktur*
[structure of feeling], ist so fest und bestimmt, wie es das Wort »Struktur« ausdrückt, operiert aber dennoch in den sensibelsten und am
wenigsten greifbaren Bereichen unserer Tätigkeit. In gewissem Sinn ist
die Gefühlsstruktur die Kultur einer Periode, das lebendige Ergebnis
aller Elemente der allgemeinen Organisation; und in dieser Hinsicht
sind die Künste einer Periode, zu denen auch die Formen des Stils in
geistigen Auseinandersetzungen gehören, von großer Bedeutung. Wenn

nämlich überhaupt irgendwo, dann wird dieses Charakteristische hier ausgedrückt, und zwar oft gar nicht bewußt, sondern dadurch, daß die einzig verfügbaren Beispiele aufgezeichneter Kommunikation, die ihre Träger überlebt haben, sich ganz natürlich auf den lebendigen Sinn, auf die eine Kommunikation erst ermöglichende tiefe Gemeinschaft stützen. Ich behaupte nicht, daß alle Individuen einer Gesellschaft über diese Gefühlsstruktur – oder auch über den Sozialcharakter – in gleichem Maße verfügen, meine aber, daß sie gerade weil sie zur Kommunikation erforderlich ist, in allen Gesellschaften verankert und weit verbreitet ist. Interessant ist auch, daß sie anscheinend nicht irgendwie formell erlernt wird. Eine Generation kann zwar die nachfolgende mit einigem Erfolg in den Sozialcharakter oder die allgemeinen kulturellen Muster einweisen, die neue Generation wird aber ihre eigene Gefühlsstruktur besitzen, die dem Anschein nach von »nirgendwoher« kommt. Denn hier geht der Wandel in der Organisation deutlich im Organismus vor sich: Die neue Generation wird auf ihre Weise auf die Welt reagieren, die sie ererbt, wird vieles fortsetzen, manche Aspekte der Organisation reproduzieren, ihr ganzes Leben aber anders empfinden und ihren schöpferischen Respons zu einer neuen Gefühlsstruktur formen.

Wenn die Träger einer solchen Struktur einmal sterben, können wir nur noch im Sinne der dokumentarischen Kulturbestimmung an sie herantreten, indem wir Gedichte, Gebäude, Kleidermoden untersuchen, und diese Beziehung verleiht der »dokumentarischen« Definition von Kultur erst ihre wahre Bedeutung. Daraus folgt keineswegs, daß die Dokumente autonom sind, sondern es verhält sich, wie bereits gezeigt, einfach so, daß die Bedeutung einer Tätigkeit im Rahmen der gesamten Organisation gesehen werden muß, die aber stets mehr ist als die Summe ihrer abtrennbaren Einzelteile. Worum wir immer bemüht sein müssen, ist die Erkenntnis des Lebens der gesamten Organisation. Die Bedeutung der Kultur im dokumentarischen Sinn liegt nun darin, daß sie uns auch dann noch direkten Zugang zu jenem Leben verschafft, wenn die lebendigen Zeugen schon verstummt sind. Gleichzeitig ist jedoch zu betonen, daß wir angesichts der Tatsache, daß das Wesen einer Gefühlsstruktur selbst von den Lebenden gelegentlich nicht vollends verstanden wird, die in engem Kontakt zu ihr stehen und reichliches Material einschließlich der zeitgenössischen Künste zur Verfügung haben, nicht erhoffen können, mehr als eine Annäherung zu erreichen.

Noch die allgemeinste Definition muß zwischen drei Schichten von Kultur unterscheiden. Zunächst haben wir die Kultur, wie sie an einem bestimmten Ort, zu einer bestimmten Zeit gelebt wird; diese Kultur ist in vollem Umfang nur den in ihr Lebenden zugänglich. Als nächstes gibt es die aufgezeichnete Kultur jeglicher Art, von der Kunst zu den alltäglichsten Tatsachen; dies wäre die Kultur einer Periode. Drittens schließlich gilt es, die Kultur der selektiven Tradition als einen Faktor, der die Verbindung zwischen den ersten beiden herstellt, zu berücksichtigen.

Wenn die Kultur einer Periode nicht mehr gelebt wird, sondern nur noch in restriktiver Form in ihren Aufzeichnungen überlebt, dann läßt sie sich gewiß so lange studieren, bis wir meinen, einigermaßen Klarheit über ihre Funktionsweise, ihren Sozialcharakter, ihre Wertordnung sowie einen Teil ihrer Gefühlsstruktur gewonnen zu haben. Was im einzelnen überlebt, hängt aber nicht von der Periode selbst ab, sondern von den nachfolgenden Perioden, die allmählich eine Tradition bilden. Selbst die größten Spezialisten einer Periode können nur einen Teil von deren Aufzeichnungen kennen. Zum Beispiel kann man mit einiger Sicherheit sagen, daß niemand wirklich den Roman des 19. Jahrhunderts kennt, daß niemand alles, angefangen bei den gebundenen Bänden bis zu den in Folgen erschienenen Groschenheften, gelesen hat oder auch nur lesen könnte. Der Spezialist auf diesem Gebiet kennt vielleicht einige hundert, der Fachwissenschaftler etwas weniger, gebildete Leser noch weniger; alle werden sich aber ein Bild ihres Gegenstands machen. Ein drastischer Selektionsprozeß wird hier deutlich, den es in jedem Bereich von Aktivität gibt. Natürlich hat auch kein Leser aus dem 19. Jahrhundert alle diese Romane gelesen, niemand aus dieser Zeit wird mehr als eine Auswahl aus den Fakten seiner Gesellschaft gekannt haben. Jeder, der in der fraglichen Periode lebte, hat aber, wie dargelegt, Anteil an dem Lebensgefühl gehabt, auf dessen Grundlage die Romane geschrieben wurden, das niemand, der später lebt, völlig zurückgewinnen kann und dem wir uns nun durch unsere Selektion nähern. Theoretisch läßt sich eine Periode aufzeichnen, praktisch wird die Aufzeichnung aber von einer selektiven Tradition absorbiert, und beide unterscheiden sich von der Kultur, so wie sie gelebt wurde.

Es ist wichtig, zu verstehen, wie eine selektive Tradition operiert. In gewisser Hinsicht setzt die Selektion bereits in der jeweiligen Periode selbst ein; aus der Masse der vorhandenen Tätigkeiten werden einige hervorgehoben und besonders geschätzt. Im allgemeinen spiegelt sich in dieser Selektion die Organisation der Periode als Ganzes, obwohl das nicht heißt, daß diese Wertsetzungen später auch tatsächlich bestätigt werden. In früheren Perioden ist dieser Vorgang ganz deutlich zu erkennen; daß er sich aber in unserer eigenen abspielt, möchten wir nicht glauben. Nehmen wir als Beispiel die Romane des vergangenen Jahrzehnts. Niemand hat alle englischen Romane der fünfziger Jahre gelesen, der schnellste Leser hätte, selbst wenn er zwanzig Stunden täglich damit zugebracht hätte, nur einen Teil erfaßt. Und dennoch sind sowohl in Publikationen als auch im Unterricht nicht nur bestimmte allgemeine Charakteristika des Romans dieser Periode niedergelegt worden, sondern es ist auch eine Liste mit den angeblich besten und relevantesten Werken zusammengestellt worden, die auf einer gewissen Übereinstimmung beruht. Wenn diese Liste etwa dreißig Titel enthält (was schon eine sehr drastische Selektion darstellt), dann ist anzunehmen, daß in fünfzig Jahren ein Spezialist, der sich mit dem Roman der fünfziger Jahre befaßt, diese dreißig kennt, der normale Leser vielleicht fünf oder sechs. Wir können ferner sicher sein, daß, wenn die fünfziger Jahre weiter zurückliegen, ein neuerlicher Selektionsprozeß beginnt, der nicht nur die Anzahl der Werke reduzieren, sondern auch die Bewertung, in manchen Fällen sogar drastisch, verändern wird. Zwar kann man annehmen, daß man nach fünfzig Jahren zu einigermaßen beständigen, obgleich noch immer fluktuierenden Werturteilen gelangt. Jedem von uns, der diesen langen Prozeß miterleben könnte, würde es aber so vorkommen, als seien einige wichtige Elemente in ihm vernachlässigt worden. Wir würden in verletzlich großväterlicher Art sagen: »Ich verstehe nicht, warum die jungen Leute heute sowas lesen«, oder noch überzeugter: »Nein, so sah das damals nicht aus, das ist deine persönliche Sicht der Dinge.« Da jede Periode mindestens drei Generationen umfaßt, haben wir ständig solche Beispiele vor Augen, und dadurch daß wir uns ständig weiterentwickeln, nie zum Stillstand kommen, wird die Situation noch komplizierter. Eigentlich dürften wir gegen viele der neuen Einstellungen gar nicht protestieren, müßten Auslassungen, Verzerrungen und Neuinterpretation akzeptieren, dürften sie kaum bemerken, da wir ja Anteil an dem Wandel gehabt haben, der sie herbeigeführt hat. Schließlich ginge aber, wenn die lebendigen Zeugen nicht mehr da sind, noch eine weitere Veränderung vor sich. Die einst lebendige Kultur würde dann nicht nur auf einige ausgewählte Dokumente reduziert. Sie würde auch fortan in dieser reduzierten Form benutzt: teils als (freilich geringer) Beitrag zur allgemeinen Geschichte der menschlichen Entwicklung, teils zur historischen Rekonstruktion, teils um eine bestimmte, nun als abgeschlossen geltende Phase der Vergangenheit einzuordnen. Die selektive Tradition bringt somit einerseits eine allgemeine menschliche Kultur hervor, andererseits die historische Aufzeichnung einer bestimmten Gesellschaft, und drittens bedingt sie – was am schwersten zu beurteilen und zu akzeptieren ist – die Ablehnung beträchtlicher Bereiche einer einst lebendigen Kultur.

In jeder Gesellschaft wird die Selektion von einer Vielzahl von Sonderinteressen, einschließlich der Klasseninteressen, beeinflußt sein. Wie die jeweilige gesellschaftliche Situation weitgehend die zeitgenössische Selektion bestimmt, wird auch die Entwicklung der Gesellschaft, der Prozeß des historischen Wandels, die selektive Tradition weitgehend bestimmen. Die traditionelle Kultur einer Gesellschaft wird immer dazu tendieren, mit deren *zeitgenössischem* System von Interessen und Werten übereinzustimmen; denn es handelt sich bei dieser Kultur ja nicht um einen absoluten Korpus von Werken, sondern um eine ständig vorgenommene Selektion und Interpretation. Theoretisch, teils aber auch in der Praxis, sind die Institutionen, deren Aufgabe die Pflege der Tradition ist (insbesondere der Ausbildungssektor und die Literaturwissenschaft), der Tradition insgesamt verpflichtet, und nicht etwa irgendeiner, aufgrund bestimmter zeitgenössischer Interessen vorgenommenen Selektion. Die Bedeutung dieser Verpflichtung ist sehr hoch einzuschätzen, da wir beim Umgang mit der selektiven Tradition Umwertungen vornehmen, Neuentdeckungen machen, zu Werken zurückkehren, die als tot galten. Und möglich ist das nur dank der Institutionen, die es als ihre Aufgabe betrachten, große Bereiche der vergangenen Kultur wenn nicht am Leben, so doch verfügbar zu halten. Natürlich ist es unvermeidlich, daß die selektive Tradition den großen Entwicklungslinien der Gesellschaft folgt; gerade wegen der Beständigkeit und Komplexität des Wandels kann aber die Relevanz vergangener Werke in zukünftigen Gesellschaften gar nicht abgeschätzt werden.

Natürlich ist es auch verständlich, daß auf akademische Institutionen Druck ausgeübt wird, damit sie dem allgemeinen Gang der gesellschaftlichen Entwicklung folgen. Eine vernünftige Gesellschaft wird aber, obwohl sie das für sich Relevante absichern wird, zugleich auch die genannten Institutionen ermutigen, genügend Mittel für die Pflege des Überlieferten bereitzustellen und gegen die – in allen Perioden laut werdende – Kritik anzugehen, eine solche Arbeit sei irrelevant oder sinnlos. Viele akademische Institutionen mit ihrer Tendenz zur Selbstverewigung und ihrem Widerstand gegen allen Wandel erweisen sich gewiß als Hemmnis der gesellschaftlichen Entwicklung, so daß Veränderungen, wenn nötig, mit neuen Institutionen durchgesetzt werden müssen. Ein Verständnis der Funktionsweise der selektiven Tradition wird uns aber helfen, auch einer solchen Verewigung einen Sinn abzugewinnen.

In der Gesellschaft als Ganzes wie auch in ihren Einzeltätigkeiten kann die kulturelle Tradition als unaufhörliche Selektion und Re-Selektion der Arbeit früherer Generationen begriffen werden. Große Entwicklungslinien werden, oft Jahrhunderten entsprechend, gezogen, dann wieder – infolge bestimmter gesellschaftlicher Entwicklungen – ausradiert, abgeschwächt oder von anderen ersetzt. Auch bei der Analyse der zeitgenössischen Kultur ist die existierende selektive Tradition von entscheidender Bedeutung; denn ein Wandel in dieser Tradition – ein Sichtbar-Werden neuer Verbindungslinien mit der Vergangenheit, ein Brüchig-Werden alter Linien – kann einen radikalen Wandel in der *Gegenwart* bedeuten. Wir unterschätzen leicht die Tatsache, daß die kulturelle Tradition nicht nur eine Selektion, sondern auch eine Interpretation beinhaltet. Wir sehen die Arbeit früherer Generationen größtenteils durch die Brille unserer eigenen Erfahrung, ohne auch nur den Versuch zu machen, sie entsprechend ihren ursprünglichen Bedingungen zu betrachten. Was nun die Kulturanalyse zu leisten vermag, ist nicht so sehr eine Umkehrung dieser Situation, also diese Arbeit in ihrer Epoche anzusiedeln, sondern vielmehr eine Bewußtmachung der Interpretation durch das Aufzeigen von historischen Alternativen: durch die Rückbeziehung der Interpretation auf die jeweils ihr zugrundeliegenden zeitgenössischen Werte; durch die Konfrontation der wirklichen Muster der kulturellen Arbeit mit der von uns getroffenen Wahl. Dabei wird es sich ergeben, daß wir an bestimmten Überlieferungen festhalten, weil sie einen wirklichen Beitrag zur kulturellen Entwicklung darstellen. In anderen Fällen wird sich dagegen herausstellen, daß wir manche Überlieferung allein aufgrund eigener Erwägungen und Gründe bewahren, und es ist immer besser, dies zu wissen, als etwa dem Mystizismus der »Zeit, die schon eine Bewertung bringen wird« zu huldigen. Einer abstrakten Instanz wie der Zeit die Verantwortung für unsere eigene Wahl aufzuhalsen, heißt, einen zentralen Teil unserer Erfahrung unterdrücken. Je stärker alle kulturelle Arbeit einerseits auf die gesamte Organisation, innerhalb derer sie entstanden ist, andererseits auf die zeitgenössische Organisation, innerhalb derer sie benutzt wird, bezogen wird, desto klarer sehen wir ihren wahren Wert. Ob in einer noch lebendigen Kultur, einer früheren Periode oder der selektiven Tradition, die selbst eine gesellschaftliche Organisation darstellt, – stets mündet die Kulturanalyse im »dokumentarischen« Sinn in »Gesellschaftsanalyse«. Und die Entdeckung von Beiträgen von permanentem Wert führt zu der gleichen allgemeinen Analyse, vorausgesetzt wir begreifen den Prozeß nicht als ein Streben nach menschlicher Perfektion (als ein Sich-Vorwärtsbewegen hin auf unveränderliche Werte), sondern als Teil der allgemeinen Entwicklung des Menschen, zu der viele Individuen und Gruppen beitragen. Jedes von uns analysierte Element wird ein aktives sein, da es auf vielen verschiedenen Ebenen in bestimmten wirklichen Beziehungen steht. Bei der Beschreibung dieser Beziehungen wird der wirkliche kulturelle Prozeß hervortreten.

II

Jede theoretische Darstellung muß sich dem Test einer tatsächlichen Analyse unterziehen. Ich schlage daher vor, eine Periode, die 1840er Jahre, herauszugreifen und die entwickelten Methoden und Begriffe im Kontext der Kultur dieser Zeit zu überprüfen.
Das bemerkenswerteste Faktum beim Studium der 1840er Jahre ist das

Ausmaß, in dem die selektive Tradition wirksam war. Ein einfaches Beispiel dafür ist das Feld der Presse. Es hat sich eingebürgert, die *Times* als die charakteristische Zeitung der Periode zu betrachten und unsere Ideen vom frühen viktorianischen Journalismus aus ihrer Praxis herzuleiten. Nun war die *Times* gewiß die führende Tageszeitung, aber die meistgelesenen Zeitungen des Jahrzehnts waren die Sonntagsblätter: *Dispatch, Chronicle, Lloyd's Weekly* und *News of the World.* Diese enthielten eine Nachrichtenauswahl, die ausgesprochenen »Sonntagszeitungscharakter« trägt: *Bell's Penny Dispatch* (1842) führte den Untertitel *Sporting and Police Gazette, and Newspaper of Romance,* und eine typische Schlagzeile darin lautet »Daring Conspiracy and Attempted Violation« (Kühne Verschwörung und Versuchte Notzucht); sie ist von einem großen Holzschnitt illustriert und von einer Geschichte mit allen Einzelheiten begleitet. Die Gesamtauflage von Zeitungen dieser Art belief sich am Ende des Jahrzehnts auf 275 000, verglichen mit einer Gesamtauflage von 60 000 im Fall der Tageszeitungen. Wenn wir die wirkliche Kultur der Periode untersuchen wollen, müssen wir bei dieser Tatsache ansetzen und nicht so sehr bei der *Times,* deren Bedeutung auf eine Tradition hoher Politik zurückgeht.

Im Fall der Literatur arbeitete die selektive Tradition ähnlich. Wenn wir an die Periode denken, fallen uns an erstrangigen Autoren Dickens, Thackeray, Charlotte und Emily Brontë und als Romanschriftsteller außerdem noch Elizabeth Gaskell, Kingsley und Disraeli ein. Dickens ist natürlich sehr viel gelesen worden. Als die *Pickwick Papers* in Serienform erschienen, wurden 40 000 Exemplare der betreffenden Zeitschrift verkauft, und später kletterte die Zahl auf 70 000 und darüber. Betrachtet man indessen die anderen meistgelesenen Autoren der Zeit, so kommt man auf folgende Liste, die in der Reihenfolge ihrer Popularität von den 1848 eröffneten W. H. Smith-Buchläden zusammengestellt worden ist: Lytton, Marryat, G. P. R. James, James Grant, Miss Sinclair, Haliburton, Mrs. Trollope, Lever, Mrs. Gaskell, Jane Austen. Die beiden populärsten Reihen billiger Romane, die *Parlour Library* und die *Railway Library* (1847 und 1849), rechneten zu ihren führenden Autoren: G. P. R. James (47 Titel), Lytton (19), Mrs. Marsh (16), Marryat (15), Ainsworth (14), Mrs. Gore (10), Grant (8), Grattan (8), Maxwell (7), Mrs. Trollope (7), Emma Robinson (6), Mayne Reid (6), W. Carleton (6), Jane Austen (6), Mrs. Grey (6). Eine Liste der Titel dieser Autoren vermittelt einen Eindruck vom Spektrum der Romane: *Agincourt, Last Days of Pompeii, Midshipman Easy, Tower of London, Romance of War, Heiress of Bruges, Stories from Waterloo, Refugee in America, Scalp Hunters, Rody the Rover, Pride and Prejudice, The Little Wife.* 1851 schrieb die *Times* dazu:

»Jede Aufstockung der Liste ging von der festen Annahme aus, daß Personen besserer

Herkunft, die ja den größten Teil der Eisenbahnleser ausmachen, in dem Augenblick ihren gewohnten Geschmack verlieren, wo sie den Bahnhof betreten.«

Wie dem auch sei, es ist klar, daß die genannte Prosa nicht nur eine Lektüre der niederen Armen war, sondern zumindest bei Eisenbahnfahrten auch dem Geschmack der »Personen besserer Herkunft« entsprach. Nimmt man das ganze Spektrum der Leser, so muß man auch G. W. M. Reynolds erwähnen, bei dessen Tod *The Bookseller* schrieb, er sei der »populärste Schriftsteller unserer Zeit« gewesen, habe mehr als Dickens geschrieben und auch höhere Auflagenzahlen erreicht. Reynolds erreichte den Gipfel seines Ruhms in den neuen populären Periodika der vierziger Jahre, dem *London Journal* und seinem eigenen *Reynolds' Miscellany,* in dem die beiden repräsentativen Werke *Mysteries of the Inquisition* und *Mysteries of the Court of London* erschienen sind. Zu dieser Leseliste der Periode kommt ferner noch der »riesige Handel« mit pornographischen Büchern, die illegal produziert und in »schmutzigen Kellern der Holywell Street« vertrieben wurden. Und es müssen schließlich noch die Werke von Carlyle, Ruskin, Macaulay, Mill, Thomas Arnold, Pugin, von Tennyson, Browning, Clough, Matthew Arnold und Rossetti genannt werden als Beispiele für das umfangreiche philosophische, historische, religiöse und literarische Schrifttum. Daß hier eine selektive Tradition am Werk war, die das zusammengestellt hat, was wir nun für das Charakteristische an der Periode halten, braucht kaum hervorgehoben zu werden.

Von den Dokumenten kommen wir fast unvermeidlich zur Sozialgeschichte der Zeit. Zu bemerken sind wichtige Veränderungen in den kulturellen Institutionen: der Aufbau einer populären Sonntagspresse als erfolgreichste Entwicklung im Bereich des Journalismus; die Etablierung einer neuen Art von Periodika, in denen eine sensationelle und romantische Prosa neben Rezepten, Ratschlägen für den Haushalt und Antworten an Leserbriefschreiber steht, im Gegensatz zu den nüchternen »Volkserziehungs«-Journalen der vorherigen Dekade (das *Penny Magazine* stellte 1845, dem Jahr, in dem das neue *London Journal* begann, sein Erscheinen ein); die Herausbildung einer billigen Prosa, einerseits in Gestalt der »penny dreadful« (Schundromane), andererseits auf einer etwas höheren Ebene in Gestalt der für einen Shilling bzw. eine halbe Krone erhältlichen Romane der *Parlour* und *Railway* Bibliotheken. Auch im Bereich des Theaters sind mit dem Ende des Monopols der Patent-Theater 1843, der Entstehung kleinerer Bühnen von 1849 an und dem Aufstieg der »music-halls« wichtige Veränderungen zu verzeichnen. Diese Veränderungen auf der institutionellen bzw. der Vertriebsebene hängen aber wiederum mit einer Vielzahl von Vorgängen zusammen, die uns in die weitere Geschichte der Periode führen: technische Fortschritte (im Zeitungswesen die Entwicklung der Dampf-

und Rotationspresse; im Verlagswesen das Sperren der Druckerschwärze auf Tuch) legten die Grundlage für die Expansion im Druck- und Verlagsbereich. Der Eisenbahnboom hatte ein neues Lesebedürfnis und, was vielleicht noch wichtiger war, neue Umschlagplätze für Bücher und Zeitschriften zur Folge. Auch die Leute, die von diesen technischen Möglichkeiten in erster Linie Gebrauch machten, verdienen unser Interesse. Das Jahrzehnt sieht den Einzug einer Reihe von reinen Spekulanten in dieses profitable Geschäft: Lloyd und Bell beispielsweise verbinden im Bereich der Zeitungen und Periodika einen sehr allgemein gehaltenen Radikalismus mit einem scharf ausgeprägten Geschäftsinstinkt; im Bereich des Theaters beginnt jetzt die das englische Bühnenleben so tief beeinflussende Entwicklung, in deren Verlauf Leute sich in den Besitz von Theaterhäusern bringen, obwohl sie sich nicht direkt für das Drama interessieren, sondern lediglich für die damit verbundenen kommerziellen Möglichkeiten des Baus und der Vermietung an Produzenten und Ensembles. Hinter dem Impetus, mit dem die billigen Hefte veröffentlicht wurden, steckte zu einem beträchtlichen Teil auch der Wunsch, die Entwicklung der Meinung der Arbeiterklasse zu kontrollieren, wobei die Verschiebung von Volkserziehungsjournalen auf Familienmagazine (letztere sind die unmittelbaren Vorläufer der heutigen Frauenzeitschriften) auffällt. Ehrbare Vorschläge zur individuellen moralischen Vervollkommnung werden auf diese Weise mit der Propagierung ganz bestimmter gesellschaftlicher Werte vermischt, die einzig der Aufrechterhaltung der bestehenden Klassengesellschaft dienen. Alle diese Veränderungen sind notwendige Bestandteile des kulturellen Prozesses, denn wir untersuchen müssen.

Auch in diesem größeren Bereich läßt sich feststellen, wie die selektive Tradition operiert. Die gerade genannten institutionellen Entwicklungen, die eine wichtige Phase in der kommerziellen Organisierung der Volkskultur betreffen, interessieren uns in erster Linie deswegen, weil sie im Zusammenhang mit einem großen Trend der Zukunft stehen. Ebenso verhält es sich mit anderen Entwicklungen im gleichen Bereich: mit dem Beginn der öffentlichen Museen (ein den Zugang allerdings nur beschränkt öffnendes Gesetz wurde 1845 verabschiedet), der öffentlichen Bibliotheken (beschränkter Zugang 1850) und der öffentlichen Parks (für Gemeindesteuerzahler zugelassen ab 1847). Wir neigen heute dazu, die diese Neuerungen begleitenden scharfen Kontroversen (angefangen bei dem Vorwurf etwa, all dies sei extravagant, bis hin zu der eifrigen Versicherung, die Arbeiter würden sich schon »zivilisiert« verhalten) zu übersehen. Was wir begreifen müssen, ist, daß während dieses Jahrzehnts dem Volk zwar ein größerer kultureller Bereich erschlossen, gleichzeitig aber auch die kommerzielle Ausbeutung der Kultur vorangetrieben wurde. Die Realität dieses komplexen Vorganges wird indessen von den verschiedenen Strängen der selektiven Tradition, die eine einzige Entwicklungslinie zur Geltung zu bringen versuchen, verdeckt.

Das gleiche gilt für die allgemeine politische und soziale Geschichte. In ihr glaube ich sieben Grundzüge unterscheiden zu können: den Sieg des Freihandels durch die Rücknahme der Kornzölle 1846; den Aufbau einer Tory-Partei neuen Stils unter Disraeli, die von Einfluß auf die Ideen der Bewegung des Jungen England war; die Chartistenbewegung, die neben vielem anderen auch eine wesentliche Entwicklungsstufe bei der Herausbildung eines politischen Arbeiterbewußtseins war; die im Zehn-Stunden-Tag von 1847 kulminierende Fabrikgesetzgebung; die komplizierte Geschichte des auf dem Prinzip der Vergeltung beruhenden Armenrechts und die 1844 und 1847 erfolgten Versuche, es zu verbessern, sowie im Zusammenhang damit, geführt von Chadwick, der Kampf um ein Gesetz über die Öffentliche Gesundheit, 1848; die wichtige Rolle der Kirche bei sozialen Konflikten; und schließlich die große Expansion im Bereich der Schwerindustrie und der Kapitalinvestition, besonders im Eisenbahnbau. Sicher ließen sich noch andere Faktoren nennen, aber an den aufgezählten läßt sich bereits zweierlei ablesen. Erstens: alle diese »Faktoren« gehören zu *einer* Geschichte, freilich einer Geschichte von großer Komplexität und schweren Konflikten; mehrere von ihnen stehen zudem in engem Zusammenhang miteinander, keiner kann isoliert betrachtet werden. Zweitens: jeder Faktor ist höchst selektiven Interpretationen unterworfen, die abhängig sind sowohl vom späteren Verlauf der Geschichte als auch vom Standort des jeweiligen Betrachters. Der Chartismus ist dafür das beste Beispiel. Heute würden nur noch wenige ihn als gefährlich und bösartig betrachten, wie es damals weitverbreitet war. Zu viele seiner Prinzipien sind in der Folgezeit in den »British way of life« eingebaut worden, als daß man noch mit Macaulay übereinstimmen könnte, der meinte, das allgemeine Wahlrecht sei »mit dem Bestand der Zivilisation unvereinbar«. Allerdings haben andere selektive Bilder dieser Bewegung ihre Macht behalten. So heißt es, sie sei wie der Generalstreik von 1926 ein tragisches Beispiel für den »falschen Weg, Veränderungen herbeizuführen«, wohingegen der richtige Weg in der darauffolgenden Phase beschritten worden sei. Oder man hört, daß der Chartismus eine konfuse, eher lächerliche Bewegung war, da seine Anhängerschaft zu bunt gemischt gewesen und seine monströsen Petitionen einfach unbeachtet geblieben seien. Tatsache ist, daß wir gar keine adäquate Geschichte des Chartismus besitzen, daß wir in den verschiedenen parteiischen Versionen, die die selektive Tradition aufgeworfen hat, nur Substitute einer solchen Geschichte haben. Daraus können wir auch die Bedeutung einer im theoretischen Teil dieser Arbeit gemachten Beobachtung zur Wirkungsweise der selektiven Tradition ersehen: sie wird nicht nur von den späteren Entwicklungslinien beeinflußt oder gar beherrscht, sondern sie verändert sich sozusagen retrospektiv mit dem Wandel selbst. Die Aufmerksamkeit, die heute der Arbeiterbewegung des 19. Jahrhunderts geschenkt wird, wäre in den achtziger Jahren absurd erschienen und ist weniger dem Material selbst als vielmehr dem Wissen um die Realisierung, die diese Bewegung gefunden hat, bzw. dem Engagement für sie zuzuschreiben. Auch die Akzentuierung der Wirtschaftsgeschichte hat ihre Basis in einem retrospektiven Wandel dieser Art.

Im Fall der Literatur muß die Arbeitsweise der selektiven Tradition eigens untersucht werden. Die uns aus den 1840er Jahren bekannten Werke sind tatsächlich fast die besten, die die Periode hervorgebracht hat: wiederholtes Lesen hat die Spreu vom Weizen getrennt. Und dennoch gibt es andere Faktoren. Obwohl Mrs. Gaskell und Disraeli vermutlich allein aufgrund des Gütekriteriums überlebt hätten, haben in beiden Fällen andere Elemente eine Rolle gespielt: bei Mrs. Gaskell das dokumentarische Interesse, das sich der sozialgeschichtlichen Betrachtung dieser Periode als nützlich erwies; bei Disraeli die Tatsache seiner späteren Berühmtheit in der Politik. Kingsleys Romane hätten allein aufgrund ihrer literarischen Verdienste die Zeit niemals überlebt, sie sind aber wiederum von dokumentarischem Interesse, und sein Beitrag zur Geistesgeschichte, zum christlichen Sozialismus, gilt als bedeutend. Thackeray, Dickens und Charlotte Brontë hätten selbst aufgrund strikt literarisch angeleger Maßstäbe überlebt, allerdings ist zu bemerken, daß ihre besten Werke auch schwächere Werke mitgetragen haben, die im Fall von anderen Autoren längst verschwunden wären. Viele Kritiker würden heute Emily Brontë für die begabteste Romanschriftstellerin des Jahrzehnts halten, *Wuthering Heights* aber ist lange vom Ruhm Charlotte Brontës getragen worden, und die größere Bedeutung, die dem Roman heute beigemessen wird, hängt mit Veränderungen in der Literatur des 20. Jahrhunderts zusammen, mit der Tendenz zu einem Thema und einer Sprache, wie sie in *Wuthering Heights,* nicht aber in der Romantradition des Jahrzehnts zu finden sind. Im Bereich der Poesie lesen wir Tennyson und Browning, obwohl ihr Ruf sehr schwankend war, aber wir würden wohl kaum Matthew Arnolds Geschichte aus dem Jahr 1849 lesen, wenn er sich nicht in der Folge einen Ruf ganz anderer Art erworben hätte. Wir lesen weiterhin Carlyle, Ruskin und Mill, da sie trotz evidenter Schwächen große Schriftsteller sind und zu einer noch lebendigen geistigen Tradition gehören. Lesen wir hingegen Thomas Arnold, dann allein aufgrund seiner Bedeutung für die Pädagogik; lesen wir Pugin, dann müssen wir seine Bedeutung erst rekonstruieren, indem wir auf die Beziehung zwischen Kunst und Gesellschaft verweisen; Macaulay schließlich lesen wir mit immer geringerem Interesse, nicht etwa weil er ein unbegabter Schriftsteller ist, sondern weil seine Denkweise zunehmend irrelevant erscheint. Die selektive Tradition arbeitet somit – und das wird mit Sicherheit auch in Zukunft der Fall sein – auf zweierlei Weise, einmal indem sie Werke von allgemeiner Gültigkeit herausstellt, zum anderen indem sie diejenigen Werke der Vergangenheit herausgreift, die einen Bezug zu unserer Entwicklung aufweisen. Das, was uns die selektive Tradition von einer Periode anbietet, unterscheidet sich von dieser so, wie sich die Kultur einer Periode als Studienobjekt notwendig von der einst gelebten Kultur unterscheidet.

Sowohl die Arbeit der Rekonstruktion wie auch das Vorgehen der selektiven Tradition führen im allgemeinen zu einer Unterteilung der Periode nach verschiedenen Kategorien von Aktivitäten in ihr. Um herauszufinden, ob sich unsere theoretische Darstellung als richtig erweist, müssen wir jetzt den Bereich der Beziehungen zwischen diesen verschiedenen Aktivitäten untersuchen. Im Sektor der kulturellen Institutionen sind wir bereits auf eine wichtige Kategorie von Beziehungen aufmerksam geworden. Faktoren gesellschaftlicher Natur, wie die Klassenlage (insbesondere die Haltung der Mittelklassen gegenüber der andersdenkenden Arbeiterklasse), Faktoren ökonomischer Natur, wie die auf das Industriewachstum folgende Expansion der Technik oder die vielen Formen des Eigentums und der Distribution, haben sicher großen Einfluß auf Institutionen wie Presse, Verlagswesen, Theater gehabt. Und der Aufbau dieser Institutionen, ihre Zwecksetzung, hat sich wiederum auf die kulturelle Arbeit ausgewirkt, hat zu einem neuen journalistischen Stil, zu Veränderungen im Roman (infolge der Veröffentlichung in Serienform) und zu einer gewissen Anpassung des Materials an das neue Publikum geführt. Mit dieser Art von Wechselbeziehung sind wir hinreichend vertraut, aber sie ist nicht die einzige.

Eine andere Art von Wechselwirkung ist die der direkten Widerspiegelung der Gesellschaft in den kulturellen Werken. Jedes der sieben genannten politischen und sozialen Grundmerkmale der 1840er Jahre hat seinen Niederschlag in der Literatur, insbesondere im Roman gefunden. Bei der Lektüre von *Mary Barton, Sybil, Coningsby, Dombey and Son, Yeast, Alton Locke* und *Past and Present* werden wir direkt versetzt in die Welt des Chartismus, der Fabrikgesetzgebung, des Armenrechts, der Eisenbahnen, des Wirkens der Kirche (die Dekade brachte mehrere Romane hervor, die von der Krise des Glaubens bzw. der Zugehörigkeit zu einer Konfession handelten), in die Welt der Freihandelspolitik und des Jungen England. Sicher ist auch diese Beziehung von Bedeutung, aber auch sie erschöpft das Spektrum von Wechselwirkungen noch nicht. Würde man lediglich Zusammenhänge in Form solcher direkter Abbildungen herstellen, bekäme man die Periode kaum in den Griff.

Die sehr viel tiefergehenden Beziehungen, die es jetzt zu untersuchen gilt, sind von den Begriffen Sozialcharakter und Gefühlsstruktur umrissen worden. Skizzieren wir zunächst den Sozialcharakter der Periode. Wichtig erscheint der Glaube an den Wert der Arbeit, wobei diese als individuelles Bemühen gesehen wird, das, einmal von Erfolg gekrönt, sehr hoch eingeschätzt wird. Die Existenz der Klassengesellschaft wird vorausgesetzt, allerdings ist der soziale Status zunehmend von der tatsächlichen gesellschaftlichen Position und weniger von der Geburt bestimmt. Die Armen werden als Opfer ihrer eigenen Unfähigkeit betrachtet, und es wird energisch vertreten, daß die Besten unter ihnen den Aufstieg aus ihrer Klasse schon schaffen. Die Strafen des Armenrechts werden für notwendig gehalten: wenn ein Mann nämlich die Möglichkeit hätte, soziale Hilfeleistung in Anspruch zu nehmen, ohne gleichzeitig schweres Leiden, die Trennung von seiner Familie, ein Leben am Existenzminimum und mühsames Arbeiten wie Steinebrechen und Wergzupfen erdulden zu müssen, dann würde er keine Anstrengung machen, um sich selbst zu versorgen. In dieser und anderer Hinsicht gilt Leiden gewissermaßen als etwas Edles, da es Demut und Tapferkeit lehrt und auf den harten Weg der Pflicht weist. Sparsamkeit, Besonnenheit und Frömmigkeit sind die Haupttugenden, die Familie ist ihre zentrale Institution. Die Ehe ist absolut unverletzlich, Ehebruch und Unzucht sind unverzeihlich. Die Tugend der Pflicht schließt auch die Hilfe für die Schwachen ein, vorausgesetzt, daß dadurch ihre Schwäche nicht verewigt wird: das Nachsehen eines sexuellen Vergehens und die Überhäufung der Armen mit Wohltaten sind selbst Schwächen. Die Erziehung zu den herrschenden Tugenden ist streng; zugleich besteht die Verpflichtung, dafür Sorge zu tragen, daß die Institutionen dieser Erziehung gestärkt werden.

Sieht man, wie all dies legitimiert wurde, untersucht man die Inhalte der öffentlichen Reden und Schriften, erfährt man, welche Charaktere am meisten bewundert wurden, so wird deutlich, daß es sich hierbei um den herrschenden Sozialcharakter handelt, auch wenn er sich nicht überall gleichermaßen durchgesetzt hatte und individuelle Abweichungen in Rechnung zu stellen sind. Die Schwierigkeit entsteht jedoch dadurch, daß es noch andere aktive Sozialcharaktere gab, die das gesamte Leben der Zeit beträchtlich beeinflußten. Ein Sozialcharakter ist das Abstraktum einer herrschenden Gruppe, und es kann keinen Zweifel daran geben, daß der geschilderte Charakter – eine entwickelte Form der Moral des industriellen und kommerziellen Bürgertums – zu jener Zeit der mächtigste war. Daneben gab es aber noch andere Sozialcharaktere mit beträchtlichem Rückhalt in der Gesellschaft. Der aristokratische Charakter wurde zwar sichtbar schwächer, aber einzelne seiner Elemente – die Ansicht, daß die Geburt mehr zähle als das Geld, daß die Arbeit nicht der einzige gesellschaftliche 'Wert sei und Zivilisation auch Spiel umfasse, daß Besonnenheit und Keuschheit zumindest bei jungen Männern keine Kardinaltugenden seien, sondern Anzeichen von Erbärmlichkeit und Stumpfsinn – hielten sich noch, wurden nicht nur praktisch gelebt, sondern auch theoretisch gefordert. Hinsichtlich der Armen nimmt dieser Charakter eine zwiespältige Haltung ein: einerseits wird die Wohltätigkeit als Teil der gesellschaftlichen Stellung betont – und dies ist etwas völlig anderes als die mit Strafen verbundene Rehabilitation –, andererseits stößt man auf eine Brutalität, eine Bereitschaft, die Ruhestörer niederzuschlagen, eine Selbstverständlichkeit von Repression, die der bürgerlichen Haltung fremd ist. In dieser Hinsicht sind die vierziger Jahre sehr interessant, denn sie zeigen die Interaktion verschiedener Sozialcharaktere: konservative Wohltätigkeit steht gegen liberale Rehabilitation, Brutalität und Repression gegen Zivilisierung durch Institutionen. Mit die beste Kritik an dem von den Whigs eingeführten Armenrecht kam von den Tories, die sich dabei, wie die Bewegung des Jungen England zeigt, bewußt an ein aristokratisches Ideal anlehnten. In Krisenmomenten treten zwar immer noch Brutalität und Repression offen zutage; verglichen mit den zwanziger und dreißiger Jahren nehmen sie jedoch ab und werden allmählich von einer positiven Gesetzgebung abgelöst. Das Spiel mag beim herrschenden Sozialcharakter ein Stirnrunzeln hervorrufen; Tatsache ist jedoch, daß das Jahrzehnt eine stetige Zunahme der leichten Unterhaltung verzeichnet, angefangen bei billigen Romanen bis hin zu den »music-halls«. Der herrschende Sozialcharakter unterscheidet sich nicht nur in vielerlei Hinsicht von dem in seinem Schatten geführten Leben. Alternative Sozialcharaktere beschwören auch die ernsten Konflikte der Zeit herauf. Damit stoßen wir auf eine zentrale Schwierigkeit des Begriffs: Indem eine (herrschende) Abstraktion hervorgehoben wird, werden die Kräfte der Veränderung und des Konflikts heruntergespielt, obwohl sie natürlich selbst dann am Werk sind, wenn – wie in den 1840er Jahren – der Sozialcharakter sehr ausgeprägt ist. Zu nennen ist nämlich noch ein weiterer Charakter von großer Bedeutung, der entstehende Sozialcharakter der Arbeiterklasse, der sich von seinen beiden Konkurrenten deutlich abhebt. Als diejenigen, die unter der Repression und Straf-Rehabilitation, unter dem Evangelium des Erfolgs und der Geburtsrechte, unter dem Charakter des Arbeitsprozesses schließlich am meisten zu leiden hatten, begannen die Arbeiter, alternative Ideale zu formulieren. Dabei konnten sie gelegentlich wichtige Verbündete gewinnen und, wie beispielsweise in der Frage der Abschaffung der Kornzölle oder der Fabrikgesetzgebung, eine große Kraft darstellen, da solche Ziele auch von Teilen der herrschenden Klasse verfolgt wurden. Darüber hinaus entwickeln sie aber in den vierziger Jahren eine Reihe von bedeutenden eigenständigen Zielen, wenngleich sich auch diese nur im Bündnis mit anderen Gruppen verwirklichen ließen. Der Chartismus ist ein Ideal, das über jede herrschende Gruppe in der Gesellschaft hinauswies, das mehr war als nur ein Ausdruck demokratischer Bestrebungen; der Chartismus behauptete, unabhängig von jeder sozialen Klasse, die Würde des Individuums. Das Gesetz, das den Zehn-Stunden-Tag einführte, war in den Augen der Arbeiterklasse mehr als ein Stück patriarchalischer Gesetzgebung; es enthielt den Anspruch auf Freizeit und damit auf mehr Leben. In den allmählich entstehenden Organisationen der Arbeiterklasse wurde zur gleichen Zeit die vernichtendste Kritik an der Gesellschaft überhaupt laut: jede auf Geburt oder individuellem Erfolg beruhende Gesellschaft wurde abgelehnt zugunsten der Vorstellung von einer Gesellschaft, die auf gegenseitiger Hilfe und Kooperation beruhen sollte.

Wir können somit drei verschiedene Sozialcharaktere unterscheiden, und mit der Untersuchung der Beziehungen zwischen ihnen betreten wir die Wirklichkeit des gesamten Lebens. Alle tragen zur gesellschaftlichen Entwicklung bei: Die aristokratischen Ideale mäßigen die schlimmsten Auswüchse der bürgerlichen Ideale; die Arbeiterideale gehen eine fruchtbare Zusammenarbeit mit den besten bürgerlichen Idealen ein. Der bürgerliche Sozialcharakter bleibt der herrschende, auf den sich Aristokraten wie Arbeiter einstellen. Aber andererseits ist der bürgerliche Charakter am Ende der vierziger Jahre auch nicht mehr der gleiche. Die Werte der Arbeit und Selbsthilfe, der gesellschaftlichen Position durch Status und nicht durch Geburt, der Unverletzlichkeit der Ehe, die Betonung von Sparsamkeit, Nüchternheit und Wohltätigkeit dominieren zwar noch. Dagegen sind die Straf-Rehabilitation und die beschriebene Haltung gegenüber Schwäche und Leiden, obgleich nicht völlig überwunden, so doch vom Ideal der öffentlichen Fürsorge begleitet, in dem das Bemühen um Zivilisierung durch echten Altruismus und den Aufbau positiver Einrichtungen aktiv vorangetrieben wird.

Auf dieser Ebene ist also ein Wandel eingetreten, den man genau analysieren muß, wenn man die Realität des Sozialcharakters erfassen will. Die Gefühlsstruktur entspricht in mancherlei Hinsicht dem herrschenden Sozialcharakter, ist aber zugleich ein Ausdruck der beschriebenen Interaktion. Wie der Sozialcharakter ist auch die Gefühlsstruktur nicht quer durch die Gesellschaft eine uniforme. Sie zeigt sich zwar primär in der herrschenden Gruppe, ist aber im Grunde von jedem der drei identifizierbaren Sozialcharaktere verschieden; denn sie hat es nicht nur mit den öffentlichen Idealen zu tun, sondern auch mit Leerstellen, die diese aufweisen, und mit den Konsequenzen, die sich aus den Idealen ergeben, wenn sie praktisch gelebt werden. Am Beispiel der Prosa der vierziger Jahre läßt sich das deutlich erkennen.

Betrachten wir in diesem Zusammenhang zunächst die von Dalziel so sorgfältig untersuchte populäre Zeitschriftenprosa.[1] Auf den ersten

[1] Vgl. M. Dalziel, *Popular Fiction a Hundred Years Ago* (London, 1958).

Blick findet man dort, was zu erwarten war: die unerschütterlichen Grundsätze der Klassengesellschaft, wobei allerdings nicht die Abstammung, sondern der Reichtum hervorgehoben wird (ja, Aristokraten sind sogar niederträchtig); die Auffassung, daß die Armen ihre Not selbst verschuldet haben – wobei ihre Dummheit und Verderbtheit betont, ihre gegenseitige Hilfe ignoriert wird; die absolute Unverletzlichkeit der Ehe, die Behandlung von Stoffen, in denen der Verstoß gegen dieses Prinzip großes Leiden nach sich zieht; den Feldzug gegen die Schwäche, wie furchtbar sie auch ist, als eine Quelle demütiger Tugenden. All dies ist, oft bewußt didaktisch vorgetragen, ein direkter Ausdruck des herrschenden Sozialcharakters und gilt von der frommen, »auf Verbesserung bedachten« Prosa (Mrs. Tonnas *Helen Fleetwood*) ebenso wie von den reinen Sensationsgeschichten, in denen die Verbesserer verdammt werden. Allerdings hält die populäre Prosa noch in einem beträchtlichen Umfang an älteren Wertsystemen fest, indem sie sich oft stereotyper, konventioneller Charaktere bedient. Unmodern wurde der »Moderoman« mit seiner Darstellung der höheren Gesellschaft erst zu Ende des Jahrzehnts. So konnte der Held in dieser Prosa zwar manchmal schon der erfolgreiche Exponent der Selbsthilfe sein, oft gehört er aber noch einem älteren Typus an, ist der kultivierte Gentleman, der von seinem Ehrenkodex geleitete Soldat. Einem solchen Helden konnte das Vergnügen noch ein Segen, die Arbeit noch ein Fluch sein. Der Verlust des Vermögens oder der Zwang zur Arbeit erschien ihm als ein Unglücksfall, gegen den nichts zu machen war; Glück mußte man eben haben. Die neue Einstellung gegenüber der Arbeit fand aus verständlichen Gründen nur langsam Eingang in die Prosa. (Das gewöhnliche bürgerliche Leben galt als zu einfach und langweilig, um das Interesse eines Romans zu verdienen.) Beide Arten von Helden waren übrigens starker Emotionen fähig, konnten wie eh und je in Tränen ausbrechen, selbst in Ohnmacht fallen, wenn auch nicht mehr für sehr lange. Noch stärker der Tradition verhaftet waren die Heldinnen: sie waren schwach und abhängig und wurden so dargestellt, als erfreuten sie sich ihrer Schwäche und Abhängigkeit; natürlich waren sie auch schön und keusch. Ein interessanter Fall ist die Darstellung der Schule: nahezu ausnahmslos erscheint sie als ein schrecklicher Ort, ein Platz der Versuchung und Schlechtigkeit. Die Schule wird nicht nur als grausam, gemein und – pädagogisch gesehen – lächerlich dargestellt, sie ist auch Heim und Familie als Erziehungsinstanz eindeutig unterlegen. Vielleicht zum letzten Mal glaubt in dieser Periode die Mehrheit der öffentlichen Meinung in England, daß die Erziehung im Elternhaus das Ideale sei. Seit dem 16. Jahrhundert hatte dieser Glaube an Boden gewonnen; erst der auf Arnold zurückgehende »public-school«-Ethos führt hier zu einem vollkommenen Umschwung. Aber erst mit dem Roman *Tom*

Brown's Schooldays (1857) zeigt sich die neue Einstellung auch in der Prosa.

In der populären Prosa der vierziger Jahre finden wir also sowohl Merkmale älterer Empfindungsweisen als auch die getreue Reproduktion bestimmter Standardgefühle des anerkannten Sozialcharakters. Daneben zeigt sich ein bemerkenswertes Ineinandergreifen solcher Standardgefühle und der tatsächlichen Erfahrung. Der entscheidende Punkt ist dabei der des Erfolges bzw. des Geldes. Die zuversichtliche Prämisse des Sozialcharakters, daß jedes Bemühen einmal von Erfolg gekrönt sei und daß Reichtum Ehrerbietung verlange, lag notwendigerweise – wenn auch vielleicht nur unbewußt – im Widerstreit mit der wirklichen Welt, in der die Dinge nicht so einfach waren. Die Zuversicht ist in dieser Prosa daher oft nur an der Oberfläche vorhanden. Viel stärker ist die Atmosphäre von Instabilität und Ruin, die auf diesen Romanen liegt. Der Verlust des Vermögens ist hier etwas ganz Normales, wird allerdings kaum je so dargestellt, daß er mit dem Sozialcharakter wirklich in Einklang steht, demzufolge ja Erfolg und Mißerfolg auf persönlichen Eigenschaften beruhen. Schulden und Ruin suchen diese äußerlich so zuversichtliche Welt heim, und zwar widerfahren sie den Romanhelden in der Mehrheit der Fälle als etwas, das von außerhalb ihres eigenen Wirkungsbereichs auf sie zukommt. Teilweise werden auch hier noch die Voraussetzungen des Sozialcharakters gewahrt: wer sein Vermögen verliert, muß verschwinden; man kann nicht sich selbst und seine Freunde durch sein Bleiben in Verlegenheit bringen. Dieser unbarmherzige Kodex beschränkt sich jedoch gewöhnlich auf Nebenfiguren, auf die Eltern des Helden oder der Heldin. Die Leute dagegen, auf die es ankommt, finden einen anderen Ausweg: einmal in der unerwarteten Erbschaft, zum anderen im Empire. Diese im gesamten Spektrum des Romans jener Zeit zu findenden Hilfsmittel sind außerordentlich interessant, einmal, wo es um das Magisch-Wunderbare geht, zum anderen dort, wo es um die Entwicklung von Einstellungen geht, die für die Gesellschaft notwendig sind.

Magie ist notwendig, um den Konflikt zwischen Ethos und Erfahrung zu verdrängen. Benutzt wird sie besonders in Situationen, in denen der Held oder die Heldin an einen ungeliebten Partner gebunden ist, während der wahre Liebhaber hinter den Kulissen wartet. Da Lösungen, die Untreue oder einen Verstoß gegen die Ehe mit sich bringen würden, normalerweise undenkbar sind, muß eine Standardformel herhalten: der nicht passende Partner ist nicht nur ungeliebt, er ist auch Alkoholiker oder geisteskrank; zu gegebener Zeit, nach dem erforderlichen Aufwand an resignativem Leiden, findet er ein passendes, oft auch spektakuläres Ende, wobei der nicht-liebende Partner ein besonderes Maß an Sorgfalt, Pflicht und Frömmigkeit entfaltet; dann erst kann sich die wahre Liebe erfüllen. Im Bereich des Geldes verläuft der Prozeß ähnlich: im entscheidenden Moment kommen von überall her Erbschaften, und Vermögen werden gerettet. Niemand braucht also gegen das Prinzip zu verstoßen, daß Geld zum Erfolg gehört, aber andererseits sind nur sehr wenige an die den Armen vorgehaltene Ethik gebunden, daß es lediglich denen gut gehe, die es sich unter Mühen verdient haben. Dieses Element des Betrugs markiert einen entscheidenden Unterschied zwischen dem Sozialcharakter und der tatsächlichen Gefühlsstruktur.

Der Gebrauch des Empire verläuft in ähnlichen, obgleich komplexeren Bahnen. Während das Magische an den Erbschaften, von denen es einige natürlich auch in der wirklichen Welt gab, im Zeitpunkt ihres Auftauchens, ihrem »timing« lag, war das Empire als Ausweg stets vorhanden: das schwarze Schaf konnte sich in ihm verlieren; ruinierte oder mißverstandene Helden konnten ins Empire gehen und daraus mit Schätzen beladen zurückkehren; die Schwachen ließen sich ins Empire verfrachten, um dort ein neues Leben zu beginnen. Oftmals ist das Empire der Ursprung der unerwarteten Erbschaft, wodurch die beiden literarischen Kunstgriffe sogar verknüpft werden. Es ist klar, daß dieser Gebrauch des Empire nicht ganz aus der Luft gegriffen ist. Das Auswandern in die neuen Länder konnte zunächst einmal als Selbsthilfe, als Unternehmungsgeist betrachtet werden. Tatsächlich bestand ja in diesen Ländern großer Arbeitskräftemangel, und die Emigration dorthin als Lösung der durch die Arbeiterklasse aufgeworfenen Probleme ist weithin, sogar von den humansten Kritikern des bestehenden Systems, gefordert worden. Um 1840 wanderten 90 000 Menschen pro Jahr aus, um 1850 etwa dreimal soviel. Auch in anderer Hinsicht, in bezug auf Kapital und Handel, war das Empire einer der Hebel der Industrialisierung gewesen und sollte sich auch weiterhin als ein wichtiges Mittel erweisen, um das kapitalistische System am Leben zu erhalten. Alle diese Faktoren spiegeln sich in der Prosa wider, obwohl noch nicht so ausgiebig wie am Ende des Jahrhunderts, als der Imperialismus zu einer bewußt praktizierten Politik geworden war. Daneben aber gab es auch eine magische Verwendung des Empire: Charaktere, deren Schicksal sich innerhalb des vorgegebenen Systems nicht lösen ließ, wurden einfach auf ein Schiff gesetzt, wodurch der Konflikt zwischen Ethik und Erfahrung aus der Welt geschafft war und die Ethik nicht radikal in Frage gestellt werden brauchte. Diese Methode hatte zudem den Vorteil, daß sie mit einem anderen Element der Gefühlsstruktur harmonierte, der Vorstellung nämlich, daß es keine allgemeine Lösung der sozialen Probleme der Zeit geben könne, sondern nur individuelle Lösungen durch Erbschaft oder Emigration oder eine rechtzeitige Gesinnungsänderung.

Das Faszinierende an dieser Gefühlsstruktur ist, daß sie in der von uns heute noch gelesenen Literatur nicht weniger anzutreffen ist als in den längst vergessenen populären Romanen. Dies gilt sowohl in bezug auf Widerspiegelungen der Realität als auch in bezug auf die wunderbaren Lösungen. Disraeli scheint sehr wagemutig, wenn er das Zwei-Nationen-Problem in der Form einer Liebe zwischen einem Aristokraten und einem chartistischen Mädchen behandelt, aber Sybil stellt sich hinterher – wie die armen Heldinnen in den Zeitschriftengeschichten – als eine um ihr Erbe gebrachte Adlige heraus. (Bei Disraeli ist die Vereinigung der beiden Nationen in Wirklichkeit nichts anderes als der Zusammenschluß von ländlichem und industriellem Eigentum, was von bemerkenswerter politischer Voraussicht zeugt; in *Coningsby*, wo der junge Aristokrat die Tochter eines Fabrikanten aus Lancashire heiratet und in einem industriellen Wahlkreis ins Parlament gewählt wird, wird das gleiche Schema benutzt.) Mrs. Gaskell weist zwar die populäre Fiktion zurück, daß die Armen ihr Elend selbst verschuldet hätten, nichtsdestoweniger kompromittiert sie in *Mary Barton* die Organisation der Arbeiterklasse durch einen Mord und steuert alle beliebten Romanfiguren nach Kanada. Kingsley schickt in *Alton Locke* seinen chartistischen Helden ebenfalls nach Amerika. Und hierbei handelt es sich, wie gesagt, noch um humane Kritiker, die in vielerlei Hinsicht vom Sozialcharakter abweichen. Dies ändert jedoch nichts daran, daß sie der gleichen Gefühlsstruktur verhaftet bleiben.

Ähnliches zeigt sich auch in Romanen, in denen es weniger um soziale Probleme geht. Die Werke von Charlotte und Anne Brontë sind hinsichtlich ihrer Handlung und Gefühlsstruktur mit vielen Zeitschriftengeschichten so gut wie identisch. Auch hier stoßen wir auf die Erzieherin als Heldin, auf die geistesgestörte Ehefrau, den sich dem Alkohol hingebenden Gatten; auch hier erfolgt die Lösung durch Resignation, Pflicht und Magie. Ebenso verhält es sich mit Dickens, der immer wieder in ähnlicher Weise die Situationen, Empfindungen und Lösungen der Zeitschriftenprosa benutzt.

Dieser Zusammenhang zwischen der Gefühlsstruktur der Zeitschriftenprosa und derjenigen der großen Literatur der Zeit ist bei der Analyse der Kultur von großer Bedeutung. Erst hier treten die wirklichen Beziehungen innerhalb einer Kultur hervor, Beziehungen, die dagegen leicht vernachlässigt werden, wenn nur die beste Literatur einer Epoche überlebt hat oder wenn diese losgelöst von ihrem gesellschaftlichen Kontext studiert wird. Allerdings bedarf dieser Zusammenhang einer sehr sorgfältigen Untersuchung. Oft wird sich der gute Roman von der Zeitschriftenprosa einfach dadurch unterscheiden, daß er die gleiche Situation, das gleiche Gefühl zur größtmöglichen Intensität steigert. In anderen Fällen jedoch wird trotz der Beibehaltung des gleichen Rahmens eine Erfahrung in das Werk einfließen, die es allein schon, allen äußeren konventionellen Bedingungen zum Trotz, relevant macht. Dies gilt für Elizabeth Gaskell (etwa in den Anfangskapiteln von *Mary Barton*) ebenso wie für Charlotte Brontë, deren einsame persönliche Leidenschaft sich zu einer Intensität steigert, die die erdrückenden Konventionen grundsätzlich in Frage stellt. Es gilt mit Sicherheit für Dickens, der in der konventionellen Figur der Waise oder des durch den Verlust des Vermögens gefährdeten Kindes das System tendenziell transzendiert und einige der tiefsten Gefühle der wirklichen gesellschaftlichen Erfahrung darstellt. Hier tritt, obwohl die Verbindung zur gewöhnlichen Gefühlsstruktur noch vorhanden ist, die wirkliche Kreativität hervor. Die Waise, das gefährdete Kind, die einsame Erzieherin, das Mädchen aus einer armen Familie – in diesen Figuren findet die Realität des zeitgenössischen Lebens einen tiefen Ausdruck. In der Zeitschriftenprosa waren es konventionelle Figuren, hier in der Literatur tauchen sie als Figuren von unwiderstehlicher Authentizität auf, sind nicht mehr Beispiele für irgendwelche Unglücksfälle im Getriebe des sozialen Systems, sondern Verkörperungen eines *allgemeinen* Urteils über die menschliche Beschaffenheit der gesamten Lebensweise. In den 1840er Jahren stoßen wir damit – abgesehen von einigen Vorläufern bei Godwin und mit Abstrichen auch Richardson – auf die ersten Romane, in denen, obgleich noch mit konventionellen Formen, ein radikaler Widerspruch formuliert wird. Auf der Ebene des Sozialcharakters mag die Gesellschaft hinsichtlich ihrer Prämissen und ihrer Zukunft zuversichtlich erscheinen, diese einsamen gefährdeten Figuren aber erscheinen uns als die wirkliche individuelle und gesellschaftliche Realität des Systems, das der Sozialcharakter zum Teil rationalisiert hat. Der Mensch in Einsamkeit und Angst, der Mensch als Opfer: das ist die bleibende Erfahrung. Am Ende wird zwar in vielen Fällen auf wunderbare Lösungen zurückgegriffen, die Intensität der zentralen Erfahrung aber ist aufgezeichnet und überlebt jene. Und an diesem Punkt sehen wir die Verbindung zu einem Roman wie *Wuthering Heights*, der sich nicht an den konventionellen Aufbau hält, ihn zurückweist. Hier werden auf dem Höhepunkt der Intensität die komplizierten gesellschaftlichen Barrieren endlich von einer absoluten menschlichen Bindung durchbrochen. Die Bindung wird durch den Tod realisiert, so daß, was anderswo als Tragödie einzelner, hinterher durch eine wundersame Fügung geretteter Figuren vorgeführt wurde, hier zur bestimmenden Form des ganzen Werks wird. Was in anderen Romanen an schöpferischen Elementen da war, wird hier auf ein Niveau von Geschlossenheit gehoben, die das Werk über die gewöhnliche Gefühlsstruktur hinaushebt und ein neues Gefühl lehrt.

Die Kunst spiegelt die Gesellschaft wider und arbeitet einen Sozialcharakter so lange durch, bis er in der Erfahrung Wirklichkeit gewinnt. Die

Kunst bringt aber, dank neuer Wahrnehmungen und Reaktionen, zugleich auch Elemente hervor, die die Gesellschaft als solche nicht zu realisieren vermag. Wenn wir die Kunst mit ihrer Gesellschaft vergleichen, stoßen wir auf eine Reihe von Beziehungen, die ihren engen Zusammenhang mit dem übrigen Leben veranschaulichen. Dies wird an Schilderungen, Diskussionen, Handlungssträngen und der Art und Weise, wie der Sozialcharakter erfahren wird, deutlich. In bestimmten Formen und Kunstgriffen können wir aber auch Indizien für die Sackgassen und ungelösten Probleme der Gesellschaft erkennen, die auf diese Weise oft zum ersten Mal überhaupt ins Bewußtsein dringen. Ein Teil dieser Indizien mag Ausfluß eines falschen Bewußtseins sein, dem es um keine wirkliche Anerkennung geht; ein anderer Teil wird aber Ausdruck eines tief empfundenen, wenn auch nicht näher definierten Wunsches sein, über die gegebene Situation hinauszugelangen. Dieses letztere Gefühl sprach George Eliot an, als sie 1848 schrieb:

»Der Tag wird kommen, an dem aus einem Tempel aus weißem Marmor süße Düfte aufsteigen und Hymnen erklingen werden zur Erinnerung an all jene Männer und Frauen, die eine tiefe Vorahnung, ein Gefühl, ein Sehnen oder sogar eine klare Vorstellung von der Zeit hatten, in der die elende Herrschaft des Mammon zu Ende sein wird, die Menschen nicht mehr ›wie die Fische im Meer‹ sind, die Gesellschaft nicht länger zwei Gesichter hat, von denen eines – Glauben und Lippenbekenntnisse darstellend – schön und gottähnlich ist, das andere – Taten und Institutionen darstellend – dagegen von einer alten verrunzelten Haut überzogen und zu einem mephistophelischen Grinsen verzerrt ist.«[2]

Hinter einem Großteil der Kunst (und des Rückgriffs auf Magie) der 1840er Jahre steht dieser tief empfundene Wunsch. Und an diesem Punkt bewegen wir uns auf einen Prozeß zu, der nicht auf einen einfachen Vergleich von Kunst und Gesellschaft hinausläuft, sondern von der Erkenntnis ausgeht, daß alles menschliche Handeln eine allgemeine Realität ergibt, die die Kunst und das, was gewöhnlich Gesellschaft genannt wird, einschließt. Es kommt also nicht länger darauf an, Kunst und Gesellschaft miteinander zu vergleichen, sondern beide mit dem Gesamtkomplex menschlicher Handlungen und Gefühle zu vergleichen; denn wir haben bemerkt, daß manche Kunst auch Gefühle ausdrückt, die die Gesellschaft in ihrem allgemeinen Charakter nicht auszudrücken vermochte. Dabei handelt es sich nicht nur um schöpferische Reaktionen, die neue Gefühle ans Tageslicht bringen, sondern auch um die Aufzeichnung von Leerstellen und Auslassungen, um das Eingehen auf unbefriedigte menschliche Bedürfnisse. An einem Element der 1840er Jahre, das wir bis jetzt noch nicht beachtet haben, ist das deutlich erkennbar. Die Gedichte Tennysons und Arnolds, von *Morte d'Arthur* über *Ulysses* bis zu *The Forsaken Merman*, gehören zur Spätphase jenes

[2] J. W. Cross (Hrsg.), *George Eliot's Life as Related in Her Letters* (London, o. J.), S. 103.

Teils der Romantik, der einmal den Reichtum auszudrücken suchte, der im Alltagsleben nicht zu finden ist. Daß diese Lyrik schwächer ist als die eines Coleridge oder Keats, obwohl sie ihr in formaler Hinsicht gleicht, erscheint zunächst als ein weiterer Beweis dafür, daß sie eine fatale Abwendung von den Energien des wirklichen Lebens darstellt. Nichtsdestoweniger gibt der Impuls, der hinter dieser Dichtung steht, eine charakteristische Erfahrung wieder, die aus dem Studium der Gesellschaft allein nicht zu erschließen wäre. Er läßt sich nämlich mit der allgemeinen Romantisierung der Vergangenheit verknüpfen, wie sie auf hohem Niveau bei Carlyle und auf populärer Ebene im historischen Roman (einer Schöpfung der Romantik) zu finden ist, der sich zu Beginn der vierziger Jahre einer ungeheuren Popularität erfreute. Was diese populäre, mit exotischen Farben und Schätzen hantierende Romantik mit der entwickelten romantischen Vision eines volleren menschlichen Lebens verbindet, ist das Empfinden, daß sich die dunkle Realität und die herrschenden Ideale der Zeit über bestimmte menschliche Grundbedürfnisse hinwegsetzen. Der Zauber und Glanz der verbotenen Theater und der »music-hall«, der gezierte Verputz, die gotische Architektur gehören allesamt hierher. 1848, das letzte Jahre des Chartismus, ist zugleich das erste Jahr der Bruderschaft der Prä-Raphaeliten. Es wäre also falsch anzunehmen, diese Kunst ließe sich mit dem übrigen Leben nicht in Zusammenhang bringen. Gerade durch ihren Gegensatz zu den Grundzügen der gesellschaftlichen Entwicklung ist sie erkennbar als ein Element der allgemeinen menschlichen Organisation, das auf ganz spezifische Weise seinen Ausdruck gefunden hat. Wenn man die Kultur als Ganzes analysieren will, muß man dieser Kunst ihren Platz neben den anderen Elementen einräumen.

Betrachten wir schließlich die Periode als Ganzes, so erkennen wir, daß ihr schöpferisches Wesen nicht so sehr im Bereich der Kunst, sondern – entsprechend den Hauptlinien der gesellschaftlichen Entwicklung – im Maschinenbau und in den neuen gesellschaftlichen Institutionen zu suchen ist. Wir können keinen Abschnitt der Industriellen Revolution verstehen, wenn wir nicht das Wunder erkennen, das hier von menschlicher Geschicklichkeit und Anstrengung geschaffen wurde. Selbst Kritiker der Gesellschaft haben hierin eine außerordentliche Freisetzung der Kräfte des Menschen gesehen. Ohne diesen Aspekt der Entwicklung wäre die Gesellschaft niemandem annehmbar erschienen. »Das sind unsere Gedichte«, sagte Carlyle 1842, als er eine der neuen Lokomotiven betrachtete. Dieser Aspekt wird heute zu leicht übersehen, obwohl er ins Zentrum der Kultur gehört.

Auf ganz andere Art, in ganz anderen Institutionen vollzieht sich die allmähliche Herausbildung neuer Gesellschaftskonzeptionen und Verkehrsformen seitens der sich organisierenden Arbeiterklasse wie auch seitens bürgerlicher Reformer. Ohne die Einbeziehung solcher Aktivitäten aus dem Bereich der Industrie und der Institutionen aber ist auch der schöpferische Teil der Kultur nicht zu verstehen, sind doch diese Aktivitäten ein ebenso wertvoller Ausdruck menschlichen Gefühls wie Kunst und Philosophie.

Eine vollständige Analyse der Kultur der 1840er Jahre war im Rahmen dieser Arbeit nicht zu leisten. Ich habe dieses faszinierende Jahrzehnt nur herausgegriffen, um zu zeigen, was alles zu einer derartigen Analyse gehört. Ich habe nur das Vorgehen andeuten wollen, meine aber, daß aus dem Gesagten deutlich wird, daß diese Art von Analyse durchführbar ist und daß die Erforschung von scheinbar separaten Elementen einer Lebensweise erhellend sein kann. Wer der Analyse gefolgt ist und sie fortsetzen möchte, wird für sich selbst entscheiden müssen, in welchem Umfang der theoretische Ansatz und die theoretischen Differenzierungen, die aus ihm folgen, für seine Arbeit von Wert sind.

Was heißt »gemeinsame Kultur«?[1]

I

Unser Leben beeinflußt unser Denken, und es ist daher nicht besonders erstaunlich, daß ich unter den gegenwärtigen Umständen über den Begriff der Kultur nachgedacht habe; fließen doch in diese Gedanken Erfahrungen ein, die ich mit anderen teile und mit denen sich eine ganze Generation beschäftigt. Die Ungleichheit, die ich erfuhr, war für mich – für jemand, der aus der Arbeiterklasse kam und die höheren Bildungsinstitutionen durchlief – in erster Linie eine Ungleichheit der Kultur, des Bildungsgangs, des Umgangs mit der Literatur. Was von anderen in anderen Situationen direkt als ökonomische oder politische Ungleichheit erfahren wurde, war für mich, bedingt durch meinen Weg, die Ungleichheit, gewissermaßen sogar die Nicht-Gemeinsamkeit der Kultur. Von dieser Einsicht mußte die Diskussion des Kulturbegriffs ihren Ausgang nehmen. Kultur war und ist nämlich, insbesondere in England, einer der Faktoren, über die sich die Klassenunterschiede zwischen den Menschen vermitteln.

Wenn ich zurückblicke, muß ich allerdings zugeben, daß es geradezu absurd lange gedauert hat, bis ich verstand, daß sich hinter dem Begriff Kultur die verschiedenartigsten Bedeutungen verbargen, auf die man zwar gleichzeitig reagierte, die nichtsdestoweniger aber strikt auseinanderzuhalten waren. Lange Zeit schien es mir, als sei das Problem der Kultur primär das Problem des Verhältnisses von Schriftsteller und Publikum, und in der Tat habe ich Kultur zunächst nur innerhalb dieses Rahmens, der mir jetzt sehr beschränkt erscheint, begriffen. Damals gebrauchte ich die Begriffe »Gemeinschaft der Sensibilität« [community of sensibility] und »Gemeinschaft des Prozesses« [community of process], mit denen ich die Verbindung von Schriftsteller und Publikum charakterisieren wollte, die dem Vorgang des Schreibens vorausgeht, zugleich aber auch den Rahmen für die Reaktion auf diesen Vorgang abgibt. Heute scheint mir der Nutzen dieser Termini für die Diskussion

---

[1] Anm. d. Hrsg.: Im Jahre 1967 veranstaltete ein Kreis kritischer Katholiken (Adrian Cunningham, Terry Eagleton, Brian Wicker) ein Symposium unter dem Titel »Problems of a Common Culture«, an dem sich sowohl Marxisten (Stuart Hall, Charles Taylor) als auch Liberale (Martin Green u. a.) beteiligten. Williams hielt den Eröffnungsvortrag (Abschnitt I des vorliegenden Textes) und antwortete im Schlußwort noch einmal seinen Kritikern (Abschnitt II). Die einzelnen Diskussionsbeiträge sind später in dem Buch *From Culture to Revolution* (London, 1968), s. Literaturverzeichnis, veröffentlicht worden.
Die Übersetzung des Begriffs »common culture« als »allgemeine« oder »alle Schichten umfassende Kultur« in der deutschen Ausgabe von *Culture and Society 1780–1950 (Gesellschaftstheorie als Begriffsgeschichte. Studien zur historischen Semantik von »Kultur«,* München, Rogner u. Bernhard 1972, S. 380 f.) ist irreführend.

des Kulturbegriffs gering; sie mußten notwendig weiterentwickelt werden zu Begriffen, mit denen sich über die Gesellschaft als Ganzes reflektieren ließ. Über die Kultur führte somit ein Weg zum Verständnis der Gesellschaft überhaupt.

Ich will den persönlichen Aspekt dieser Entwicklung gar nicht überbetonen. Dennoch liegt auf der Hand, daß der Übergang von einer sozialen Klasse zur anderen, von einer Situation und einem Lebensstil zum anderen, mein Bewußtsein von der Ungleichheit im Sektor der höheren Ausbildung geschärft und meine Aufmerksamkeit auf Probleme gelenkt hat, die ins Zentrum jeder Vorstellung von Kultur gehören. Wahrscheinlich hätte ich mich sogar direkt mit den sozialen, politischen und ökonomischen Voraussetzungen der Ungleichheit beschäftigt, wenn ich nicht auf eine Tradition des englischen sozialen Denkens gestoßen wäre, in der der Charakter der Kultur direkt diskutiert worden ist. Diese Debatte war zwar kompliziert und führte die verschiedensten Denker und Auffassungen zusammen, die Idee der Kultur aber hatte seit dem frühen 19. Jahrhundert – seit der ersten Generation nach der Industriellen Revolution – dazu gedient, Fragen über die in einer bestimmten Gemeinschaft verfügbare Qualität des Lebens zu stellen, teils um einfach den materiellen Fortschritt zu begreifen, teils um das Vertrauen in ihn zu erschüttern. Aus dieser Debatte über die Zusammenhänge von Kultur und Gemeinschaft im allgemeinen war ein Großteil des englischen sozialen Denkens hervorgegangen, und für jeden Studenten der Literatur bedeutete dies zwangsläufig den ersten Kontakt mit dem Denken über die gegenwärtige Gesellschaft und ihre Probleme. Unter den Zeitgenossen waren es vor allem drei, die in dieser Debatte neue Akzente setzten: Eliot, Leavis und Marx (der zwar kein Zeitgenosse war, aber als solcher empfunden wurde). Man sah, wie Eliot eine konservative Position einnahm, wie er befürchtete, daß die Aufhebung des Bildungsprivilegs, die Entwicklung des industriellen und urbanen Lebens sowie der Demokratie die Kultur verwässern und zerstören würde. Man sah Leavis eine ähnliche, obgleich weniger systematisch formulierte Meinung vertreten, sah, wie er die Werte einer tradierten Minderheitskultur hervorhob, die von dem Studenten der Literatur zu verteidigen seien, bevor es zu einer Ausdehnung der Bildung auf alle kommen könne. Bei Leavis war die Opposition gegen die Einbeziehung aller in die kulturelle Tradition zwar weniger ausgeprägt als bei Eliot, aber seine Skepsis hinsichtlich der Durchführbarkeit einer solchen Maßnahme war kaum weniger radikal, und sein Glaube, daß zunächst Wichtigeres zu leisten sei, blieb unerschütterlich. Und dann war da Marx, d. h. zunächst die englischen Marxisten, die betonten, daß die Kultur von der Beschaffenheit unseres allgemeinen Lebens untrennbar sei, daß eine Klassengesellschaft unweigerlich eine Klassenkultur nach sich zöge und daß sich eine Kultur im Laufe der historischen Entwicklung einer Gesellschaft notwendig verändere, so wie sich die Beziehungen zwischen den Menschen und Klassen verändern.

Dieser Komplex von Ideen warf eine ganze Reihe von Fragen auf, die zu dem komprimiert werden konnten, was heute als Kulturdebatte bekannt ist. Als ich über diese Frage nachdachte, schien es mir, daß es einen wirklich neuen Akzent zu setzen galt. Eliots Position konnte ich unmöglich akzeptieren, einmal, weil sie wesentlich eine Gesellschaft bejahte, die aus mehreren Gründen, nicht zuletzt wegen ihrer sozialen und ökonomischen Ungleichheit, unannehmbar war, zum anderen, weil der Versuch, eine Klassengesellschaft unter der Kontrolle traditioneller Institutionen zu belassen, in jedem Fall angesichts einer Welt unrealistisch war, die infolge des fortgeschrittenen Kapitalismus längst vom Wandel erfaßt war. Was Eliot forderte, war einfach unvorstellbar. Leavis' Ansatz schien zunächst attraktiver, da er den Schwerpunkt in der Literatur hatte; sein Aufruf, aktiv zu werden (nebenbei bemerkt: zu lesen, nicht zu schreiben), hatte zudem einen radikalen Anstrich, der ein kritisches Interesse, eine Beschäftigung mit den Problemen der zeitgenössischen Zivilisation verriet. Letztlich ließen sich jedoch gegen diesen Ansatz, einmal verallgemeinert, prinzipiell die gleichen Einwände vorbringen wie gegen den Eliots. Wenn man diesen ungenießbarer fand, dann deswegen, weil er letztlich konsequenter gewesen war, weil er die Implikationen dessen, was er vertrat, akzeptiert hatte. Von den Leavisschen Gedanken war es tatsächlich kein weiter Weg zu den gesellschaftlichen Auffassungen Eliots, nur zögerte ersterer verständlicherweise, diesen letzten Schritt zu vollziehen: derartige Auffassungen von der Gesellschaft seien nicht notwendig, und sich ihrer zu enthalten, wurde sogar als Tugend ausgelegt; Leavis' kulturelle Position allerdings schien mir notwendig eine solche soziale Position zu bedingen, und im Laufe der Jahre hat sich dies ja auch bestätigt. Was schließlich Marx betraf, so akzeptierte man zwar den Akzent auf dem historischen Wandel und den engen Beziehungen zwischen Klasse und Kultur. Die Art und Weise allerdings, wie dies belegt wurde, schien ebenfalls unannehmbar. Bei der Auseinandersetzung mit der marxistischen Position stieß man auf eine Polarisierung von ökonomischem Leben und Kultur, die sich mit der von mir und anderen gemachten lebenspraktischen Erfahrung von Kultur nicht zu decken schien.

Von einer gemeinsamen Kultur zu sprechen, war daher ein Weg, um eine Alternative in diesem komplexen Gebiet aufzuzeigen. Eng damit zusammen hing die Behauptung, daß Kultur etwas Gewöhnliches sei, nicht das Reservat einer bestimmten Klasse, die allein Bedeutungen und Werte hervorbrachte. Ein solcher Vorgang konnte niemals einer wie auch immer begabten Minderheit vorbehalten sein und war es ja auch in

Wirklichkeit nicht: Die Bedeutungen einer bestimmten Lebensform eines Volkes entstammen stets dem gesamten Bereich seiner gemeinsamen Erfahrung. Wenn es also zutraf, daß überall, und nicht nur an bestimmten Stellen, Bedeutungen und Werte geschaffen wurden (und das Beispiel, das man hierfür sogleich anführte, war die Sprache, die keine individuelle Schöpfung ist, obwohl einzelne Menschen sie erweitern und vertiefen mögen), dann mußte ganz allgemein von dem Faktum der Gemeinschaft einer Kultur gesprochen und ihre Notwendigkeit postuliert werden. Dieses Postulat war zugleich auch eine Kritik an dem, was den Menschen anstelle einer solchen Kultur auferlegt wurde. Von einer gemeinsamen Kultur sprechen, hieß demnach, sowohl den Lebensstil eines Volkes als auch die lebensnotwendigen Beiträge einzelner begabter Individuen ins Auge fassen, hieß ferner, daß die Idee der *Gemeinsamkeit* der Kultur als Kritik benutzt werden konnte an ihrer Aufsplitterung und Fragmentierung. Wenn es zutraf, daß das Schaffen von Bedeutungen eine Tätigkeit war, an der alle Menschen Anteil hatten, dann mußte man von jeder Gesellschaft schockiert sein, die solche Bedeutungen und Werte ganzer Gruppen absichtlich unterdrückte oder unfähig war, diesen Gruppen die Chance zur Artikulation und Kommunikation ihrer Bedeutungen einzuräumen. Gemeint war natürlich das Großbritannien der Gegenwart, von dem allseits mit einem erleichterten Rückblick auf die Vergangenheit gesagt wurde, die meisten sozialen Probleme seien längst gelöst. Indessen war im Gegenteil völlig klar, daß die Mehrheit der Menschen zwar ihre eigenen Werte schuf, der Charakter des Erziehungssystems und die Struktur der Massenmedien (die Verfügungsgewalt über sie wie ihre ideologischen Voraussetzungen) aber dafür sorgten, daß diese Mehrheit vom Zugang zum vollen Spektrum dieser Bedeutungen ausgeschlossen blieb und auch keinerlei Möglichkeit hatte, am Prozeß der Veränderung und Entwicklung neuer Bedeutungen teilzunehmen. Einerseits sprach man damit eine allgemeine Wahrheit aus, daß es nämlich in diesem Sinne die Gemeinschaft einer Kultur gebe – und die Gültigkeit dieses Satzes würde ich unabhängig von jeder historischen Periode behaupten; andererseits kritisierte man eine ganz bestimmte Gesellschaft, weil sie die Realisierung einer solchen Gemeinschaft behinderte oder gar bewußt unterband.

Was als Kulturkritik begann, wurde somit zur Gesellschafts- und politischen Kritik; denn eines war klar: zu einer gemeinsamen Kultur in dem von mir umrissenen Sinn konnte man nicht dadurch gelangen, daß man die Werte einer Minderheit – also etwa der Gruppe der Herrschenden – einfach auf andere übertrug. Aus einem bestehenden Segment der Erfahrung, das in einer ganz bestimmten Weise artikuliert wird, wird nicht dadurch, daß es auf andere ausgedehnt – ihnen beigebracht – wird, eine gemeinsame Kultur. Die eigentliche Bestimmung des Begriffs besagt ja gerade, daß nur dasjenige die Kultur eines Volkes ausmacht, was alle seine Mitglieder im Lebensprozeß hervorbringen. Es muß also die Voraussetzung dafür geschaffen werden, daß das Volk als Ganzes an der Artikulation von Bedeutungen und Werten sowie an der Entscheidung zugunsten dieses oder jenes Wertes, dieser oder jener Bedeutung teil hat. In der Praxis bedeutet dies die Beseitigung aller materiellen Hindernisse auf dem Weg zu einer solchen Partizipation. Daraus erwuchs mein Interesse an den Institutionen der Kommunikation, die, beherrscht vom Kapital oder der Staatsmacht, sich die These zu eigen gemacht hatten, daß einige wenige den vielen, die nicht als Kommunikatoren, sondern lediglich als kommunikabel angesehen und deren eigene Beiträge mißachtet wurden, etwas mitzuteilen hätten. Deswegen war auch das herrschende Erziehungssystem, in dem die Menschen von einem frühen Alter an in »Gebildete« und andere, d. h. in Sender und Empfänger aussortiert werden, so zu verändern, daß es den verwickelten Prozessen der Herausbildung von Bedeutungen und Werten in einer Weise Rechnung tragen würde, die jeden in die Lage versetzt, sowohl eigene Beiträge zu leisten als auch die anderer aufzunehmen.

Hatte man somit die Institutionen der Kommunikation und die Praktiken des Erziehungssystems analysiert, wurde deutlich, daß sie auf einer sehr soliden Grundlage beruhten: dem Privateigentum. Man bemerkte ferner, daß dieses Privateigentum nicht nur dem Volk als Ganzem den Zugang zu seinen Regierungsinstitutionen verwehrte, sondern vermöge seiner Kontrolle über den Arbeitsprozeß auch die Energie der Gesellschaft in bestimmte Bahnen lenkte. Das Privateigentum an den Produktionsmitteln hatte eine Situation herbeigeführt, in der die Energien der Mehrheit der Menschen auf Zwecke gelenkt wurden, über die eine Minderheit entschieden hatte. Dieser unser Leben im Innersten treffende Vorgang mußte natürlich Auswirkungen auf die Schöpfung und den Austausch von Bedeutungen und Werten haben.

Von einer gemeinsamen Kultur sprechen, hieß demnach: sich kritisch über die Klassengesellschaft äußern; hieß aber auch: eine Idee postulieren, die sich von einigen zeitgenössischen Interpretationen des Sozialismus abzuheben schien. Ich hatte zwar zu keinem Zeitpunkt Zweifel daran, daß die Mittel zur Veränderung der Gesellschaft sozialistische Mittel und die Institutionen, die der neuen Gesellschaft den Weg bahnen würden, sozialistische Institutionen sein würden. Nur stellte sich mir angesichts der Idee einer neuen Gesellschaft stets sofort die Frage, ob sie die Partizipation der in ihr lebenden Menschen in diesem entscheidenden Punkt gewährleisten würde. Ich habe diesen Gedanken in einem Begriff zusammengefaßt, der inzwischen auch an Orten gebraucht wird, wo er mir mißfällt, den ich aber nichtsdestoweniger für wichtig halte: den Begriff der *Bildungs- und Partizipationsdemokratie* [educated and participating democracy]. Von Partizipation spreche ich aus den genannten Gründen, von Bildung, weil alles, was in der Vergangenheit gedacht und an Werten zusammengetragen worden ist – die gesamte Tradition, die als Besitz einer Minorität abgesondert wurde –, in Wirklichkeit ein gemeinsames menschliches Erbe darstellt, ohne das die Partizipation des Einzelnen in Frage gestellt und hintergangen würde. Diesen Sinn von Bildung vorausgesetzt, würde man sich nicht – wie nach den heute gängigen Bildungsvorstellungen – damit begnügen, die jeweilige Tradition fortzusetzen, in die man hineinerzogen wurde. Man wäre einfach gar nicht in der Lage, an dem beschriebenen aktiven Prozeß teilzunehmen, wenn die Bildungsinstitutionen, die hierfür die unmittelbaren Voraussetzungen – entwickeltes Sprechen, Schreiben und Lesen – bereitstellen und den Zugang zum erreichten Stand der Diskussion eröffnen, nicht allgemein zugänglich wären. In diesem Sinne ist eine gemeinsame Kultur eine Bildungs- und Partizipationsdemokratie, und darauf muß sich die Idee der sozialistischen Demokratie stützen. [. . .]

II

Im Zusammenhang mit meinem Begriff der »langen Revolution« [long revolution], der den Prozeß des Kampfes für eine als gemeinsam verstandene Kultur bezeichnen sollte, haben sich einige wichtige Fragen ergeben. Es ist z. B. gesagt worden, daß das Problem der Kultur ein Problem der revolutionären Politik sei. Nun sind zwar die angeschnittenen Fragen recht schwierig, aber vielleicht liegt, was angesichts der Komplexität der Begriffe fast unvermeidlich ist, hierbei auch ein Mißverständnis vor. Im Prozeß der Herausbildung einer Gemeinschaft gibt es, wie in jedem Sozialismus, das Paradox des Konfliktes. Und natürlich läßt sich ungeduldig fragen, wie weit die lange Revolution bisher gekommen ist. Ein konservativer Kritiker hat es so ausgedrückt: »Mein Gott, wie lange?« Natürlich dauert es auch mir zu lange; der so dringliche Wandel kommt nicht schnell genug. Aber die Geschichte ist eben ein außergewöhnlich schwieriger und komplizierter Prozeß, in den viele Millionen Menschen eingespannt sind. Das ist das eine, was ich zu diesem Punkt zu sagen habe. Das andere ist jedoch, daß in dem Augenblick, wo jemand den Begriff der langen Revolution so definiert, als sei damit eine langsame Evolution gemeint, die ursprüngliche Idee offensichtlich verkehrt worden ist. Niemals sollte suggeriert werden, die Gesellschaft steuere von selbst auf eine Kultur zu, in der alle Menschen in der Lage sind, durch die Veränderung der Institutionen an der gemeinsamen Bestimmung von Bedeutungen teilzunehmen. So geht es ganz bestimmt nicht vor sich. Es gibt Gruppen, die sich dieser Partizipation theoretisch und praktisch widersetzen, und die lange Revolution stößt heute wie zu dem Zeitpunkt, als ich den Gedanken erstmals formulierte, auf Gewalt und Betrug. Indessen ist es notwendig, zwischen dem in einer Klassengesellschaft für diese Art von Kultur geführten Kampf und der Idee, dem Ziel zu unterscheiden. Wo sich Menschen ausdrücklich oder gar mit Gewalt dem Zugang anderer Menschen zu der von mir als gemeinsam bezeichneten Kultur widersetzen, führt dies unweigerlich zu den schärfsten Auseinandersetzungen. In diesem Sinne, das räume ich ein, ist das Problem der gemeinsamen Kultur das Problem der revolutionären Politik, d. h. das Problem des ständigen Eingreifens in die Gesellschaft mit dem Ziel, die Institutionen, die nur diese Art von Zugang erlauben, zu öffnen und zu transformieren. Wenn gemeinsame Kultur durch eine Verdrehung meiner Argumente so interpretiert wird, als meine ich sie das Gleichgewicht der bestehenden Kräfte, Interessen und Institutionen, die sich vielleicht als gemeinsam ausgeben, in Wirklichkeit aber zur Struktur der Klassengesellschaft gehören, dann wird die revolutionäre Politik in Opposition zu ihr treten. Allerdings scheint mir schon eine ziemliche Begriffsverwirrung vorzuliegen, wenn nach allem, was ich gesagt habe, noch angenommen werden kann, gemeinsame Kultur bezeichne das Gleichgewicht dieser Kräfte und Interessen. Der springende Punkt bei der Definition von *gemeinsam* ist gerade der, daß eine aktive Gemeinschaft des Zugangs und der Partizipation gemeint ist, und in diesem Sinne stellt die bestehende Gesellschaft ganz offensichtlich keine gemeinsame Kultur dar, sondern im Namen einer gemeinsamen Kultur kämpft man gegen sie.

Ebenso irreführend ist es aber auch, von revolutionärer Politik so zu reden, als sei sie eine Art gemeinsamer Gegenkultur. Die Idee der proletarischen Kulturrevolution in China (dies sage ich unter Vorbehalten, da uns der unmittelbare Kontakt fehlt, um gegen Fehleinschätzungen gefeit zu sein; möglicherweise wird der Kampf dort aus ganz anderen Gründen geführt) scheint meiner eigenen sehr nahe zu stehen. In dieser Revolution wird auf der ständigen Teilnahme der – von Mao mit einem marxistischen Begriff so genannten – Massen an der Bestimmung gemeinsamer Bedeutungen insistiert: dies kann den Massen von keiner Gruppe – auch nicht von der Avantgarde, der Partei – abgenommen werden und ist ein ständiger Prozeß insofern, als er letztlich nie abgeschlossen werden kann. Niemand kann eine gemeinsame Kultur erben, sie muß von den Menschen geschaffen und erneuert werden. Die sich dank Mao hier eröffnende Perspektive eines sozialistischen Kampfes, der das ständige gemeinsame Erneuern von Werten und den schärfsten Konflikt einschließt, scheint mir mit der von mir vorgetragenen Idee einer gemeinsamen Kultur durchaus vereinbar.

Räume ich damit nun doch ein, daß die Definition der Kultur als einer ganzen Lebensweise von einer neuen Definiton, die den Kampf zugrundelegt, ersetzt werden soll? Keineswegs, denn obwohl der Kampf immer – besonders in Perioden der Unterdrückung, aber auch in gerechteren Gesellschaften – eine Rolle spielen wird, ist er doch nur ein Teil des Prozesses, in dessen Verlauf Bedeutungen und Werte bestimmt werden. Mit einer veränderten Definition würden wir nicht nur Liebe, Kameradschaft und jede mögliche Übereinkunft ausschließen. Die isolierte Hervorhebung des Kampfes wäre, sofern es sich dabei nicht um bloße Rhetorik handelt, auch unschlüssig und zöge unter Umständen unheilvolle Folgen nach sich. Die Unabänderlichkeit des Konflikts liegt heute klar zutage; wir würden aber einen ganzen Bereich des Prozesses verlieren, in dem Bedeutungen und Werte bestimmt werden, wenn wir nicht auch – und dies selbst in Perioden großer Kämpfe – den Ernst und die Verantwortung bei der Arbeit, die Anerkennung und Sorge um den anderen mit einschließen würden. Wir können mit Fug und Recht nur das Kultur nennen, was diesen ganzen Bereich des aktiven Lebens einbegreift, für den der Kampf geführt wird.

Über den Sinn des Tragischen heute

I. *Tragödie und zeitgenössisches Denken*

Infolge der Leiden und Wirren dieses Jahrhunderts lastet auf uns ein Druck, eine bestimmte Gruppe von Werken aus der Vergangenheit zu nehmen und gegen die Gegenwart auszuspielen. In diesen Zusammenhang gehört auch die häufig zu findende Ansicht, es habe zwar einmal Tragödien (oder Ritterlichkeit oder Gemeinschaft) gegeben, heute aber, in Ermangelung bestimmter Glaubensvorstellungen und Regeln, seien wir unfähig zu einem tragischen Sinn. Aus einer solchen Position heraus ist es nur konsequent, wenn die zeitgenössischen Formen der Tragödie abgelehnt werden und behauptet wird, ihnen läge ein Mißverständnis zugrunde.

Was indessen der Erfahrung des Tragischen so große Bedeutung verleiht, ist gerade, daß sie die grundlegenden Glaubenshaltungen und Spannungen einer Periode in sich vereint; und die Theorie des Tragischen ist aus dem gleichen Grund von Interesse: sie gibt Aufschluß über die Form und Anordnung einer Kultur. Wird nun aber die Tragödie als etwas Einmaliges, Unveränderliches aufgefaßt, so bekommen die auf solchen Voraussetzungen aufbauenden Schlußfolgerungen unweigerlich metaphysischen Charakter. Eine solche Voraussetzung lautet zum Beispiel, die Natur des Menschen sei universell und wesentlich unveränderlich (eine Annahme, die ebensosehr im Christentum wie in der geläufigen Anthropologie und den allgemeinen theoretischen Grundlagen der Psychologie zu finden ist). Demnach wäre die Tragödie aus der unveränderlichen menschlichen Natur zu erklären. Teilen wir diese Prämisse nun aber nicht (folgen wir einer anderen Version des Christentums, einer anders konzipierten psychologischen Theorie oder der vergleichenden Anthropologie), stellt sich auch das Problem ganz anders. Die Tragödie ist dann nichts Einmaliges und Unveränderliches, sondern eine Anordnung von Erfahrungen, Konventionen und Institutionen, und die Theorie der Tragödie bedarf dann nicht mehr des Rückgriffs auf die unveränderliche Natur des Menschen; denn die Vielfalt der tragischen Erfahrung wird dann gerade von den sich verändernden Konventionen und Institutionen her erklärt. Der universalistische Charakter der meisten Theorien über die Tragödie läuft also unserem Interesse zuwider.

Das Erstaunliche an den modernen Theorien über die Tragödie ist, daß sie sich in den gleichen Gedankenbahnen bewegen wie die moderne Tragödie selbst, und doch leugnen sie – nach einem Jahrhundert kontinuierlicher und bedeutender tragischer Kunst – die Möglichkeit der modernen Tragödie schlechthin. Der Grund hierfür ist nicht leicht zu finden. Teilweise läßt sich dieser Gedanke mit der Unfähigkeit erklären, Verbindungen herzustellen. Bemerkenswert ist aber weiterhin, daß die wichtigsten Beiträge zur Theoriegeschichte aus dem 19. Jahrhundert, also aus der Zeit *vor* der schöpferischsten Phase der modernen Tragödie stammen und inzwischen von Akademikern systematisiert worden sind, die darauf konditioniert sind, die Vergangenheit gegen die Gegenwart ausspielen, und die daher die kritische Theorie von der schöpferischen Praxis trennen.

Wollen wir zu einem Werturteil über die Kunst gelangen, müssen wir unbedingt mit dieser Theorie brechen. Wir müssen sie als einer bestimmten Periode der Vergangenheit zugehörig erkennen, in der gewiß bedeutende Schriften zur Tragödie verfaßt worden sind; wir müssen die sie beherrschende Gefühlsstruktur, die Variationen in dieser und ihre Verbindungslinien zu den aktuellen Dramentheorien herausarbeiten; kurz, wir müssen auf sie kritisch reagieren können. Im zweiten Teil des Buchs werde ich die moderne Tragödie direkt behandeln. Ich folge dabei der schon geleisteten historischen Analyse, an die ich jetzt noch einige theoretische Punkte anschließen möchte. Zu nennen sind hier vor allem: die Problematik von Ordnung und Zufall, der Untergang des Helden, die unwiderrufliche Handlung und ihre Verbindung mit dem Tod, die Betonung des Bösen.

Ordnung und Zufall

Das Argument, daß es in den »Tragödien des Alltags« keinen signifikanten tragischen Sinn gäbe, scheint auf zwei miteinander verwandten Überzeugungen zu beruhen: erstens, daß ein Ereignis keine Tragödie sei, weil eine Tragödie erst durch eine geformte Reaktion entstehe (wobei impliziert wird, die Tragödie sei eine Sache der Kunst, in der solche Reaktionen zur Darstellung gelangen, nicht aber des Lebens); und zweitens, daß eine signifikante Reaktion von der Fähigkeit abhänge, das Ereignis mit einer Reihe allgemeiner Fakten zu verknüpfen, so daß es nicht bloßer Zufall ist, sondern einen allgemeinen Sinn enthält.

Meine Zweifel sind in dieser Hinsicht radikal. Ich sehe nicht ein, wie es letztlich möglich sein soll, zwischen einem Ereignis und der Reaktion darauf eine absolute Unterscheidung zu treffen. Natürlich ließe sich sagen, *wir* hätten nicht reagiert, aber das heißt ja nicht, daß überhaupt keine Reaktion stattgefunden hat. Wir können den Unterschied zwischen einer Reaktion, die in eine kommunikable Form gepreßt worden ist, und einer Reaktion, bei der dies nicht erfolgt ist, sehen, und das ist sicher relevant. Von einem alltäglichen Leidens- oder Todesfall aber, wenn wir Männer und Frauen angesichts des Verlusts eines Angehörigen zusammenbrechen, trauern und klagen sehen, läßt sich nicht ohne weiteres sagen, dies sei keine Tragödie. Natürlich sind andere Reaktionen denkbar: Gleichgültigkeit oder (wie so oft im Krieg) Rechtfertigung, selbst Erleichterung und Genugtuung. Wo aber Leiden empfunden wird, wo es in eine Person Einzug hält, bewegen wir uns eindeutig in den Dimensionen des Tragischen. Wir können natürlich auch auf das Trauern und Klagen von anderen Menschen mit Gleichgültigkeit, Rechtfertigung und Genugtuung reagieren. Wenn wir das tun, dann sollten wir uns aber darüber im klaren sein, wie wir uns verhalten. Daß sich das Leiden bei den nächsten Betroffenen eingestellt habe, nicht aber bei uns, kann etwas über diese, etwas über das Leiden, aber es kann auch (was wir leicht vergessen) etwas über uns aussagen.

Sicher hängt die Möglichkeit, uns das Tragische mitzuteilen, wenn wir selbst nicht unmittelbar betroffen sind, von unserer Fähigkeit ab, das Ereignis mit einer Reihe allgemeiner Fakten zu verknüpfen. Dieses inzwischen schon konventionell gewordene Kriterium kommt unseren Ausführungen sogar sehr gelegen, weil es das Grundproblem noch dringlicher stellt. Offensichtlich können manche Menschen die Nachricht von einem Bergwerksunglück, von einer Familie, die ihr Hab und Gut durch einen Brand verloren hat, von einer gescheiterten Karriere oder einem Verkehrsunfall nicht im vollen Sinne als tragisch anerkennen. Aber die Unsinnigkeit einer solchen (m. E. weitverbreiteten) Ansicht zeigt sich natürlich sofort an der Beschreibung solcher Ereignisse als *Zufälle,* die eben deswegen, ungeachtet der von ihnen ausgelösten Schmerzen, mit keinem allgemeinen Sinn in Verbindung gebracht werden könnten, und schon gar nicht mit einem Sinn, der sich als universell und konstant charakterisieren ließe.

Dabei stellt sich die Frage, wie denn der allgemeine (universelle oder konstante) Sinn beschaffen ist, der Ereignisse dieser Art als Zufälle interpretiert. Hier spätestens zeigt sich, daß die herkömmliche akademische Interpretation der Tragödie in Wirklichkeit eine ideologische ist. In Frage steht nicht nur, wie ein Ereignis mit einem allgemeinen Sinn verknüpft werden kann, in Frage steht die Natur und Beschaffenheit dieses Sinns selbst.

Ich habe einmal sagen hören, daß, wenn »du oder ich« über die Straße gingen und dabei von einem Bus überfahren würden, dies keine Tragödie sei. Ich war mir nicht im klaren, wie ich das aufzufassen hatte, ob als ausgesprochene Bescheidenheit, Gleichgültigkeit, Beleidigung oder als völlig entfremdete Ideologie. Ich mußte an Yeats denken, der schrieb, »irgendein Tölpel ist mit seinem Wagen auf der falschen Straßenseite gefahren – das ist alles«, und an einer anderen Stelle meinte, »wenn Krieg notwendig ist, hier und heute, dann ist es am besten, das Leiden zu vergessen, so wie wir es mit den vom Fieber verursachten Beschwerden tun«. Das hat seine Geschichte. Sie geht zurück bis auf Hegels Unterscheidung der »gewöhnlichen Rührung« vom »wahrhaften Mitleiden«, da erstere keinen »wahrhaften Gehalt« habe: »Das wahrhafte Mitleiden ist im Gegenteil die Sympathie mit der zugleich sittlichen Berechtigung des Leidenden, mit dem Affirmativen und Substantiellen, das in ihm vorhanden sein muß.«[1] Bradley hat dies so untermauert:

»Kein bloßes Leiden oder Unglück, und mag es noch so mitleiderregend oder schrecklich sein, ist ein tragisches, wenn es sich nicht zu einem Großteil aus dem menschlichen Agieren und wiederum in einem bestimmten Maß vom Agieren des Leidenden ableiten läßt.«[2]

Aus der »sittlichen Berechtigung«, einem positiven und repräsentativen Gehalt, ist der allgemeinere Begriff »Agieren« geworden. Wirklich bedeutsam aber ist die darauf folgende Abtrennung sowohl der sittlichen Berechtigung als auch des menschlichen Agierens von einer ganzen Kategorie gewöhnlichen Leidens.

Yeats' »wenn Krieg notwendig ist, hier und heute« mag man als Ausfluß eines exzentrischen Hirns hinnehmen. Aber der Ausschluß bestimmter Formen des Leidens aus dem Tragischen mit der Begründung, bei ihnen handle es sich um »bloßes Leiden«, ist etwas Charakteristisches. Schon in Hegels Sprachgebrauch wird das signifikante Leiden unbewußt am (gesellschaftlich) Noblen festgemacht. Damit zusammen hängt aber der noch weitergehende Ausschluß allen Leidens aus unserer gesellschaftlichen und politischen Welt. Der Schlüssel zum Verständnis der modernen Abtrennung der Tragödie vom »bloßen Leiden« ist die Abtrennung der sittlichen Kontrolle und – was noch entscheidender ist – des menschlichen Handelns vom politischen und gesellschaftlichen Leben.

Bei der modernen Unterscheidung von Tragödie und Unfall, Tragödie und Leiden stoßen wir immer wieder auf eine bestimmte Sicht von der Welt, die dadurch, daß sie unbewußt und vertraut ist, noch zusätzliche Macht erhält. Der gesellschaftlich bedingte Charakter dieser Auffassung zeigt sich sowohl an den Beispielen, die gewöhnlich als Belege angeführt werden, als auch in der mißbilligenden Sprache des »du oder ich«. Das Argument wird nicht etwa mit Beispielen wie Tod durch Blitzschlag, die am äußersten Ende der Skala zu finden wären, verteidigt. Was nicht als tragisch anerkannt wird, ist vielmehr tief im Schoß unserer Kultur verwurzelt: Krieg, Hunger, Arbeit, Verkehr, Politik. Darin keinen sittlichen Gehalt und kein menschliches Handeln zu sehen oder zu sagen, dies lasse sich nicht mit einem allgemeinen Sinn, insbesondere mit einem konstanten und universellen Sinn verknüpfen, heißt einen Bankrott besonderer Art anmelden, den letztlich keine Rhetorik über die Tragödie verbergen kann.

[1] G. W. F. Hegel, *Vorlesungen über die Ästhetik*, Bd. III, Suhrkamp-Werkausgabe, Bd. 15 (Frankfurt, 1970), S. 525.
[2] Vgl. A. C. Bradley, *Shakespearean Tragedy* (London, 1904).

Wir können nur dann zwischen Tragödie und Zufall unterscheiden, wenn wir irgendeine Vorstellung von Gesetz oder Ordnung haben, angesichts derer bestimmte Ereignisse zufällig, andere signifikant sind. Wo immer aber Gesetz und Ordnung parteilich sind (in dem Sinne nämlich, daß ihnen gegenüber nur bestimmte Ereignisse relevant sind), ist ein Teil der menschlichen Erfahrung entfremdet. Diese faktische Entfremdung hat in den traditionellsten Ordnungen existiert. Die Definition der Tragödie, die von der Geschichte eines Mannes von Rang ausging, legt Zeugnis von einer solchen Entfremdung ab: Dieser Definition zufolge waren einige Todesfälle von größerer Bedeutung als andere, der Rang war die tatsächliche Trennungslinie – der Tod eines Sklaven oder Chargen galt als etwas Zufälliges, keinesfalls als Tragödie. Ironischerweise hat unsere eigene bürgerliche Kultur anfangs diese Auffassung abgelehnt: für sie konnte die Tragödie eines Bürgers ebenso real sein wie die Tragödie eines Fürsten. Oft genug handelte es sich dabei allerdings weniger um die Ablehnung einer Gefühlsstruktur als vielmehr um die Ausdehnung der Kategorie des Tragischen auf die aufsteigende Klasse. Dennoch hatte dies schließlich eine tiefe Wirkung. Wie in den anderen bürgerlichen Revolutionen auch, in denen es um die Gerichtsbarkeit oder das Wahlrecht ging, wurden aus den Argumenten zugunsten einer begrenzten Erweiterung solche zugunsten einer allgemeinen Erweiterung. Die Ausdehnung eines Rechts vom Fürsten auf den Bürger wurde so in der Praxis eine Ausdehnung auf alle Menschen. Da die Natur der Ausdehnung jedoch weitgehend ihren Inhalt bestimmte, wurde der Punkt erreicht, an dem die tragische Erfahrung allen Menschen theoretisch zugestanden, die Natur der Erfahrung aber drastisch eingeschränkt wurde.

Das Bedeutsame an der Betonung des Ranges in der älteren Tragödie war der *allgemeine* Status des Mannes, der den Rang hatte. Sein Schicksal war das Schicksal des Hauses oder Königreichs, das er zugleich beherrschte und verkörperte. In der Person Agamemnons oder Lears wurde buchstäblich über das Schicksal eines Hauses oder Königreichs entschieden. Natürlich war es unvermeidlich, daß eine solche Auffassung von der Tragödie in ihrer ursprünglichen Form den Untergang der realen gesellschaftlichen Umstände, aus denen sie hervorgegangen war, nicht überleben konnte. Es war insbesondere unvermeidlich, daß die bürgerliche Gesellschaft selbst sie zurückweisen würde: das Individuum war weder der Staat noch ein Element des Staates, sondern eine Entität in sich. Das hatte positive wie negative Folgen: Einerseits konnte nun das Leiden eines Mannes ohne besonderen Rang direkt und ernsthaft dargestellt werden, andererseits hatte aber die Betonung der Individualität des Schicksals den Verlust des öffentlichen und allgemeinen Charakters der Tragödie zur Folge. Neue Definitionen des Öffentlichen und

Allgemeinen kamen schließlich, wie wir noch sehen werden, erst in neuen Arten der Tragödie zur Darstellung. In der Zwischenzeit aber mußte die Idee einer tragischen Ordnung noch weiterexistieren, als die ihr eigentlich entsprechende gesellschaftliche Ordnung schon untergegangen war. Auf der theoretischen Ebene führte dies zur Abstraktion und Mystifikation der Ordnung.

Das hatte praktische Konsequenzen. Der Rang in der Tragödie wurde immer mehr ein Spiel mit Namen und Titeln. Aus einer ehemals bedeutsamen Beziehung, innerhalb derer ein König sein Volk und alle anderen Sinngebungen des Lebens und der Welt verkörperte, wurde jetzt ein leeres Ritual, ein Stück um den Bürger, der sich König oder Herzog nennt (so wie in der Ehrengalerie des 20. Jahrhunderts ein pensionierter Premierminister zum Earl erhoben und höhere Staatsbeamte geadelt werden). Manchmal wurde das Ritual sogar noch entfremdeter, wenn etwa die Namen Agamemnon oder Caesar eingeführt wurden: dann wurde eine gesellschaftliche Ordnung auf das Niveau von Unterrichtsstunden in Altphilologie reduziert.

Es kam aber noch schlimmer. Aus einer lebendigen Ordnung, in der Mensch, Staat und Welt miteinander verbunden waren, wurde schließlich eine rein abstrakte Ordnung. Der Sinn des Tragischen wurde jetzt von der Beziehung zwischen einem Ereignis und einer vermeintlichen Natur der Dinge abhängig gemacht, ohne indes die spezifischen Verbindungen aufzuweisen, die einst die besondere Beziehung und Handlung ausmachten. Hegels Insistieren auf dem sittlichen Gehalt und die Beziehung, die er zwischen diesem und der historischen Verkörperung der Idee herstellte, bildeten den großartigen Versuch, der neuen Situation zu begegnen. Marx zog die Verbindungslinie noch weiter in die Geschichte hinein. Der Gedanke von einer konstanten »Natur der Dinge« wurde indessen zunehmend von jeglichem Handeln getrennt, das als zeitgenössisch empfunden werden konnte, bis sogar Nietzsches brutale Rationalisierung des Leidens willkommen war. Der Sinn des »Unfalls« änderte sich vollkommen. Schicksal und Vorsehung entzogen sich dem Verständnis des Menschen, so daß, was er als Zufall sah, in Wirklichkeit ein Plan oder ein begrenztes Ereignis außerhalb dieses Plans war. Der Plan war ohnehin in Institutionen verkörpert, mit denen der Mensch sich zu arrangieren hoffte. Wenn aber die Idee eines Plans vorherrscht, ohne daß es spezifische, zugleich metaphysische und gesellschaftliche Institutionen gibt, dann führt die Entfremdung schließlich so weit, daß die Kategorie des Zufalls so sehr betont und erweitert wird, bis sie alles tatsächliche Leiden und insbesondere die Auswirkungen der bestehenden nicht-metaphysischen Gesellschaftsordnung einschließt. Das wird dann verallgemeinert zum *blinden* Schicksal, so daß entweder der Plan vom Zufall abgelöst wird und objektive Züge annimmt oder das signifikante Leiden, folglich auch die Tragödie, in Zeiten zurückverlegt wird, in denen verbindliche Sinnesdeutungen zur Verfügung standen. Das Resultat ist, daß in Ermangelung eines solchen Sinnes heute die Tragödie für unmöglich gehalten wird. Auf diese Weise lassen sich natürlich die existierenden Tragödien unserer Welt überhaupt nicht bewerten. Sie lassen sich einfach nicht im Licht dieser früheren Interpretationen betrachten, oder sie sind eben bestenfalls bedauerliche Unfälle. Unsere zeitgenössische Tragödie weist neue Beziehungen und Gesetze auf. Diese zu erkennen, involviert jedoch einen Wandel in der Erfahrung und dem gesamten auf ihr beruhenden Komplex von Haltungen und Beziehungen. Einen Sinn *finden,* heißt der Tragödie fähig sein; aber natürlich war es leichter, Sinnlosigkeit zu finden. Dadurch wurde hinter einer Fassade, die die Ordnung betonte, die Substanz der Tragödie ausgetrocknet.

Die Auswirkungen dieser Entwicklung zeigen sich nicht nur in der Theorie der Tragödie, sondern auch in der Methode des Kritikers. Wenn wir an die Beziehungen zwischen Tragödie und Ordnung denken, müssen wir auch an substantielle Beziehungen und Anknüpfungsmöglichkeiten denken, die in der Handlung zum Ausdruck gebracht werden können. Die Mystifikation der Ordnung beruht jedoch auf nichts anderem als der Idee, die tragische Handlung sei ein Vorgang, bei dem, zum Zwecke der Affirmation oder Mäßigung, der Ordnung eine Erfahrung hinzugefügt werde. Das heißt also, daß hier die Ordnung vor dem Handeln existiert. Die abstrakten attischen Glaubensvorstellungen aus dem 5. vorchristlichen Jahrhundert werden als »Hintergrund« der Tragödie ausgegeben; die abstrakten Glaubensvorstellungen der »elisabethanischen Welt« als »Hintergrund« zu Marlowe, Shakespeare und Webster. Dabei handelt es sich in Wirklichkeit oft um einen Zirkelschluß: die allgemeinen Vorstellungen werden zunächst den Werken entnommen und dann in abstrakter und statischer Weise wieder auf sie angewandt (das Beispiel der griechischen Religion unterstreicht dies sehr gut).

Die Beziehungen zwischen Ordnung und Tragödie sind indessen weitaus dynamischer als derartige Darstellungen und Interpretationsmuster mutmaßen. Die Ordnung ist in der Tragödie selbst dann noch *Ergebnis* des Handelns, wenn sie in abstrakter Weise einem vorher schon bestehenden konventionellen Glauben entspricht. Die Ordnung wird dabei weniger illustriert als vielmehr neu geschaffen. Und diese Beziehung zwischen Erfahrung und Überzeugung ist in jedem lebendigen Glauben zu finden. Besonders in der Tragödie ist das Herstellen einer Ordnung direkt mit der Existenz eines Chaos verbunden, das von der Handlung überwunden wird. Wie auch immer die am Ende affirmierte Ordnung aussehen mag, sie ist von der jeweiligen Handlung buchstäblich geschaffen worden. Die Beziehung zwischen Ordnung und Chaos ist also immer eine direkte.

Natürlich kann das tragische Chaos durchaus verschieden beschaffen sein. Es kann sowohl der menschliche Stolz im Widerstreit mit der Natur der Dinge sein als auch ein allgemeineres Chaos, dessen Überwindung der Mensch anstrebt. Hinsichtlich der Inhaltsebene gibt es keine kontinuierliche Ausprägung des Tragischen. In verschiedenen Kulturen wird es jeweils auch verschiedene Interpretationen von Ordnung und Chaos geben, da diese Teil der sich verändernden allgemeinen Interpretationen der Welt sind. Wir dürfen derlei Variationen nicht als ein Hindernis auf dem Weg zur Entdeckung eines einzigen tragischen Sinns oder Gefühls ansehen, sondern müssen sie als Indiz für die große kulturelle Bedeutung der Kunstform Tragödie werten.

Der Sinn des Tragischen ist immer historisch und kulturell bedingt. Der künstlerische Prozeß hingegen, in dem ein bestimmtes Chaos erfahren und beseitigt wird, bleibt auch über größere Zeitspannen hinweg kommunikabel und bedeutsam. Das Wesen der Tragödie ist in der in ihrem Ablauf wiederhergestellten Ordnung sowie in den dieser Restitution vorausgehenden Glaubensvorstellungen gesucht worden, aber gerade diese Elemente erwiesen sich als äußerst beschränkt. Jeder Versuch, aus ihnen irgendwelche Definitionen der Tragödie abzuleiten, führte in die Irre oder erbrachte eine sterile Auffassung hinsichtlich der Möglichkeit der Tragödie in unserer eigenen Kultur. Die Ideen der Ordnung haben für den Kritiker nur so lange Bewandtnis, wie sie noch in der Schwebe sind. Sobald sie sich abgelagert haben, sind sie nur noch von dokumentarischem Interesse.

Dem entspricht in unserer Zeit, daß unsere eigenen Vorstellungen von Ordnung so lange noch im Fluß sind, wie unsere Kultur besteht. Ich werde mich bemühen, in meiner Studie über die moderne Tragödie zu zeigen, wie allgemein und starr unsere Auffassungen von Ordnung und Chaos sind, wie sie kaum zu der Welt zu gehören scheinen, auf die wir sie beziehen. In Wirklichkeit gibt es keinen allgemeinen tragischen Sinn. Die Handlung jedes einzelnen Stückes bringt den jeweiligen Sinn zum Ausdruck; einen allgemeinen Sinn des Tragischen gibt es nur innerhalb der Stücke einer bestimmten Kultur. Das einzige, was alle Werke, die wir als Tragödien bezeichnen, gemein haben, ist die Dramatisierung eines bestimmten Leid verursachenden Chaos und seiner Beseitigung.

Wollen wir die historischen Bedingungen der Tragödie ergründen, dürfen wir also nicht nach einzelnen Glaubensanschauungen suchen, wie sie etwa im Schicksal, der göttlichen Herrschaft oder im Sinn für das Irreparable hervortreten; denn wie angedeutet spielt sich der Vorgang der Tragödie, in dessen Verlauf ein großes Leiden zunächst isoliert, dann in einen Lebenssinn integriert wird, in verschiedenen Kulturen mit jeweils unterschiedlichen Glaubensanschauungen ab. Wenn argumentiert wird, diese Glaubensanschauungen müßten sowohl allgemein vertreten als auch festverwurzelt sein, sonst gäbe es keine Tragödie, dann liegt diesem Argument die Annahme zugrunde, daß die Tragödie in der Vergangenheit auf einem festen Glauben beruhte und heute unmöglich geworden sei, weil wir nicht mehr über diesen Glauben verfügten. Nun will ich gar nicht bestreiten, daß die Glaubensanschauungen relativ verbreitet sein müssen, und im übrigen verfügen wir ja noch heute über unsere eigenen Glaubensanschauungen und sollten uns davor hüten, sie zu negieren oder anders zu bezeichnen.

Die weit wichtigere Frage ist jedoch, inwieweit sie festverwurzelt sind. Möglicherweise gibt es die Tragödie in Zeiten festverwurzelter Glaubensanschauungen, aber unsere Untersuchung deutet eher in die umgekehrte Richtung. Tatsächlich steht das, was gemeinhin über das Verhältnis von Tragödie und festem Glauben gesagt wird, der Wahrheit diametral entgegen. Wenn man natürlich bestimmte Glaubensanschauungen abstrahiert und aus dem Kontext reißt, in dem allein sie eine Funktion und einen Sinn haben, kann man den Eindruck von Stabilität, von ständiger Wiederholung der überlieferten Interpretationen erwecken, obwohl die wirkliche Situation vielleicht eine instabile und desintegrierte ist. Das beste Beispiel dafür ist die Art und Weise, wie der elisabethanische und jakobeische Sinn für Ordnung – die Fortdauer spätmittelalterlicher Glaubensanschauungen – beschrieben worden ist. Die außerordentlichen Spannungen, die diese Kultur einem äußerst gewalttätigen inneren Konflikt und grundlegenden Veränderungen entgegenstreben ließen, sind dabei völlig außer acht gelassen worden. In der Tat scheinen Zeitalter von vergleichsweise fest verwurzelten Glaubensanschauungen kaum Tragödien von besonderer Intensität hervorzubringen, obwohl es natürlich in ihnen Spannungen gibt, die aber auf gesellschaftlich sanktionierte Weise gelöst werden. Intensiviert wird dieser Vorgang offensichtlich nicht dann, wenn Glaube und Erfahrung übereinstimmen, sondern wenn sich zwischen ihnen eine Spannung entwickelt. Bedeutende Tragödien scheinen weder in Perioden wirklicher Stabilität noch in Perioden offen ausgetragener Konflikte vorzukommen. Am häufigsten sind sie in Perioden zu finden, die dem Zusammenbruch einer großen Kultur vorausgehen. Ihre Voraussetzung ist die Spannung zwischen Altem und Neuem, zwischen überlieferten Glaubensanschauungen und neu erfahrenen Widersprüchen und Möglichkeiten. Sind die überlieferten Glaubensvorstellungen schon vollends zusammengebrochen, so fehlt offensichtlich diese Spannung. Wenn es sich bei ihnen nun aber um Glaubensanschauungen handelt, die noch wirksam sind, zugleich aber von der unmittelbaren Erfahrung bereits in Frage gestellt werden, so entsteht eine Situation, in der der Prozeß der Dramatisierung und Beseitigung von Chaos und Leiden so sehr intensiviert wird, daß er sich als Tragödie herausstellt.

Der Untergang des Helden

Einer der häufigsten Interpretationen der Tragödie zufolge geht der Held durch die Tat unter. Dies wird als unwiderrufliches Faktum betrachtet. Nun ist das so offensichtlich wahr, daß dieser Formel für gewöhnlich kaum weitere Aufmerksamkeit geschenkt wird, obwohl es sich dabei um eine einseitige Interpretation handelt, die einfach aus dem Umstand resultiert, daß alle Aufmerksamkeit auf den Helden gerichtet ist. Die Lesart des *Hamlet*, die sich nur für den Prinzen interessiert, ist uns bekannt; daß es aber eine völlig entgegengesetzte – wenn auch gleichfalls irrige – Lesart geben kann, die sich nur auf den Staat Dänemark bezieht, haben wir nicht einmal bemerkt. Die Einheit dieser beiden Interpretationen gilt es wiederherzustellen.

Nicht viele Werke, die wir als Tragödien bezeichnen, enden tatsächlich mit dem Untergang des Helden. Die einzigen Beispiele, die wir dafür anführen könnten, würden bezeichnenderweise, abgesehen von der unentwickelten mittelalterlichen Form, aus der modernen Tragödie stammen. Zwar wird in fast allen Tragödien der Held vernichtet, das ist aber im Normalfall nicht das Ende der Handlung, vielmehr folgt auf den Tod eine Neuverteilung der physischen und geistigen Kräfte. In der griechischen Tragödie handelt es sich dabei – vermittels der Worte und der Gegenwart des Chors – meist um eine religiöse Bekräftigung; in der elisabethanischen Tragödie ist es im allgemeinen eine Veränderung an der Spitze des Staates, veranschaulicht durch die Ankunft eines neuen, nicht belasteten oder wiedereingesetzten Fürsten. Faktisch gibt es viele Varianten dieser re-integrierenden Handlung, die allgemeine Funktion ist aber immer die gleiche. Natürlich wird der Schluß dieser Tragödien heute zumeist als bloße Abschiedsrede oder eine Art des Ordnens interpretiert. Für unser Bewußtsein ist die Haupthandlung zu Ende, die Restauration, Affirmation, oder der Neubeginn erscheinen uns von vergleichsweise geringer Bedeutung. Wir lesen das Schlußkapitel der viktorianischen Romane, das die Charaktere zusammenführt und ihr zukünftiges Leben bestimmt, mit Gleichgültigkeit oder sogar Langeweile. Die dort vorgeführte Art der Wiederherstellung erscheint uns nicht besonders interessant, da wenig glaubhaft. Sie sieht zu sehr nach einer Lösung aus, von der die Kritiker des 20. Jahrhunderts übereinstimmend sagen, sie sei ein vereinfachendes und störendes Element. (Es sei nicht das Geschäft des Künstlers, Antworten und Lösungen zu offerieren, sondern Erfahrungen zu beschreiben und Fragen zu stellen.) Aber natürlich ist diese Lösung genauso gut oder schlecht wie gemeinhin die

Alternative des 20. Jahrhunderts. Zu schließen, es gäbe keine Lösung, ist auch eine Antwort.

Wenn wir also sagen, die tragische Erfahrung sei unwiderruflich, da die Handlung nur so weit gehe, bis der Held tot ist, nehmen wir einen Teil für das Ganze, den Helden für die Handlung. Wir betrachten die Tragödie als das, was dem Helden widerfährt, gewöhnlich ist die tragische Handlung aber das, was durch den Helden geschieht. Wenn wir unsere Aufmerksamkeit nur auf den Helden richten, konzentrieren wir uns unbewußt auf eine Art der Erfahrung, die in unserer Kultur für das Ganze gehalten wird. Wir beschränken uns unbewußt auf das Individuum, obwohl das Spektrum der Tragödie weitaus größer ist; denn immer wieder kommt das Leben zurück und beendet das Stück. Und die Tatsache, daß das Leben nach so viel Leiden und einem so erhabenen Tod zurückkehrt, daß sein Sinn wiederhergestellt und bejaht wird, ist gewöhnlich die tragische Handlung.

Damit ist freilich nicht ein einfaches Vergessen oder Sich-Erholen für den nächsten Tag gemeint. Das Leben geht weiter, aber es ist über den Tod »informiert«, d. h. in einem gewissen Sinn von ihm geschaffen worden. In einer Kultur allerdings, die sich theoretisch auf die individuelle Erfahrung beschränkt, bleibt, wenn ein Mensch gestorben ist, nur noch zu sagen: andere werden auch sterben. So wird die Tragödie nicht als Reaktion auf den Tod, sondern als reines, unwiderrufliches Faktum verallgemeinert.

»Die unwiderrufliche Handlung«

Die Art und Weise, wie der Tod in einer Kultur gesehen wird, gibt oft Einblick in ihre tiefsten Bedeutungen. Wenn wir mit dem Tod konfrontiert werden, ist es natürlich, daß wir – in der Trauer, in der Erinnerung, in den gesellschaftlichen Pflichten bei einem Begräbnis – unsere Auffassung von den Werten des Lebens als Individuen und als Gesellschaft neu bestimmen. Es gibt jedoch Kulturen, in denen, insbesondere in der Zeit ihres Zusammenbruchs, das Leben regelmäßig aus der Sicht des Todes interpretiert wird, wobei dann der Tod nicht nur zum Mittelpunkt wird, sondern auch zum Ursprung aller Werte. Er wird das Absolute, das gesamte Leben etwas Relatives; er wird das Notwendige, alle menschlichen Ziele werden nebensächlich. So interpretiert, werden Leiden und Chaos jeder Art in bezug gesetzt zu dem, was als Kontrollinstanz gilt. Und diese Auslegung wird gewöhnlich als tragisches Lebensgefühl bezeichnet.

Was bei dieser mittlerweile schon bekannten Argumentationskette jedoch nur selten beachtet wird, ist das Element von Konvention in ihr.

Das Leben vom Tode her zu interpretieren, setzt eine kulturelle, bisweilen auch persönliche Wahl voraus. Aber gerade daß es sich eben um eine Wahl handelt, die so, aber auch anders ausfallen könnte, wird sehr leicht übersehen. Eine mächtige Rhetorik und die ständige Wiederkehr dieses menschlichen Faktums verleihen einer örtlich begrenzten, lediglich temporären Reaktion den Anschein von Permanenz. Alle Bedeutung an den Tod zu binden, verleiht ihm eine große emotionale Kraft, die gelegentlich alle anderen Erfahrungen vergessen läßt. Der Tod ist etwas Universelles, daher kann auch der ihm verliehene Sinn leicht als universell ausgegeben werden. Andere Interpretationen des Lebens, des Leidens und des Chaos können von dieser tiefverwurzelten Überzeugung leicht assimiliert werden. Die Beweislast wird dabei ständig auf die unausweichliche Erfahrung des Todes verschoben, so daß wir aus Furcht vor einem Verlust den traditionellsten und willkürlichsten Schlußfolgerungen ausgesetzt sind.

Die Verbindung von Tragödie und Tod ist natürlich auffallend, aber in Wirklichkeit ist sie ebenso variabel wie die Reaktion auf den Tod. Was sich abgespielt hat, war einfach folgendes: eine bestimmte postchristliche und postliberale Interpretation des Todes wurde der Tragödie als allgemeiner Sinn aufgesetzt; die Einsamkeit des mit einem blinden Schicksal konfrontierten Menschen zur grundlegenden Einsamkeit des tragischen Helden verallgemeinert. Dabei ist diese Erfahrung so allgemein formuliert, daß sie auf einen Großteil der modernen Tragödie tatsächlich zutrifft. Analysieren wir dies näher. Die Behauptung beispielsweise, der Mensch sterbe allein, konstatiert keineswegs eine Tatsache, sondern liefert eine Interpretation. Denn Menschen sterben ja in der Tat auf verschiedene Weise: in den Armen und der Gegenwart von Familie und Nachbarn, im blinden Schmerz, durch die Einnahme von Beruhigungsmitteln, durch schwere Unfälle an Maschinen oder einfach im Schlaf. Einen einzigen Sinn als verbindlich herauszustellen, ist bloße Rhetorik. Daneben aber wird mit dem Wort Einsamkeit sowohl etwas über den Tod als auch über das Leben ausgesagt. Unabhängig davon, wie die Menschen sterben, ist die Erfahrung des Todes nicht nur die eines physischen Endes und Auflösens, sie hat auch einen Wandel im Leben und in den Beziehungen der anderen Menschen zur Folge; denn wir kennen den Tod ebenso aus der Erfahrung anderer Menschen wie aus unserer eigenen Erwartung des Endes. Und ebenso wie der Tod ständig in unser gemeinsames Leben eintritt, wird jede Bemerkung über ihn in einer gemeinsamen Sprache gemacht, die wiederum auf einer gemeinsamen Erfahrung beruht. Was also bei so paradoxen Aussagen wie »wir sterben allein« oder »der Mensch stirbt allein« auffällt, ist, daß die Einsamkeit des Individuums als tiefster Gehalt des pluralen »wir« bzw. der Gruppenbezeichnung »Mensch« ausgegeben wird. Ein gemeinsames Faktum wird in einer gemeinsamen Sprache als Beweis für den Verlust alles Gemeinsamen, Verbindenden angeführt.

Wenn aber diese Gefühlsstruktur einmal erkannt ist, läßt sich auch hinter die Erfahrung kommen, die sie zu interpretieren vorgibt. So macht von den Worten Tod und Tragödie Gebrauch, ohne wirklich etwas mit den Tragödien der Vergangenheit oder mit dem Tod als universeller Erfahrung gemein zu haben. Sie hat die Krise, um die ein Großteil der zeitgenössischen Erfahrung kreist, zunächst richtig identifiziert, aber nur um sie dann zu verwischen, und zwar deshalb, weil sie genau die Erfahrungen als absolut einstuft, die noch völlig ungelöst und im Fluß sind. Eine unserer am häufigsten tradierten Interpretationen des Lebens legt höchsten Wert auf das Individuum und seine Entwicklung, aber das Individuum muß unausweichlich sterben. Was am wertvollsten und am wenigsten reparabel erscheint, wird so einer unvermeidlichen Spannung ausgesetzt. Diesen besonderen Widerspruch als ein absolutes Faktum der menschlichen Existenz zu verallgemeinern, heißt diese Beziehung und Spannung auf eine Weise fixieren, in der sie schließlich unterdrückt wird und die Tragödie nicht mehr Handlung, sondern Stillstand ist. Diesen Stillstand als den ganzen Sinn der Tragödie hinzustellen, heißt eine sowohl kulturell wie historisch bedingte Struktur in die Geschichte projizieren.

Bezeichnenderweise können sich derartige Gedankengänge keine Erfahrung außerhalb ihrer eigenen Grenzen vorstellen, so daß andersgeartete Bemerkungen wie »ich sterbe, aber ich werde leben«, »ich sterbe, aber wir werden leben« oder »ich sterbe, aber wir werden nicht sterben« bedeutungslos werden und verächtlich als Ausflüchte abgetan werden können. Ja, die Tatsache der Gemeinschaft überhaupt wird auf eine einzige Qualität reduziert, und es wird energisch bestritten, daß es auch andere geben könne. Aufschlußreich an dem Gerede von der Einsamkeit des Todes ist indessen nicht so sehr, was dabei über die Tragödie oder das Sterben ausgesagt wird, als vielmehr, was darin über die Einsamkeit des Menschen und den Verlust alles Gemeinsamen, Verbindenden und, daraus folgend, über die Blindheit des menschlichen Schicksals gesagt wird. Bei dieser Interpretation haben wir es mit der theoretischen Ausformulierung der liberalen Tragödie zu tun und nicht mit irgendeinem universellen Prinzip.

Die tragische Handlung kreist um den Tod, sie braucht aber nicht mit dem Tod zu enden, es sei denn, dies würde von einer besonderen Gefühlsstruktur erwirkt. Noch einmal: der Tod ist notwendig ein Akteur, aber nicht notwendig die Handlung. Auf diese Veränderung des Musters stoßen wir bei der Diskussion um die zeitgenössische Tragödie immer wieder. Das vielleicht spektakulärste Beispiel dafür ist die Wiederbelebung des Bösen.

Die Betonung des Bösen

Das Böse ist natürlich ein traditioneller Begriff, aber wie so viele andere Begriffe ist er in eine bestimmte Ideologie eingegangen, die sich selbst als die Tradition des Tragischen schlechthin ausgibt. Insbesondere in den vergangenen Jahren sind wir ständig auf das sogenannte transzendente Böse gestoßen worden, und die große gesellschaftliche Krise unseres Jahrhunderts ist speziell im Licht bzw. der Obskurität dieses Begriffs interpretiert worden. Die wahre Natur des Menschen, so wird argumentiert, habe sich nun in dramatischer Weise enthüllt und widerlege alle früheren Illusionen von Zivilisation und Fortschritt. Namentlich das Konzentrationslager wird als Bild einer absoluten Situation benutzt, in der der Mensch von Menschen zur Sache reduziert wird. Gewiß ist die Geschichte der Konzentrationslager dunkel, und es ließen sich noch viele andere vergleichbare Beispiele aufzählen. Aber das Konzentrationslager als Bild für eine absolute Situation zu benutzen, ist dennoch eine Blasphemie; denn während einige Menschen diese Lager errichteten, starben andere bei dem bewußt unternommenen Versuch, sie zu beseitigen. Während bestimmte Menschen andere ins Gefängnis warfen, befreiten wiederum andere die Gefangenen. Es gibt kein von Menschenhand geschaffenes Böses, gegen das nicht andere Menschen gekämpft hätten, um es zu beseitigen. Die Gleichgültigkeit, die darin besteht, einen Teil dieses Handelns herauszugreifen und als absolut oder transzendent darzustellen, kommt einer so gewaltigen Unterdrückung anderer Fakten des menschlichen Lebens gleich, daß sie nur noch mit ihrer Funktion innerhalb einer Ideologie zu erklären ist.

Die Aneignung des Bösen durch die Theorie der Tragödie ist daher von besonderer Bedeutung. Was die Tragödie uns zeige, so wird argumentiert, sei das unausweichliche und unwiderrufliche Faktum des Bösen. Nur Optimisten und Humanisten leugneten, daß es das Böse gebe, und seien daher der Erfahrung des Tragischen unfähig. Auf diese Weise wird die Tragödie zur heilsamen Erinnerung, ja zur Theorie gegen die Illusionen des Humanismus.

Dies kann aber nur behauptet werden, wenn die tragische Handlung auf eine Weise reduziert und vereinfacht wird, die der Simplifizierung der tragischen Ordnung, des tragischen Individuums und des unwiderruflichen Todes entspricht. Das Böse ist, so wie der Begriff heute weithin benutzt wird, ein zutiefst selbstgefälliger Gedanke, mit dem sich, und dies ist auch intendiert, gegen jede tatsächliche Erfahrung vorgehen läßt. Niemand kann und will die Beschreibung bestimmter Handlungen als böse bestreiten. Das Böse aber zu verallgemeinern und zu abstrahieren, heißt jedes kontinuierliche Handeln aufzugeben und bewußt Reaktion und Zusammenhang zu unterbrechen.

Die gegenwärtige Betonung des Bösen rührt nicht, daran ist zu erinnern, vom Christentum her. Innerhalb der Struktur des Christentums wurde zwar das Böse verallgemeinert, aber das wurde auch mit dem Guten getan, so daß der Kampf zwischen Gut und Böse in unseren Seelen und in der Welt als wirkliches Handeln gesehen werden konnte. Das Böse war das normale Chaos, das in Christus überwunden wurde. Auf diese Weise hat es sich trotz seiner großen Bedeutung im Rahmen des tragischen Handelns bewegt.

Kulturell gesehen ist das Böse ein Begriff für alle Arten des Chaos, die das Leben zerrütten oder zerstören. Als solches ist es in der Tragödie, wenngleich in verschiedenen Formen und Ausprägungen, häufig vertreten: als Rache, Ehrgeiz, Stolz, Gefühlskälte, sexuelle Begierde, Eifersucht, Aufsässigkeit oder Rebellion. Verständlich wird es jedoch in jedem einzelnen Fall nur innerhalb der Wertsetzungen einer bestimmten Kultur oder Tradition. Tatsächlich ließe es sich in jeder einzelnen Ideologie so verallgemeinern, daß es als absolute und einzigartige Kraft erschiene. Als häufig anzutreffender Begriff scheint es auch einen allgemeinen Charakter anzunehmen. Nur kann man dann nicht sagen, daß die Tragödie die Erkenntnis des transzendenten Bösen sei. Dramatisiert wird das Böse vielmehr auf die verschiedenartigste Weise. Wir bewegen uns also von den tatsächlichen Tragödien fort und nicht auf sie zu, wenn wir von den besonderen Kräften, die auf verschiedene Weise dramatisiert worden sind, abstrahieren und sie verallgemeinern. Und noch weiter bewegen wir uns von der tragischen Handlung fort, wenn wir die Tragödie ausschließlich als Dramatisierung des Bösen interpretieren. Ein bestimmtes Böses kann in einer tragischen Handlung sowohl erfahren als auch durchlebt werden. Bei diesem Vorgang des Durchlebens eines Bösen gelangen wir indessen weniger zu seiner Erkenntnis als etwas Transzendentem, als vielmehr zu seiner Erkenntnis als etwas Realem und Überwindbarem.

Damit soll natürlich das Böse nicht abgeschafft werden, denn dies wäre das andere Extrem, der komplementäre Irrtum zu der Behauptung, das Böse sei eine transzendente Macht; wie ja auch die These, der Mensch sei von Natur aus gut, der komplementäre Irrtum zu der Behauptung ist, der Mensch sei von Natur aus schlecht. In einer religiösen Kultur wird der Mensch als von Natur aus begrenzt angesehen, in einer liberalen Kultur als von Natur aus absolut, so daß Gut und Böse alternative absolute Begriffe werden. Dies sind aber keineswegs die einzigen Alternativen. Vielmehr ließe sich auch sagen, der Mensch ist »von Natur aus« gar nichts: er schafft und transzendiert seine Grenzen selbst, er ist in bestimmter Weise und in bestimmten Situationen gut und böse, je nach dem Druck, der auf ihm lastet, der aber überwunden und neu geschaffen werden kann. Diese unaufhörliche, sich verändernde Tätigkeit ist der wirkliche Ursprung derartiger Begriffe, die sich eben nur in der Phantasie abstrahieren lassen.

Die Tragödie an sich lehrt überhaupt nichts über das Böse, sie lehrt statt dessen vieles über verschiedene Arten des Handelns. Aber der modernen Akzentuierung des transzendenten Bösen läßt sich noch ein Weiteres entgegenhalten: die großen Tragödien der Welt enden nicht mit dem absoluten Bösen, sondern mit einem erfahrenen und durchlebten Bösen. Ein tragischer Held sticht sich vielleicht angesichts des Bösen, das er begangen hat, die Augen aus, aber wir sehen ihn das im weiteren·Verlauf der Handlung tun. Der orthodoxen Auffassung der Tragödie zufolge würde diese Blindheit jedoch von der Handlung, zu der sie gehört, abstrahiert und zu einer absoluten Blindheit verallgemeinert. Auf diese Weise geht natürlich das Besondere an jeder Handlung verloren, und heraus kommt die Weigerung, die wirklichen Quellen und Ursachen (der Blindheit) zu untersuchen. Die heute so gängige Affirmation des absoluten Bösen wird auf diese Weise zur Selbsttäuschung einer Kultur, die in der Unfähigkeit, ihre eigene Natur zu ergründen, nicht nur den Schauspielern, sondern auch den Zuschauern die Augen ausstechen möchte. Was hier wie anderswo als tragischer Sinn offeriert wird, ist bezeichnenderweise die Leugnung der Möglichkeit eines Sinnes *überhaupt.*

Wenn meine Sicht dieses grundlegenden Musters der orthodoxen modernen Auffassung von der Tragödie richtig ist, so folgt daraus Positives und Negatives. Negativ ist festzuhalten, daß der derzeit als absolut hingestellte Sinn der Tragödie in Wirklichkeit ein besonderer Sinn ist, der historisch aufgefaßt und beurteilt werden muß. Manch einer würde noch weiter gehen und die Idee der Tragödie ganz fallen lassen. Dieser Gedanke besitzt eine gewisse Attraktivität, zumal sich die allgemeinen Erwägungen des Tragischen als so variabel herausgestellt haben. Aber das Ergebnis wäre dann eine spitzfindige, überwiegend an der Dramentechnik orientierte Kritik: der Sinn geht verloren, wir können nur noch untersuchen, wie er ausgedrückt wird, welche Wortwahl in den einzelnen Fällen getroffen wurde. Doch dies schiene mir ein zweifelhaftes Unterfangen; denn wenn Worte relevant sind, dann ist es auch der Sinn. Ihn formell zu ignorieren, bedeutet gewöhnlich, irgendeinen anderen Sinn indirekt zuzulassen.

Ich meine, daß in der Tragödie der Sinn an sich wichtig ist, weil die Erfahrung in ihr eine so zentrale Stellung einnimmt, daß wir kaum vermeiden können, über ihn nachzudenken. Wenn wir heute auf eine bestimmte Idee der Tragödie stoßen, finden wir damit auch einen Weg, einen sehr weiten und relevanten Bereich unserer Erfahrung zu interpretieren. Demnach reicht die negative Analyse nicht aus; vielmehr müssen wir den positiven Versuch unternehmen, die Theorie der Tragödie und damit auch die Erfahrung des Tragischen heute zu verstehen und zu beschreiben.

II. *Tragödie und Revolution*

Die höchst komplexe Wirkung jeder wirklich mächtigen Ideologie besteht darin, daß sie uns selbst dann noch beeinflußt, wenn wir meinen, sie schon überwunden zu haben. So kommt es, daß wir bei dem Versuch, das unserer Erfahrung des Tragischen zugrunde liegende Chaos zu identifizieren, Bezüge und Analogien zu früheren tragischen Formen herstellen, wie sie von der Ideologie interpretiert worden sind. Wir suchen fast unbewußt nach einer Krise im persönlichen Glauben, vergleichen den verlorengegangenen Glauben an die Unsterblichkeit mit der neuen Überzeugung von der Sterblichkeit oder den verlorengegangenen Glauben an das Schicksal mit der neuen Überzeugung von der Gleichgültigkeit. Wir suchen die Erfahrung des Tragischen in unserer Haltung Gott, dem Tod oder dem individuellen Willen gegenüber, und natürlich läßt sie sich in diesen uns vertrauten Formen oft finden. Da wir die früheren tragischen Formen jeweils losgelöst von ihrer Gesellschaftsform betrachtet haben, nehmen wir in unserer Zeit eine ähnliche Trennung vor und setzen voraus, daß die moderne Tragödie ohne jeden Bezug zu der tiefen gesellschaftlichen Krise, in der wir uns befinden, zu Krieg und Revolution, diskutiert werden könne. Das Interesse daran wird gewöhnlich der Politik oder, mit einem Modewort zu sprechen, der Soziologie vorbehalten. Die Tragödie, wird gesagt, gehöre zu einer tiefen inneren Erfahrung, zum Menschen, nicht zur Gesellschaft. Selbst das allgemeine Chaos, dessen Existenz auch der beschränkteste Geist kaum leugnen kann und von dem sich schwerlich sagen läßt, es gehe nur die Gesellschaft an, nicht den Menschen, wird auf Symptome der einzigen Art von Chaos reduziert, die wir anzuerkennen bereit sind: auf den »Defekt in der Seele«. Krieg, Revolution, Armut, Hunger; Menschen, die zu Objekten erniedrigt und systematisch umgebracht werden; Verfolgung und Folterung; die vielen Arten des zeitgenössischen Märtyrertums: wie nahe und eindringlich diese Fakten auch sind, sie scheinen uns nicht in Zusammenhang mit der Tragödie zu stehen. Die Tragödie, meinen wir, handelt von anderen Dingen.
Dennoch zeichnet sich in einigen Köpfen ein Bruch mit diesem Denken ab. Die Erfahrung läßt plötzlich neue Verbindungen hervortreten, die vertraute Welt gerät in Bewegung, neue Verhältnisse werden sichtbar. Was wir heute suchen, ist nicht ein neuer universeller Sinn der Tragödie, sondern ihre Struktur in unserer Kultur. Sobald uns unsere Erfahrung

und Analyse an den herkömmlichen Auffassungen des 20. Jahrhunderts zweifeln lassen, eröffnen sich neue Perspektiven.

Tragödie und gesellschaftliches Chaos

Seit der Französischen Revolution wurde die Idee der Tragödie als Antwort auf eine im Wandel begriffene Kultur aufgefaßt. Die Handlung in der Tragödie und das Handeln in der Geschichte wurden bewußt miteinander verknüpft und durch diese Verbindung in ein neues Licht gerückt. In der um die Mitte des 19. Jahrhunderts einsetzenden Reaktion darauf ist die Bewegung des Geistes aber wieder von der Bewegung der Zivilisation getrennt worden. Doch selbst diese negative Reaktion war vom Kontext her noch eine Antwort auf die gleiche grundlegende Krise. Die akademische Tradition ist im großen und ganzen dieser negativen Reaktion gefolgt, obwohl sich ihre Thesen schwerlich jemals nur auf ein Bündel akademischer Fakten bezogen haben; ganz im Gegenteil klingen sie, selbst wo sie sich am negativsten und gesellschaftsfernsten anhören, noch immer wie Ansichten über das zeitgenössische Leben. Wichtiger erscheint jedoch die erstgenannte Tradition, in der die Tragödie bewußt mit der Geschichte verknüpft worden ist und auf die wir jetzt unter Zuhilfenahme von Erfahrung und Theorie eingehen wollen.

Zu fragen ist zunächst, ob die Tragödie in unserer Zeit eine Reaktion auf das gesellschaftliche Chaos darstellt. Trifft dies zu, dürfen wir uns die Reaktion nicht immer als eine direkte vorstellen. Das Chaos tritt in sehr unterschiedlichen Formen in Erscheinung, die zu artikulieren keine leichte, sondern eine komplizierte Aufgabe ist. Eine erste Schwierigkeit dabei ist die übliche Trennung von gesellschaftlichem und tragischem Denken. Gerade die einflußreichsten unter den explizit gesellschaftlichen Denkweisen haben die Tragödie oft als im Kern defätistisch abgelehnt. Dem, was sie für die Idee der Tragödie hielten, haben sie die Kräfte des Menschen gegenübergestellt, die ihn befähigen, seine Lage zu verändern und damit einen Großteil des Leidens zu beseitigen, das die Tragödie zu sanktionieren scheint. Das heißt, die Idee der Revolution hat sich der Idee der Tragödie entgegengestellt, wobei beiderseits gleich viel Zuversicht herrscht. Will man die Tragödie als Reaktion auf das gesellschaftliche Chaos auffassen und als solche beurteilen, muß man anscheinend mit beiden großen Traditionen brechen.

Das Durcheinander ist also augenblicklich total. Die Auffassung vom »Defekt der Seele« beruhte bei aller Orthodoxie noch auf einer von der Erfahrung nicht allzuweit entfernten Erkenntnis. Die entgegengesetzte Position hingegen, die das gesellschaftliche Chaos anerkennt, tendiert zu einer leichtfertigen Abstraktion von den einzelnen Menschen, was natürlich angesichts der Größenordnung des Chaos fast unvermeidlich ist; denn wenn wir uns mit Geschichte befassen, fällt es schwer, die einzelnen Menschen zur Kenntnis zu nehmen. So kommt es dazu, daß wir früher die Tragödie nicht als gesellschaftliche Krise zu erkennen vermochten und jetzt im allgemeinen die gesellschaftliche Krise nicht als Tragödie. Die Fakten des Chaos werden somit in eine neue Ideologie eingefangen, die Leiden annulliert, sobald sie den Namen für eine Periode gefunden hat. Tagtäglich können wir aus allem Vergangenheit machen, da wir an die Zukunft glauben. Unsere Gegenwart aber, in der das Chaos bis an die Wurzel reicht, bleibt uns effektiv verborgen, so als wäre sie nur Tagespolitik und nicht auch zukünftige Geschichte. So fallen wir von einer Blindheit in die andere. Die neuen Verbindungen verhärten sich und verbinden nicht mehr.

Es ist bei aller Schwierigkeit wichtig zu sehen, daß die überlieferten Vorstellungen unsere Erfahrung nicht mehr adäquat beschreiben. Die Idee der Tragödie schließt in ihrer herkömmlichen Interpretation jene tragische Erfahrung aus, die gesellschaftlicher Natur ist, und umgekehrt schließt die Idee der Revolution genau jene gesellschaftliche Erfahrung aus, die tragischer Natur ist. Ein solcher Widerspruch ist auffallend. Der Gegensatz ist keineswegs nur formaler Natur, etwa im Sinne von zwei Lesarten der Erfahrung, zwischen denen wir wählen können. Dazu ist der Zusammenhang von Revolution und Tragödie – ein Zusammenhang, der im übrigen als solcher erlebt, nur eben als Idee nicht anerkannt wird – heute einfach zu evident und zu wichtig.

Am deutlichsten tritt die Verbindung von Revolution und Tragödie in historischen Ereignissen hervor. Die Zeit der Revolution ist so offensichtlich eine Zeit der Gewalttätigkeit, des Bruchs und des ausgeprägten Leidens, daß es selbstverständlich ist, sie als Tragödie im Alltagssinn aufzufassen. Doch wenn aus dem Ereignis Geschichte wird, wird es zumeist völlig anders betrachtet. Viele Nationen betrachten die Revolution ihrer Geschichte als die Ära, in der das Leben geschaffen wurde, das jetzt kostbar erscheint. Die erfolgreiche Revolution wird somit nicht zur Tragödie, sondern zum Epos: sie steht am Ursprung eines Volkes und seines Lebenszusammenhangs. Wenn an das Leiden zurückgedacht wird, wird es entweder geehrt oder gerechtfertigt. Die Revolution, so wird dann gesagt, war eine notwendige Voraussetzung des heutigen Lebens.

Bei der zeitgenössischen Revolution verhält es sich anders. Nur eine postrevolutionäre Generation ist der epischen Komposition fähig. In der zeitgenössischen Revolution ist das Leiden zu ergreifend, unabhängig davon, ob es Folge der Gewalt oder Folge der Neugestaltung des Lebens durch die neue Macht im Staat ist. Weiterhin ergreifen wir, obgleich in unterschiedlichem Ausmaß, bei einer zeitgenössischen Revolution Partei. Und schließlich ist eine Zeit der Revolution gewöhnlich eine Zeit der Lügen und unterdrückten Wahrheiten. Das Leiden wird, selbst wenn sein gesamtes Ausmaß bekannt ist, im allgemeinen in den Verantwortungsbereich dieser oder jener Partei projiziert, bis schon seine bloße Schilderung zu einem revolutionären oder konterrevolutionären Akt wird. Gleichgültigkeit kommt leicht auf, wenn die Aktion schon eine Weile zurückliegt. Aber auch ein Zuviel an Leiden und der auf ihnen aufgebauten Lügen und Propagandawellen kann Gleichgültigkeit bewirken. Die Revolution ist daher eine Dimension des Handelns, von dem wir uns, aus anfänglich ehrenwerten Gründen, lieber fernhalten.

So wird aus einer gesellschaftlichen Tatsache eine Gefühlsstruktur. Die Revolution ist an sich im herkömmlichen Sinn eine Tragödie, d. h. eine Zeit des Chaos und des Leidens. Es ist daher beinahe unvermeidlich, daß wir über sie hinauszugehen versuchen; denn man kann sich bei aller Wahrscheinlichkeit nicht darauf verlassen, daß sie ihrerseits zum Epos wird. Dieser Gedanke kann uns schon deshalb nicht bewegen, weil nur unsere Nachkommen dieses Epos erben können. Eine Huldigung an ein Wahrscheinlichkeitsgesetz der Geschichte, das noch nicht im Einzelfall gelebt worden ist, ist der erste Schritt auf dem Weg zur Entfremdung. Man würde dann nicht mehr auf dieses oder jenes Handeln reagieren, sondern, auf dem Wege der Projektion, auf seine mögliche Komposition zum Epos hin.

Die wirkliche Alternative sieht ganz anders aus. Sie wird die Revolution weder mit dem simplen Argument von Leiden und Chaos ablehnen noch nach bislang nicht erprobten Wahrscheinlichkeitsgesetzen berechnen. Sie setzt vielmehr eine Erkenntnis voraus, die Erkenntnis der Revolution als eines einheitlichen Handelns lebendiger Menschen [a whole action of living men]. Sowohl die Einheit dieses Handelns als auch sein menschlicher Charakter, d. h. seine Humanität, sind dann unverkennbar. Gegen diese Einsicht sträuben wir uns jedoch gewöhnlich.

Revolution und Chaos

So wie wir die Tragödie auf den Tod des Helden reduziert haben, haben wir die Revolution auf die Krise von Gewalt und Chaos eingeengt. Aber mag sie sich dem oberflächlichen Betrachter auch so darstellen, in Wirklichkeit geht ihr etwas voraus, und es folgt etwas auf sie, und diese Art von Kontinuität bestimmt ihren Sinn. Es ist überhaupt merkwürdig, daß in der neueren Geschichte ausgerechnet die Revolution als Beispiel für Gewalt und Chaos herhalten muß. Gewalt und Chaos in dieser Weise auf einen einzigen bestimmenden Konflikt zu begrenzen, ist natürlich unsinnig. Gewalt und Chaos gehören zum gesamten Rahmen des Handelns. Was wir die Revolution nennen, ist dessen Krise.

Festzuhalten ist, daß Gewalt und Chaos sowohl in Institutionen als auch in einzelnen Handlungen verankert sind. Am klarsten tritt das hervor, nachdem der revolutionäre Wandel durchlebt ist. Die alten Institutionen, die jetzt tot sind, nehmen ihre wahre Gestalt von systematischer Gewalt und Chaos an, und in dieser Gestalt wird die Quelle revolutionären Handelns gesehen. Obgleich solche Institutionen noch aktiv sind, können sie in erstaunlichem Ausmaß die Züge von Etabliertheit und Unschuld annehmen. Sie repräsentieren gemeinhin die Ordnung, der gegenüber der Protest der Leidenden und Unterdrückten die wahre Quelle von Unruhe und Gewalt zu sein scheint. Heute ist es daher unsere dringlichste Aufgabe, die Idee der Revolution – im Sinne der Krise einer Gesellschaft – wieder in den Kontext des gesamten Handelns zu rücken, innerhalb dessen sie allein verstanden werden kann.

Ordnung und Chaos sind relative Begriffe, obwohl jeder als Absolutum erfahren wird. Dies lehren uns Geschichte und komparatistische Wissenschaften. Rational können wir das zwar begreifen, aufgrund unserer Angst, unserer persönlichen Interessen, der unmittelbar uns vertrauten Umwelt nützt uns dies aber meist nicht viel. In der Idee der Tragödie und der Idee der Revolution trifft nun diese Dimension mit diesen Schwierigkeiten zusammen. Ich habe bereits darauf hingewiesen, daß das Verhältnis von Tragödie und Ordnung ein dynamisches ist. Die tragische Handlung ist im Chaos verwurzelt, das in einem bestimmten Stadium sogar eine gewisse Stabilität aufweisen mag. Durch die Handlung aber werden alle wirklichen Kräfte mobilisiert, was oft dazu führt, daß das verdeckt liegende Chaos offen und schrecklich auf tragische Weise zutage tritt. Aus der Erfahrung dieses Chaos wird vermöge der jeweiligen Handlung die Ordnung neu geschaffen. Der Ablauf dieser Handlung ähnelt bemerkenswerterweise oftmals dem realen Handeln im Verlauf einer Revolution.

Andererseits erscheint die Revolution, jedenfalls in ihrer feudalen Ausprägung als Rebellion, in vielen bedeutenden Tragödien als das Chaos selbst. Die Wiederherstellung der »gesetzlichen« Autorität ist dort buchstäblich die Wiederherstellung der Ordnung. Wesentlicher aber ist, was unterhalb des falschen Bewußtseins der feudalen Einschätzung der Rebellion liegt. Es gehört nicht viel zu der Erkenntnis, daß die feudale Definition von gesetzlicher Autorität und Rebellion in politischer Hinsicht schlimmstenfalls opportunistisch, bestenfalls parteilich ist. Hinter der politischen Fassade der königlichen Majestät verbergen sich gewöhnlich Usurpatoren und ihre Nachkommen. Das sich ihnen entgegenstellende Handeln ist gleichen menschlichen Ursprungs wie das, das sie etablierte. Die Ausstattung der politischen Macht mit religiösen oder magischen Insignien ist aber, jedenfalls in den bedeutenderen Fällen, Ausdruck einer grundlegenden Auffassung von der Ordnung, vom Leben und vom Menschen. Bezeichnenderweise handelt es sich dabei um eine statische Ordnung und um eine konstante menschliche Natur. Aus solchen Auffassungen kristallisieren sich wirkliche Wertvorstellungen heraus, deren Bedrohung ihren temporären und zufälligen Charakter sowie ihre Assoziation mit einer bestimmten Figur oder einem bestimmten System vergessen läßt. Wenn Verbindungen dieser Art hergestellt und zur lebendigen Realität geworden sind, kann die tragische Handlung ungeachtet ihrer jeweiligen Form die denkbar weitesten menschlichen Bezüge annehmen.

Im Verlaufe der tragischen Handlung wird die Verbindung zwischen den grundlegenden menschlichen Wertvorstellungen und dem akzeptierten gesellschaftlichen System oft untergraben: der Anspruch der Liebe gerät in Konflikt mit den Pflichten gegenüber der Familie, das erwachte individuelle Bewußtsein in Widerspruch zu der ihm vorgeschriebenen sozialen Rolle. Im Übergang von der feudalen zur liberalen Welt nehmen diese Widersprüche allgemeinen Charakter an und werden als Tragödien gelebt. Dennoch wird die Identität von unveränderlicher Ordnung und gesellschaftlichem System noch nicht wirklich in Frage gestellt. Widerspruch und Chaos werden normalerweise im Rahmen dieser Identität gesehen, die durch menschliches Irren gefährdet ist, von der tragischen Handlung aber wiederhergestellt wird. Die Figuren des wahren und des falschen Königs, der gesetzlichen Autorität und ihres irrenden Vertreters sind dramatische Mittel, die diese Gefühlsstruktur ausdrücken. Es besteht ein enger Zusammenhang zwischen derartigen dramatischen Mitteln und dem im England des 17. Jahrhunderts allen politischen Reformern und Revolutionären geläufigen Argument, das lautete, es werde nichts Neues gefordert, sondern nur für die Wiederherstellung der alten und wahren Verfassung gekämpft. Aus diesem Bewußtsein gingen die radikalsten und revolutionärsten Akte hervor. In der Tragödie wurde schließlich der Punkt erreicht, an dem die Skepsis hinsichtlich der Möglichkeit einer gesellschaftlichen Ordnung überwog und eine Lösung als außerhalb der Möglichkeiten einer bürgerlichen Gesellschaft angesehen wurde. Ein religiöser oder quasi-religiöser Rückzug stellte die Ordnung kraft übernatürlicher oder magischer Intervention wieder her; der Kreis der tragischen Handlung schloß sich.

Der Liberalismus

Die liberale Tragödie erbte diese Trennung von grundlegenden menschlichen Werten und gesellschaftlichem System, transformierte sie aber. In der Entwicklung des liberalen Bewußtseins wurde der Bezugspunkt allmählich ein anderer: Nicht mehr die allgemeine Ordnung, sondern das Individuum als solches verkörperte jetzt alle Werte, selbst die göttlichen (jedenfalls im Protestantismus). Ich verfolge den Gang der liberalen Tragödie bis zu dem Punkt, an dem Widersprüche in dieser absoluten Auffassung vom Individuum sie an einen toten Punkt und schließlich zum Zusammenbruch führen (einem Zusammenbruch, dem man meiner Erwartung nach auch in Zukunft noch häufiger begegnen wird).

Die große Welle des Liberalismus hatte jedoch noch andere Auswirkungen. Sie ist insbesondere für den uns heute geläufigen scharfen Gegensatz zwischen der Idee der Tragödie und der Idee der Revolution verantwortlich zu machen. Der Liberalismus untergrub beharrlich die Auffassung von der unveränderlichen Natur des Menschen und der statistischen sozialen Ordnung mit ihrer Verbindung zu einem göttlichen Plan. Von dieser Unterwanderung und der entsprechenden Auffassung von der Möglichkeit menschlicher und sozialer Veränderungen nahm der moderne Gedanke der Revolution seinen Ausgang. Aus Rebellion wurde Revolution, und die bedeutendsten menschlichen Werte wurden nicht mehr mit der überlieferten Ordnung, sondern mit Entwicklung, Fortschritt und Wandel assoziiert. Der Gegensatz zwischen der Idee der Tragödie und der Idee der Revolution schien um diese Zeit unüberwindbar zu sein. Die Revolution ging von der Möglichkeit aus, daß der Mensch seine Lage verändert; die Tragödie dagegen demonstrierte die Unmöglichkeit dieses Versuchs und zeigte die aus ihm resultierenden geistigen Konsequenzen. An diesem Gegensatz haben wir bis heute festgehalten.

Indessen hat sich jedoch die reale Geschichte wesentlich verändert. Die liberale Idee der Revolution und die feudale Idee der Tragödie sind nicht länger die einzigen Alternativen. Wer sie als solche ausgibt, hinkt seiner Zeit hinterher. Deutlich wird das bei der Betrachtung des Verlaufs der liberalen Tragödie.

Es ist auf den ersten Blick erstaunlich, daß eine so offen und positiv ausgerichtete Bewegung wie der Liberalismus überhaupt jemals eine Tragödie hervorgebracht hat. Alle literarischen Bewegungen, die vom Liberalismus ihren Ausgang nahmen, kamen indessen an einen Punkt, an dem eine grundsätzliche Entscheidung getroffen werden mußte; einige haben sich auch tatsächlich entschieden, andere dagegen einen Kompromiß gewählt. Welchen Weg sie einschlugen, hing jedoch letzten Endes von ihrer Stellung zur Revolution ab. In diesen Prozeß sind auch wir noch eingespannt.

Der Naturalismus

Die Literatur des Naturalismus ist dafür das beste Beispiel. Der Naturalismus erscheint als der wahre Erbe der liberalen Aufklärung, in dem die

traditionellen Ideen vom Schicksal, einer absoluten Ordnung, eines von den Kräften des Menschen unabhängigen Plans durch die Zuversicht in die Vernunft und in die Möglichkeit einer ständig sich erweiternden Fähigkeit zur Aufklärung und Kontrolle ersetzt werden. In der Politik brachte dies ein neues gesellschaftliches Bewußtsein vom menschlichen Schicksal mit sich; in der Philosophie die Analyse der Ideologien von Religion und sozialen Gewohnheiten, daneben neue Schemata rationaler Erklärung; in der Literatur den Nachdruck, den man auf die exakte Beobachtung und Beschreibung der zeitgenössischen Welt legte. Die Literatur des Naturalismus ist aber letztlich ein Bastard der Aufklärung. Bezeichnenderweise wurden in ihm die Techniken der Beobachtung und Beschreibung von dem Zweck losgelöst, den sie ursprünglich verfolgten. Was zum Naturalismus wurde und diesen von der bedeutenderen Bewegung des Realismus abhob, war die mechanische Beschreibung der Menschen als Geschöpfe ihrer Umgebung, eine Beschreibung, die die Literatur in einer Weise vornahm, als wären Menschen und Dinge gleich beschaffen. Die Tragödie des Naturalismus ist die Tragödie des passiven Erleidens, das passiv deswegen ist, weil der Mensch es erdulden muß, ohne seine Welt ändern zu können. Das Erdulden hat keinen moralischen oder religiösen Wert, ist vollkommen mechanisch, weil Mensch und Welt in dem, was als rationale Erklärung aufgefaßt wird, Produkte eines unpersönlichen und materiellen Prozesses sind, der sich zwar im Laufe der Zeit ändert, ohne jedoch ein Ziel zu haben. Der Impuls, zu schreiben und auf diese Weise die Situation des Menschen zu verändern, hat sich zu dem einfachen Impuls verengt, eine Situation zu beschreiben, in der es weder göttliche noch menschliche Intervention gibt und der menschliche Willensakt innerhalb des gewaltigen materiellen Prozesses so winzig und unbedeutend wirkt, daß dieser universelle und soziale Prozeß das menschliche Schicksal zugleich bestimmt und ihm gegenüber gleichgültig ist.
Dieser Naturalismus, zugleich die am häufigsten vertretene Theorie und allgemeinste Praxis der Literatur, nahm im Liberalismus seinen Ausgang, endete aber ironischerweise als eine groteske Version eben des Systems, das vom Liberalismus ursprünglich selbst attackiert wurde, etwa so wie aus dem Atheismus eine groteske Version des Glaubens wird. Aus einem lebendigen Plan wurde somit ein mechanisches Schicksal, dessen Distanz zum Menschen noch viel größer war. Freilich hatte diese Entwicklung reale Ursachen. Was in ihr zum Ausdruck kommt, war das bewußte Anhalten des Ganges der Aufklärung an ihrem kritischsten Punkt, und insofern stimmt diese Entwicklung mit dem Stokken und schließlichen Verfall des Liberalismus überein, dessen universelle Prinzipien eine Veränderung seines sozialen Programms erfordert hätten. Es war ein Punkt erreicht, an dem es nur noch ein Vorwärts oder

ein Zurück gab. So kommt es, daß wir überall im 19. Jahrhundert sehen, wie Menschen vor den Konsequenzen ihrer eigenen Anschauungen Schutz suchen. Heute ist selbst das nicht nötig, der Schutz vor den eigenen Anschauungen hat eine solide Grundlage erhalten. Die universellen Prinzipien werden stets denen lästig, die – nachdem sie selbst einmal von Veränderungen profitiert haben – in ihnen eine Forderung sehen, die sich ins Unendliche erweitert, die von anderen Klassen oder Völkern kommt und daher ihre eigene frisch gewonnene Identität auszulöschen droht. Während eine Minderheit noch an ihren Prinzipien festhält und sich zur sozialen Revolution für alle bekennt, neigt die Mehrheit zum Kompromiß, weicht aus, sucht nach Aufschub. Die typischste Form dieses Zusammenbruchs ist heute darin zu sehen, daß als gesellschaftliches Modell nicht die Revolution, sondern die Evolution figuriert.

Im Zentrum der neuen Theorien über die soziale Evolution, das zeigt sich etwa an der Theorie der administrativen Reform sehr deutlich, steht die Trennung der historischen Entwicklung vom Handeln der Mehrheit oder – in Extremfällen – sogar aller Menschen. Die Gesellschaft erscheint hier als ein unpersönlicher Vorgang, als eine Maschine mit bestimmten eingebauten Eigenschaften, die sich zwar beschreiben und regulieren läßt, letztlich aber jeder menschlichen Kontrolle entzogen ist. Dementsprechend erscheint auch der soziale Wandel im besten Falle als der Austausch einer Gruppe von »Machern« durch eine andere. Der Gesellschaftsprozeß erlangt eine solche Selbständigkeit, daß er sich nur noch beobachten läßt und man ihm folgen muß: auf keinen Fall darf man sich ihm in den Weg stellen. Jeder Versuch, eine allgemeine menschliche Priorität über den Gesamtablauf zu setzen, muß daher als kindisch, als bloße Revolutionsphantasie erscheinen.

Das Ausmaß der Deformation fast unserer gesamten Politik infolge dieses mechanischen Materialismus bedarf kaum der Hervorhebung. Es muß aber betont werden, daß diese Bewegung des Geistes, die ihren Ursprung auf die Vernunft zurückführt, theoretisch und faktisch eine Mystifikation der wirklichen gesellschaftlichen Aktivität war und als solche die Vernunft selbst diskreditierte. Sie arbeitete letztlich in die gleiche Richtung wie die andere große Bewegung, die die Werte des Liberalismus auszudrücken versuchte, die allerdings lange Zeit einen umgekehrten Weg einzuschlagen schien: die Welle des Subjektivismus und der Romantik.

Die Romantik

Der Utilitarismus, der die gebräuchlichste englische Ausprägung des mechanischen Materialismus darstellt, hat die liberalen Werte durch die

Reform der bürgerlichen Gesellschaft zu realisieren versucht. Die Romantik dagegen suchte die liberalen Werte in der Entfaltung des Individuums. In ihrer Frühphase wirkte die Romantik zutiefst befreiend, sie endete aber damit, daß sie teils aufgrund der Unangemessenheit ihrer Gesellschaftstheorie, teils aufgrund des aus ihr resultierenden Verfalls von Individualismus in Subjektivismus ihre eigenen tiefsten Impulse leugnete und diese schließlich sogar umkehrte. Beinahe unsere gesamte revolutionäre Sprache leitet sich von den Romantikern ab, was ein reales Hindernis war und gelegentlich auch Verlegenheit heraufbeschwor. Die Romantik ist in der neueren Literatur der bedeutendste Ausdruck des ersten Impulses der Revolution: ein neues und absolutes Bild vom Menschen. Bezeichnenderweise bezieht sie diese Transzendierung auf eine ideale Welt und eine ideale menschliche Gesellschaft; in der Romantik wird der Mensch zum ersten Mal als Herr seiner selbst gesehen.

Wenn dies freilich im Einzelfall, etwa in der Gesellschaftskritik oder -theorie angewandt wird, ergeben sich fundamentale Schwierigkeiten. Es ist immer leicht, das Ideal in einer exotischen oder fabulösen Gemeinschaft anzusiedeln (oder in einer historischen Gesellschaft, die von diesen Elementen durchdrungen ist). Die bestehende gesellschaftliche Welt wird so sehr als feindlich gegenüber dem, was als zutiefst menschlich empfunden wird, interpretiert, daß was als Gesellschaftskritik beginnt, in Nihilismus endet. Ein Jahrhundert lang war das Schicksal dieser romantischen Tradition ungesichert. Ein Teil ihrer Kraft inspirierte die entstehende Idee der totalen sozialen Revolution. Ein verwandter Teil, der sich in die gleiche Richtung bewegte, kam nicht weiter als zu Bildern der Revolution: zur Fahne, zur Barrikade, zum Tod eines Märtyrers oder Gefangenen. Vermutlich der größte Teil ging aber in eine ganz andere Richtung: in die endgültige Trennung von Revolution und Gesellschaft.

Das bestimmende Element war hier die romantische Haltung gegenüber der Vernunft. Formal mag die Romantik als negative Reaktion auf die Aufklärung erscheinen, ihre Hervorhebung des Irrationalen und Außergewöhnlichen scheint im absoluten Widerspruch zur Betonung der Vernunft zu stehen. Aber wir stoßen hier auf eine seltsame Dialektik. Die Romantik forderte nicht etwas, was die Aufklärung ablehnte. Beider Version des Menschen war neu. Da dies jedoch nicht bemerkt wurde, wurde die wesentliche Gemeinsamkeit beider Bewegungen, nämlich ein Programm zur Befreiung des Menschen, in katastrophaler Weise verengt und durcheinandergebracht. Was die Romantiker als Vernunft kritisierten, war nicht die räsonnierende Aktivität, sondern die Abstraktion und schließlich Entfremdung dieser Aktivität zu einem System, das zwar rational genannt wurde, in Wirklichkeit aber mechanisch war. Diese (insbesondere in England zu findende) romantische Kritik am Utilitarismus war nicht nur human, sie stand auch auf der Seite des Menschen als kreativem und aktivem Wesen. Der Umschlag in den Irrationalismus kann nur verstanden werden als Gegengewicht zu dem früheren Umschlag in den Rationalismus. Die Abstraktion der Vernunft von allen anderen menschlichen Tätigkeiten degradierte sie zu einem Mechanismus, machte aus dem gesellschaftlichen Prozeß eine Maschine. Der Protest dagegen war unvermeidlich. Die Gesellschaft als einen menschlichen Prozeß aufzufassen, hätte aber ein Engagement und gesellschaftliches Handeln vorausgesetzt, die in der Tat schwer zu erreichen waren. Unter dem Druck dieser Schwierigkeit und der Desillusionierung angesichts des Scheiterns wurde die romantische Vision des Menschen ihrerseits entfremdet. Der Entfremdung des Rationalen zu einem System des mechanischen Materialismus gesellte sich die Entfremdung des Irrationalen zur Seite, die sich erst in diesem Jahrhundert vollendet hat.

Während also ein Großteil der liberalen Idee der Revolution in den Mechanismen der sozialen Evolution und verwalteten Reform endete, endete ein anderer Teil in der Parodie der Revolution, im Nihilismus und seinen vielen Derivaten. Ersteren erschien die Gesellschaft als Maschine, die ihren vorbestimmten Weg zu gegebener Zeit einschlagen würde. Letzteren erschien die Gesellschaft als Feind der Befreiung des Menschen: der Mensch konnte danach nur frei werden, wenn er die Gesellschaft ablehnte oder hinter sich zurückließ; wenn er seine innersten Tätigkeiten in bezug auf Liebe, Kunst und Natur als a-sozial oder anti-sozial begriff. Ironischerweise hat der mechanische Materialismus mit seiner Auffassung von einer evolutionären Gesellschaft ebenso eine neue Art des Schicksals produziert, aus der das menschliche Handeln und Sehnen ausgeschlossen blieben, wie der Nihilismus, als er die Trennung von Humanität und Gesellschaft vollzog und verinnerlichte, was einmal äußerer Plan gewesen war. Insbesondere in seinen späteren Varianten hat der Nihilismus das Irrationale immer für stärker gehalten als den gesellschaftlichen Menschen. Seiner Voraussetzung, der Unvereinbarkeit von persönlicher Befreiung und gesellschaftlichem Tatbestand, folgend, hat er einen Irrationalismus rationalisiert, der mächtiger und destruktiver als alle bekannten Götter war. In seiner Spätphase wurde aus dem Traum von der Befreiung des Menschen der unauslösliche destruktive Instinkt und der Todestrieb.

Das Ende des Liberalismus

Die liberale Idee der Revolution wurde daher von zwei Seiten eingeengt: einerseits von der Reduktion auf einen mechanischen und unpersönlichen Prozeß, andererseits von der Kanalisierung der individu-

ellen Revolte in eine Ideologie, der der Aufbau der Gesellschaft hoffnungslos erschien, da der Mensch zutiefst irrational und destruktiv war.
In den westlichen Gesellschaften wird der Kontrast zwischen diesen
beiden Positionen heute als normal ausgegeben, so daß wir nur die Wahl
zwischen einer von beiden zu haben scheinen. In der Politik offeriert
man uns weder die Revolution noch einen grundlegenden Wandel,
sondern etwas, das weithin als Modernisierung bezeichnet wird, in dem
die Trennung von Veränderung und menschlichen Werten vollzogen ist.
Wir sind aufgefordert, einem vermeintlichen unwiderstehlichen evolutionären Prozeß zu folgen oder uns dem »frischen Wind«, ungeachtet
der Richtung, aus der er weht, zu beugen (was übrigens ein genauer
Ausdruck der Entfremdung ist, denn er bläst von irgendwoher und wird
als Naturkraft rationalisiert). Oder umgekehrt lehnen wir die Politik ab
und begreifen die Realität der Befreiung des Menschen als eine innere,
private und apolitische Sache selbst dann, wenn die Schatten politisch
motivierter Kriege, politisch motivierter Armut und politisch motivierter
Widerwärtigkeiten und Grausamkeiten auf uns liegen.
Seit 1917 leben wir aber in einer Welt von erfolgreichen sozialen
Revolutionen. Von daher läßt sich sagen, daß unsere Haltung gegenüber
den revolutionären Gesellschaften unserer Tage von zentraler Bedeutung für unser Denken ist. Was unsere Ideologie in ihren verschiedenen
Varianten theoretisch leugnet, hat sich anderswo ereignet oder scheint
sich jedenfalls anderswo ereignet zu haben. In diesem Fall bleibt uns
keine große Wahl. Entweder wir kämpfen gegen die andernorts stattfin-
dende Revolution und versuchen, sie einzudämmen, wie es unsere
nationale Praxis stets gewesen ist, und dieser Taktik helfen Gleichgültigkeit und Militanz gleichermaßen. Oder wir unterstützen die dort stattfin-
dende Revolution in der vertrauten Art der Romantik, deren Bilder
bereits tief in uns angelegt sind. Oder aber – und hiermit bestimme ich
meine eigene Position – wir arbeiten für das Verständnis und die
Teilnahme an der Revolution als einer gesellschaftlichen Realität, d. h.
nicht nur als einer Handlung, die von wirklichen Menschen vollzogen
wird, sondern auch und gerade als einer Aktivität, die uns unmittelbar
selbst angeht.
Das ist der Punkt, an dem das Verhältnis von Revolution und Tragödie
relevant wird. Mancherseits wird die Revolution noch immer in den
überlieferten ideologischen Kategorien des Rationalismus interpretiert.
Es wird gesagt, sie sei das Ergebnis einer konstruktiven Aktivität, ein
Zeugnis des menschlichen Befreiungsaktes, sie verdanke sich der Energie der Vernunft. Nun begrüße ich nichts mehr als dieses konstruktive
Element, weiß aber zugleich, daß jene revolutionären Gesellschaften
tragische Gesellschaften von einer Tiefe und einem Ausmaß sind, die
weit über das hinausgehen, was als Furcht oder Mitleid bekannt ist. An

diesem Punkt der Erkenntnis jedoch, wo die überlieferte Ideologie der Revolution, d. h. ihre befreiende Qualität, zu scheitern scheint, wartet auf uns die überlieferte Ideologie der Tragödie und spricht davon, daß der Mensch seine Grundsituation nicht ändern könne, sondern in seinem vergeblichen Versuch, dies zu tun, nur die Welt in Blut ersticke; daß das Ausüben einer rationalen Kontrolle über unser gesellschaftliches Schicksal von vornherein zum Scheitern verurteilt sei, bestenfalls von unserer unvermeidlichen Irrationalität befleckt werde; daß, wenn erst einmal die gewohnten Formen zusammenbrächen, Gewalt und Grausamkeit freigesetzt würden. So wenig ich der Ansicht bin, daß eine dieser beiden Interpretationen alle Fakten in Betracht zieht, so wenig vermag ich allerdings auch zu sehen, wie man noch immer an einem Begriff der Revolution festhalten kann, der die Tragödie als Erfahrung und Idee einfach leugnet.

Sozialismus und Revolution

Der Sozialismus ist der wahre und aktive Erbe des Impulses zur Befreiung des Menschen, der so viele unterschiedliche Formen angenommen hat. In der Praxis aber, so meine ich, ist die Idee des Sozialismus noch immer in der Herausbildung begriffen, und vieles, was in seinem Namen auftritt, ist nur Rückstand alter Positionen. Ich denke dabei nicht nur an die Bewegung der Fabier mit ihrer Mischung aus utilitaristischen und mechanistischen Auffassungen, sondern auch an eine Hauptströmung im Marxismus, ungeachtet der Tatsache, daß Marx sie in ihrem Determinismus, ihrem sozialen Materialismus und ihrer charakteristischen Abstraktion sozialer Klassen von den wirklichen Menschen als mechanisch abgelehnt hat. Ich sehe nämlich, daß es dieser Geistesverfassung möglich ist, die Revolution ausschließlich als konstruktiv und befreiend zu interpretieren. Ihr erscheint wirkliches Leiden als etwas Nicht-Menschliches, als die von der Geschichte hinweggefegte Klasse, ein Fehler in der Bewegung der Maschine oder das Blut, das eben kein Weihwasser sein kann. Je allgemeiner, abstrakter und mechanischer der Prozeß der Befreiung des Menschen konzipiert wird, desto weniger zählt das tatsächliche Leiden, bis schließlich mit dem Tod selbst Scherz getrieben wird.

Daraus folgt für mich jedoch nicht, wie für so viele von den Revolutionen Desillusionierte, daß dieses Leiden allein der Revolution angelastet werden kann und wir die Revolution zu vermeiden hätten, um das Leiden zu vermeiden. Im Gegenteil, ich sehe in der Revolution das unvermeidliche Hervortreten eines tiefen und tragischen Chaos, auf das wir unterschiedlich reagieren, das sich aber, als Folge unseres Handelns, in jedem Fall auf die eine oder andere Weise in der Welt zeigt. Ich sehe die Revolution sozusagen aus einer tragischen Perspektive, und dies möchte ich jetzt definieren.

Marx' frühe Idee der Revolution scheint mir in diesem Sinne tragisch zu sein:

»Wo also die *positive* Möglichkeit der deutschen Emanzipation?

Antwort: In der Bildung einer Klasse mit *radikalen Ketten,* einer Klasse der bürgerlichen Gesellschaft, welche keine Klasse der bürgerlichen Gesellschaft ist, eines Standes, welcher die Auflösung aller Stände ist, einer Sphäre, welche einen universellen Charakter durch ihre universellen Leiden besitzt und kein besonderes Recht in Anspruch nimmt, weil kein *besonderes Unrecht,* sondern das *Unrecht schlechthin* an ihr verübt wird, welche nicht mehr auf *historische,* sondern nur noch auf *menschliche* Titel provozieren kann ... einer Sphäre endlich, welche sich nicht emanzipieren kann, ohne sich von allen übrigen Sphären der Gesellschaft und damit alle übrigen Sphären der Gesellschaft zu emanzipieren, welche mit einem Wort der *völlige Verlust* des Menschen ist, also nur durch die *völlige Wiedergewinnung* sich selbst gewinnen kann.«[3]

Diese absolute Konzeption unterscheidet die Revolution von der Rebellion oder macht, anders ausgedrückt, aus der politischen Revolution eine allgemeine menschliche Revolution:

»In allen bisherigen Revolutionen (blieb) die Art der Tätigkeit stets unangetastet und es (handelte) sich nur um eine andre Distribution dieser Tätigkeit, um eine neue Verteilung der Arbeit an andre, während die kommunistische Revolution sich gegen die bisherige Art der Tätigkeit richtet, die *Arbeit* beseitigt und die Herrschaft aller Klassen mit den Klassen selbst aufhebt ...«[4]

»Das Gemeinwesen aber, von welchem der Arbeiter *isoliert* ist ..., ist das *Leben* selbst, das physische und geistige Leben, die menschliche Sittlichkeit, die menschliche Tätigkeit, der menschliche Genuß, das *menschliche* Wesen ... Wie die heillose Isolierung von diesem Wesen unverhältnismäßig allseitiger, unerträglicher, fürchterlicher, widerspruchsvoller ist, als die Isolierung vom politischen Gemeinwesen, so ist auch die Aufhebung dieser Isolierung und selbst eine partielle Reaktion ein *Aufstand* gegen dieselbe um so viel unendlicher, wie der Mensch unendlicher ist als der *Staatsbürger,* und das *menschliche Leben* als das *politische Leben.*«[5]

Diese Sicht der Revolution erscheint mir noch immer gültig. Was wir seit Marx über den tatsächlichen historischen Verlauf, über die Aktionen und Taktiken der Revolution hinzugelernt haben, macht die Idee selbst nicht streitig. Wir brauchen Revolution nicht mit Gewalt oder mit der plötzlichen Machtübernahme identifizieren. Selbst da, wo diese Ereignisse vorkommen, bedarf die grundlegende Transformation in der Tat einer langen Revolution. Der absolute Test, dem sich eine Revolution aber unterziehen muß, ist der Wandel in der *Form* der Aktivität der

---

[3] »Zur Kritik der Hegelschen Rechtsphilosophie. Einleitung«, *MEW,* Bd. 1, S. 390.
[4] »Die Deutsche Ideologie«, *MEW,* Bd. 3, S. 70.
[5] »Kritische Randglossen zu dem Artikel ›Der König von Preußen und die Sozialreform‹. Von einem Preußen«, *MEW,* Bd. 1, S. 408.

Gesellschaft, in ihrer tiefsten Struktur von Beziehungen und Gefühlen. Die »Eingliederung« neuer Gruppen von Menschen in vorher schon existierende Formen und Strukturen dieser Art ist noch nicht dadurch erreicht, daß sie von einer deutlichen Verbesserung der materiellen Bedingungen und von lokal und zeitlich verschiedenen Änderungen begleitet wird. In der Tat ist der Test, dem eine vorrevolutionäre Gesellschaft oder eine Gesellschaft, in der die Revolution noch unvollendet ist, nicht standhalten kann, gerade der der Eingliederung. Eine Gesellschaft, in der die Revolution notwendig ist, ist eine Gesellschaft, in der die Eingliederung aller Menschen, als *vollständig menschliche Wesen,* ohne eine Veränderung der grundlegendsten Form der Beziehungen unmöglich ist. Die vielen Arten der partiellen Eingliederung – als Wähler, Angestellte oder Personen, die ein Anrecht auf Erziehung, Rechtsschutz, Sozialfürsorge usw. haben – sind reale menschliche Errungenschaften, reichen aber in sich zur Vollmitgliedschaft in der Gesellschaft, die in Klassen zerfällt, nicht aus. Diese Vollmitgliedschaft ist nur dann gegeben, wenn eine bestimmte Gesellschaft vermittels aktiver gegenseitiger Verantwortung und Kooperation auf der Basis vollkommener sozialer Gleichheit geleitet werden kann. Dies ist der Zweck der Revolution, und er gilt in allen Gesellschaften, in denen es unterprivilegierte rassische Gruppen, besitzlose Landarbeiter, Tagelöhner, Arbeitslose, unterdrückte und diskriminierte Minderheiten aller Art gibt. Die Revolution bleibt unter diesen Umständen notwendig, nicht weil einige Menschen sie wünschen, sondern weil es so lange keine akzeptable Gesellschaftsordnung geben kann, wie irgendeiner Klasse von Menschen die volle Menschlichkeit verweigert wird.

II. Stadt und Land in der englischen Literatur

Arkadische und gegen-arkadische Dichtung
Über englische Landhausgedichte

I

Oftmals haben Dichter ihre Zunge Fürsten geliehen, die in der Lage
waren zu bezahlen oder zu antworten. Was Hirten geliehen worden ist
und zu welchem Preis, ist schon fraglicher. Zu vergessen, daß Sidneys
Arcadia, das der englischen neo-arkadischen Dichtung einen dauerhaf-
ten Namen gegeben hat, in einem Park geschrieben wurde, der seine
Entstehung der Einhegung eines ganzen Dorfes und der Vertreibung
seiner Einwohner verdankte, ist keine einfache Sache. Das Spiel der
Poesie war sichtbar nur einen Steinwurf von der Realität des Landlebens
entfernt.

Natürlich gab es noch andere arkadische Metaphern. Zum Beispiel
konnte der gute Hirte immer als Christusfigur, als liebender Vater
gesehen und auf diese Weise der Korruption in der Kirche entgegengehalten werden. In der englischen Literatur finden sich dafür Beispiele in
den Mai-, Juli- und September-Eklogen von Spensers *The Shepherd's
Calendar.* Noch allgemeiner ließ sich das Leben des Hirten mit dem
Leben in der Natur und dem Naturgefühl in Verbindung bringen. Diese
Konvention wurde Ende des 16. und Anfang des 17. Jahrhunderts
übermächtig, aber noch immer strahlen einige kürzere Gedichte eine
Frische aus, die den elaborierten Figuren und Kunstgriffen des Dramas
und des Romans fehlt. In diesen Gedichten wird die Natur weiterhin als
Land, nicht allein als Arkadien verstanden.

> »In the merry month of May
> In a morn by break of day
> Forth I walk'd by the wood-side,
> When as May was in his pride.«[1]

Allerdings ist diese Strophe von Nicholas Breton, in der sich die Lieben-
den im Wald dann plötzlich doch als Phillida und Coridon erweisen[2],

---

[1] »Phillida and Coridon«, in: A. D. Grosart (Hrsg.), *The Works in Verse and Prose of Nicholas Breton*
(Blackburn, 1879), Bd. I.
»Im Wonnemonat Mai
Bei Tagesanbruch in der Früh
Ging ich am Waldesrand,
Als der Mai in Blüte stand.«
[2] Anm. d. Hrsg.: Phillida und Coridon sind typisch arkadische Namen. Der Autor will hier andeuten,
daß selbst da, wo die Natur noch frisch und ungekünstelt wirkt wie in Bretons Versen, schon die
artifiziellen arkadischen Kunstfiguren lauern und Einzug in die Natur halten. Allerdings ist sein Beispiel
schlecht gewählt; denn in der in Anm. 1 zit. Grosart-Ausgabe von Bretons Gedichten sind Phillida und

nicht so charakteristisch wie die kristallklaren Quellen, die verschlunge-
nen Täler und die madrigalesken Vögel, die sonst das Beiwerk der
neo-arkadischen Dichtung sind. Die Metapher hält sich im Gefühl an die
absichtliche Zweideutigkeit von Marlowes

> »belt of straw and ivy-buds
> With coral clasps and amber studs.«[3]

Von noch größerem Interesse aber ist, wie sich die neo-arkadische
Metapher als wahre Natur ausgibt. Hofspiel und Überschwang des
Gefühls werden, mit unterschiedlichem Ergebnis, an das Land abgege-
ben. An diesem Punkt, wo die neo-arkadische Konvention kein rein
literarisches Artefakt mehr ist, beginnt unsere Untersuchung schwierig
zu werden.

Natürlich hatte es eine Art von Gegen-Arkadien schon seit geraumer
Zeit gegeben. Bereits in dem Towneley-Stück *Secunda Pastorum*[4] war
der arbeitende Hirte in einer realen Situation und nicht nur im übertra-
genen Sinn anzutreffen, und im Winter-Lied von *Love's Labour's Lost*
war er erneut anwesend. Die übliche Entgegnung war aber die, mit der
Raleigh Marlowe auf den unerbittlichen Einzug der Zeit in den endlosen
neo-arkadischen Mai hingewiesen hatte:

> »But time drives flocks from field to fold,
> When rivers rage and rocks grow cold.«[5]

Nur solange die Freude nicht der Zeit, das Alter nicht der Not ausgesetzt
war, konnte Arkadien großen Anklang finden.

Interessant ist also, daß jetzt über die romantische Liebe hinaus das
gesamte Leben erfaßt wird. Für das älteste ländliche Ideal bildet sich
eine neue Metapher heraus; wir haben nicht mehr die Nymphen und
Hirten des neo-arkadischen Romans mit ihrer höfischen Liebe in den
Parks und Gärten vor uns, sondern die Ruhe, die Unschuld, den
einfachen Reichtum des Landes. Es ist ein metaphorischer, aber auch

---

Coridon schon im Titel enthalten, d. h. ihr Auftauchen am Ende des Gedichts überrascht nicht. Nur wer
die von Williams benutzte Anthologie *Oxford Book of 16th Century Verse* (Oxford, 1932) zugrunde
legt, stößt auf den von ihm für das gleiche Gedicht genannten Titel »The Ploughman's Song«.
[3] »The Passionate Shepherd to His Love«, in: M. Maclean (Hrsg.), *Christopher Marlowe: Poems*
(London, 1968), S. 257.
»Gürtel von Stroh und Efeuknospen
Mit Korallenklammern und Bernsteinknöpfen.«
[4] Anm. d. Hrsg.: »Towneley« ist nicht der Name eines Autors, sondern eines Zyklus von mittelalterli-
chen Mysterienspielen aus der zweiten Hälfte des 14. Jahrhunderts, die für die Theatergeschichte von
Bedeutung sind.
[5] »The Nymph's Reply to the Shepherd«, in: Agnes M. C. Latham (Hrsg.), *Poems of Sir Walter Raleigh*
(London, 1929), S. 40.
»Doch die Zeit treibt die Herden vom Hain in den Hof,
Wenn die Bäche brausen und die Berge erkalten.«

ein tatsächlicher Rückzug. Traditionelle Bilder wie das Goldene Zeitalter und das Paradies stehen dafür unmittelbar zur Verfügung. Michael Drayton siedelt sie in seinem Gedicht *To the Virginian Voyage* bemerkenswerterweise in einer Kolonie an:

> »*Virginia*,
> Earth's only paradise.
> Where nature hath in store
> Fowl, venison, and fish,
> And the fruitfull'st soil
> Without your toil
> Three harvest's more,
> All greater than your wish . . .
> . . . To whom the Golden Age
> Still nature's laws doth give,
> No other cares attend,
> But them to defend
> From winter's rage
> That long there doth not live.«[6]

Diese Sichtweise wird zum Topos. In einem anonymen Gedicht vom Ende des 17. Jahrhunderts ist sie in reiner Form vertreten:

> »How beautiful the World at first was made
> Ere Mankind by Ambition was betray'd.
> The happy Swain in these enamell'd Fields
> Possesses all the Good that Plenty yields;
> Pure without mixture, as it first did come,
> From the great Treasury of Nature's Womb.
> Free from Disturbance here he lives at ease
> Contented with a little Flock's encrease,
> And covered with the gentle wings of Peace.
> No Fears, no Storms of War his Thoughts molest,
> Ambition is a stranger to his Breast;

[6] In: J. William Hebel (Hrsg.), *The Works of Michael Drayton* (Oxford, 1931), Bd. II, S. 363.
»*Virginia*,
Einz'ges Paradies auf Erden.
Wo die Natur noch reich
An Vögeln, Wildbret, Fischen ist,
Der Boden fruchtbar
Ohne Mühen
Drei Ernten einbringt
Eine reicher als die andre . . .
. . . Wo die Goldne Zeit
Noch der Natur gebietet,
Nichts andres dort zu tun,
Als sich zu schützen
Vor des Winters Not,
Der dort nicht lange weilt.«

> His Sheep, his Crook, and Pipe, are all his Store,
> He needs not, neither does he covet more.«[7]

Auch hier ist die Sicht vom Reichtum der Natur mit einer moralischen Haltung verschmolzen. Sie wird von ihren klassischen Quellen in die »geschmückten Felder« verlegt, und das Landleben erscheint, wie in der Tradition, als die unschuldige Alternative von Ehrgeiz, Wirren und Krieg. Zahllose Gedichte, einige verträumt, andere bewußt, enthalten diese Ansicht, zum Beispiel das zu Recht diesen Titel führende *The Retirement* von Charles Cotton:

> »Good God! how sweet are all things here!
> How beautiful the Fields appear!
> How cleanly do we feed and lie!
> Lord what good hours do we keep!
> How quietly we sleep!
> What peace! What unanimity!«[8]

Hier wird der sehnsüchtige Wunsch deutlich, die Welt und die Menschen hinter sich zurückzulassen. Aus dem »wir« der zitierten Verse wird am Ende des gleichen Gedichts ein »ich«:

> »Lord! would men let me alone,
> What an over-happy one
> Should I think my self to be.«[9]

[7] In: H. J. C. Grierson und G. Bullough (Hrsg.), *Oxford Book of 17th Century Verse* (Oxford, 1934), S. 954. – Künftig zit. als *Oxford Book*.
»Wie schön die Welt geschaffen war,
Bevor der Mensch durch Ehrgeiz ward betrogen.
Glücklich der Hirt auf den geschmückten Feldern,
Der alles Gute noch in Fülle findet,
Rein, ohne Zutat, wie es einmal war
Im Schoße der Natur, dem großen Schatzhaus.
Frei von Sorg und Unruh lebt er hier,
Zufrieden, wenn die Herde sich vermehrt,
Bedecket von des Friedens zarten Flügeln.
Von Furcht und Kriegeswirren nicht belästigt,
Der Ehrgeiz sich in seiner Brust nicht rührt;
Schaf, Stock und Pfeife sind sein ganzer Schatz,
Mehr braucht und mehr begehrt er nicht.«
[8] Ebda., S. 818.
»Mein Gott! Wie lieblich alles um uns ist!
Wie herrlich alle Felder!
Wie gut wir hier uns laben!
Welch schöne Stunden wir verbringen!
Wie friedlich wir hier schlafen!
Welche Stille! Welcher Einklang!«
[9] Ebda., S. 820.
»O Herr! Wär ich nur allein,
Wie überglücklich
Schätz' ich mich.«

Der gleiche Ton wird auch in Abraham Cowleys *The Wish* angeschlagen, das in ausgesprochenem Gegensatz zu »diesem großen *Bienenschwarm, der Stadt*« steht:

> »Oh, *Fountains,* when in you shall I
> My self, eas'd of unpeaceful thoughts, espy?
> Oh, *Fields!* Oh *Woods!* when, when shall I be made
> The happy Tenant of your shade?«[10]

Und es ist interessant zu verfolgen, wie dann in die einfache, nicht weiter lokalisierte Träumerei eine weitere zeitgenössische gesellschaftliche Erfahrung und Sehnsucht einbezogen wird.

Cowley sieht das verwirklichte Ich als den »beglückten Pächter«. Daran wird deutlich, wie die Sicht der Natur die bestehenden gesellschaftlichen und ökonomischen Verhältnisse in sich absorbiert. In John Halls *Pastorall Hymne* ist das noch deutlicher der Fall:

> »Great Lord, from whom each Tree receaves,
> Then pays againe as rent, his leaves.«[11]

Es gibt ein merkwürdiges Gedicht von Richard Lovelace mit dem Titel *Elinda's Glove,* in dem sich das romantische Komplimentieren ausschließlich dieser Art von Metaphorik bedient:

> »Thou snowy Farme with thy five Tenements!
> Tell thy white Mistris here was one
> That call'd to pay his dayly Rents:
> But she a gathering Flowers and Hearts is gone,
>
> And thou left void to rude Possession.
> But grieve not pretty *Ermin* Cabinet,
> Thy Alabaster Lady will come home;
> If not, what Tenant can there fit
> The slender turnings of thy narrow Roome,
> But must ejected be by his owne doome?
>
> Then give me leave to leave my Rent with thee;
> Five kisses, one unto a place . . .«[12]

---

[10] In: A. R. Waller (Hrsg.), *Poems of Abraham Cowley* (Cambridge, 1905), S. 88.
»O ihr *Quellen,* wann werd ich
Frei von Trübsal mich in euch erspähn?
Ihr *Felder, Wälder,* wann macht ihr aus mir
Den beglückten Pächter eures Schattens?«

[11] In: *Oxford Book,* a.a.O., S. 798.
»Der Herr, von dem ein jeder Baum erhält,
Was er als Pacht zurückbezahlt, die Blätter.«

[12] In: C. H. Wilkinson (Hrsg.), *Poems of Richard Lovelace* (Oxford, 1930), S. 58.
»Schneeweißer Hof, mit deinen fünf Gebäuden!
Sag deiner weißen Herrin, hier war einer,
Der kam, um seine Tagespacht zu zahlen,

Durch die ausgeprägte Phantasie erfahren wir hier momentan mehr über das tatsächliche Landleben des 17. Jahrhunderts als in den Gedichten, die vom Rückzug handeln. Die zunehmende Lokalisierung an einem tatsächlichen gesellschaftlichen Ort zeigt sich in einigen späteren Gedichten. Dabei handelt es sich vorwiegend um den unabhängigen kleinen Grundbesitzer, wie z. B. in Nahum Tates

> »Grant me, indulgent Heaven! a rural seat
> Rather contemptible than great.«[13]

In Pomfrets:

> »I'd have a clear and competent estate
> That I might live genteely, but not great:
> As much as I could moderately spend:
> A little more, sometimes, t'oblige a friend.
> Nor should the sons of poverty repine
> Too much at fortune, they should taste of mine.«[14]

Oder in Popes Umarbeitung von Horaz' Versen:

> »Happy the man whose wish and care
> A few paternal acres bound
> Content to breathe his native air
> In his own ground.
> Whose herds with milk, whose fields with bread,
> Whose flocks supply him with attire;
> Whose trees in summer yield him shade,
> In winter fire.«[15]

Doch sie ist fort auf Blumensuche
Und ließ dich leer zurück, frei zur Besitzergreifung.
Doch traure nicht, du schönes Kabinett aus Hermelin,
Deine Alabasterdame kehrt zurück;
Wenn nicht, welchem Insaß paßten schon
Deines engen Raumes schlanke Windungen?
Vertreiben würde ihn sein eignes Los.
So gestatte mir, die Pacht bei dir zu hinterlassen,
Fünf Küsse, einen auf jeden Platz . . .«
[13] In: H. I'A. Fausset (Hrsg.), *Minor Poets of the 18th Century* (London, 1930).
»Nichts großes wünsch ich mir, gütiger Himmel,
Nur einen unwürdigen Landsitz!«
[14] »The Choice«, in: *The Poetical Works of John Pomfret* (London, o. J.), S. 8.
»Ich möcht' ein stattliches und sichres Gut,
Darin ich würdig leben könnt', nicht über Maßen,
Soviel ich eben auszugeben hätt':
Mal etwas mehr, wenn Freunde mich beehrn.
Auch hätten die Kinder der Armut weniger zu murren
Über ihr Schicksal, kosteten sie doch von meinem.«
[15] »Ode on Solitude«, in: J. Butt et al. (Hrsg.), *Twickenham Edition of the Poems* (London, 1939–1961), Bd. VI, S. 3.
»Glücklich der Mann, den
Ein paar Morgen väterlichen Lands
Zufrieden stimmen, die heimische Luft zu atmen,

Das mythische und utopische Bild von der unversehrten Vorsehung der Natur erhält so auffallenderweise eine soziale Dimension, es wird zu einem »stattlichen und sichren Gut«, das, wie in Matthew Greens Versen, mit angeheuertem Dienstpersonal reichlich versorgt ist:

>»A farm of some twenty miles from town
>Small, tight, salubrious and my own:
>Two maids, that never saw the town,
>A serving man not quite a clown,
>A boy to help to tread the mow,
>And drive, while t'other holds the plough . . .«[16]

Kehrt dann die ökonomische Realität zurück, wird sie wiederum von der Perspektive der Natur absorbiert:

>»And may my humble dwelling stand
>Upon some chosen spot of land . . .
>Fit dwelling for the feather'd throng
>Who pay their quit-rents with a song.«[17]

An dieser interessanten Entwicklung läßt sich verfolgen, wie das konventionelle Arkadien allmählich in einen lokalisierbaren Traum übergeht, dann im 17. und beginnenden 18. Jahrhundert zunehmend in eine Beschreibung und schließlich eine Idealisierung des englischen Landlebens und seiner sozialen und ökonomischen Implikationen mündet. Hiergegen wie auch gegen die konventionellen Vereinfachungen des literarischen Neo-Arkadischen sollte Crabbe später Protest erheben.

II

Es geht dabei nicht nur um das formell oder informell Arkadische, das sich, wie schon bemerkt, leicht erkennen läßt, sondern um die weit

---

Auf eignem Grund und Boden.
Den Herden mit Milch, Felder mit Brot,
Tiere mit Fellen versorgen,
Des Bäume im Sommer Schatten,
Im Winter Feuer geben.«
[16] In: W. H. Williams (Hrsg.), *Matthew Green: The Spleen* (London, 1936), S. 25.
»Ein Hof, nur zwanzig Meilen von der Stadt,
Mein eigen, wenn auch klein und eng:
Zwei Mägde, die die Stadt noch nie gesehn,
Ein Diener und nicht grad ein Tölpel
Ein Bursche, der beim Mahlen,
Ein andrer, der beim Pflügen hilft . . .«
[17] Ebda., S. 25 f.
»Mag meine Bleibe auch
Auf einem auserwählten Flecken stehn . . .
Geeignete Bleibe für die gefiederte Schar,
Die ihre Pacht mit einem Lied abgilt.«

schwierigere Frage, wie einige bedeutende Gedichte zu verstehen sind, die gemeinhin als Darstellung der tatsächlichen ländlichen Wirtschaft aufgefaßt wurden; denn diese bildet schließlich die gesellschaftliche Grundlage des ewigen Friedens und der Unschuld im neo-arkadischen Traum. Die Lyrik, an die ich denke, sind die Gedichte über die großen Landhäuser, die Cowley in *Solitude* als Teil der Natur gefeiert hatte:

> »Hail, old Patrician Trees, so great and good!
> Hail, ye Plebeian under wood!
> Where the Poetique Birds rejoyce,
> And for their quiet Nests and plenteous Food,
> Pay with their grateful voice.
> Hail the poor Muses richest Manor Seat!
> Ye Country Houses and Retreat,
> Which all the happy Gods so Love,
> That for you oft they quit their Bright and Great
> Metropolis above.«[18]

Hier werden der Wald, die Vögel, die Dichter und Götter buchstäblich als die gesellschaftliche Struktur – als die natürliche Ordnung – des 17. Jahrhunderts in England gesehen. Es lohnt sich, dies mit Fanshawe zu vergleichen, der eine konkrete Situation, die 1630 verordnete Rückkehr des niederen Landadels [gentry] auf seine Güter, zum Anlaß seiner Darstellung nimmt.

> »... one blest Isle:
> Which in a sea of plenty swam
> And Turtles sang on ev'ry Bough,
> A safe retreat to all that came,
>   As ours is now.«[19]

---

[18] In: *Oxford Book*, a.a.O., S. 713.
»Heil, ihr großen patrizischen Bäume!
Heil, dem plebejischen Unterholz,
Wo die lyrischen Vögel
Für stille Nester und reichliches Essen
Mit ihrer Stimme dankbar bezahlen.
Heil der armen Musen reichstem Herrensitz!
Heil, ihr Land- und Zufluchthäuser,
Denen die Götter so hold gesinnt,
Daß ihre helle große Metropolis sie gern
Mit euch vertauschen.«
[19] »Ode upon Occasion of His Majesty's Proclamation in the Year 1630. Commanding the Gentry to Reside upon Their Estates in the Countrey«, ebda., S. 448.
»... eine gesegnete Insel
Inmitten eines Meers von Reichtum:
Turteltauben auf jedem Zweig,
Eine sichre Zuflucht für jedermann,
So wie jetzt für uns.«

Was er hier sieht, ist zunächst das bekannte Bild vom »lächelnden
Land«.

>   »Yet we, as if some Foe were here,
>   Leave the despised fields to Clowns,
>   and come to save ourselves as 'twere
>   In walled Towns.«[20]

Und deshalb muß die Gentry zurück:

>   »The sap and blood o'th land, which fled
>   Into the Root, and choakt the Heart,
>   Are bid their quick'ning power to spread,
>   Through ev'ry part.«[21]

Milton hat dieses Bild in seinem Plädoyer für eine staatliche Erziehung
weiterentwickelt, als er – sich dabei auf das verwandte Bild von der
Zivilisation als etwas natürlich Gewachsenem stützend – dazu aufrief,
»die natürliche Wärme von Regierung und Zivilisation gleichmäßig auf
alle entlegenen Gegenden auszustreuen, die jetzt brach und vergessen
daliegen«.[22] Fanshawe seinerseits sieht die Heraufkunft eines neuen
Vergil (eine immer wieder gebräuchliche Anspielung), doch sein erstes
Anliegen ist ein direkteres:

>   »Nor let the Gentry grudge to go
>   Into those places whence they grow.«[23]

Auf diese Weise wird die Krise des ländlichen England im 17. Jahrhundert gesehen; allerdings werden wir dabei auch daran erinnert, daß
Cowleys »helle große Metropolis« nicht so frei und natürlich war, wie es
den Anschein erwecken mochte.
Im Zentrum der fraglichen Gefühlsstruktur – einer Beziehung zwischen
den Landhäusern und der dafür verantwortlichen Zivilisation – stehen

---

[20] Anm. d. Hrsg.: Ebda., S. 449. – Das »lächelnde Land« [a smiling countryside] ist ein von William
Cobbett in den *Rural Rides* gebrauchter Ausdruck, s. u.
»Doch überlassen wir, als gäb es Feinde,
Das Land den Tölpeln
Und flüchten uns hinter
Städtische Mauern.«
[21] Ebda., S. 450.
»Saft und Kraft des Landes, geflohen
In die Wurzel, das Herz beinah erstickt,
Sind aufgefordert mit ihrer Kraft
Jede Gegend zu beleben.«
[22] »The Readie and Easie Way to Establish a Free Commonwealth«, in: R. Garnett (Hrsg.), *Prose of
Milton* (London, 1921), S. 156.
[23] In: *Oxford Book*, a.a.O., S. 451.
»Auch sollt es die Gentry nicht verdrießen,
Zurückzukehrn an jenen Ort, von dem sie kommt.«

die Gedichte über konkrete Orte und Personen, insbeondere Ben Jonsons *Penshurst* und *To Sir Robert Wroth,* sowie Thomas Carews *To Saxham.* Sie sind nicht arkadische oder neo-arkadische Dichtung im herkömmlichen Sinn, sondern benutzen eine besondere Form des Landlebens, um in der Form einer Lobpreisung des Hauses oder seines Besitzers bestimmte soziale und moralische Werte auszudrücken.

> »How blest art thou, canst love the countrey, Wroth,
> Whether by choice, or fate, or both;
> And, though so neere the citie, and the court,
> Art tane with neither's vice, nor sport.«[24]

Das Leben des Landherrn wird somit ausdrücklich als Kontrast zum Leben am Hofe oder in der Stadt gefeiert. Die Figuren des städtischen Advokaten, des städtischen Kapitalisten und Höflings werden eingeführt, um die Aufmerksamkeit auf die Moral zu richten.
In Wroths ländlicher Wirtschaft wird, als das Gedicht fortfährt und

> »the rout of rurall folke come thronging in«,[25]

die Abwesenheit von Stolz, Habgier und wirtschaftlichen Kalkulationen betont. Und Jonson kann umgekehrt die arkadische Konvention positiv identifizieren und lokalisieren:

> »Such, and no other, was that age of old,
> Which boasts t'have had the head of gold.«[26]

Wenn wir aber das als Raster wirkende Kompliment beiseite lassen, ist es dann wirklich so? Hat sich die neo-arkadische Vision im Landhaus der Tudors eine gesellschaftliche Basis geschaffen? Einige Literaturkritiker haben es so empfunden, aber die Komplexität von *To Penshurst* läßt uns ohnehin zunächst einmal innehalten; denn das Bemerkenswerte an dem Gedicht ist, wie durch negative Abgrenzung definiert wird:

> »Thou art not, Penshurst, built to envious show
> Of touch, or marble; nor canst boast a row
> Of polish'd pillars, or a roofe of gold:
> Thou hast no lanterne, wherof tales are told;

---

[24] »Penshurst« und »To Sir Robert Wroth« sind abgedruckt in: C. H. Herford, P. und E. Simpson (Hrsg.), *Ben Jonson* (Oxford, 1925–1952), Bd. VIII, S. 93 ff.
»Selig bist du, der das Land kann lieben, Wroth,
Ob aus Neigung, Schicksal oder beidem;
Und trotz der Nähe von Stadt und Hof
Bist du von Laster oder Spiel verschont.«
[25] Ebda.
»das Landvolk in Scharen hereindrängt.«
[26] Ebda.
»So und nicht anders war die alte Zeit,
Die sich die goldne rühmt.«

> Or stayre, or courts; but stand'st an ancient pile,
> And these grudg'd at, art reverenc'd the while . . .
> . . . And though thy walls be of the countrey stone,
> They' are rear'd with no man's ruine, no man's grone,
> There's none, that dwell about them, wish them downe . . .
> . . . Now, Penshurst, they that will proportion thee
> With other edifices, when they see
> Those proud ambitious heaps, and nothing else,
> May say, their lords have built, but thy lord dwells.«[27]

Diese negativ und kontrastiv vorgetragene Abgrenzung gerade nicht von Hof und Stadt, sondern jetzt von anderen Landhäusern müßte in sich ausreichen, um uns darauf zu stoßen, daß wir Penshurst nicht einfach auf eine ganze Landzivilisation ausweiten können. Stolz, Habgier und wirtschaftliche Kalkulationen sind offenbar unter Grundbesitzern ebenso verbreitet wie unter städtischen Kaufleuten und Höflingen. Was also offensichtlich wird, ist die Idee einer ländlichen Gesellschaft, die dem Druck eines neuen Zeitalters ausgesetzt ist, und die Verkörperung dieser Idee ist das Haus, wo Jonson seinen Unterhalt fand.

Das macht den Vergleich mit Carews *To Saxham* besonders relevant, denn auch in diesem Gedicht wird eine negative Abgrenzung, wenn auch in bezug auf ein anderes Haus, vorgenommen:

> »Thou hast no Porter at the door
> T'examine, or keep back the poor;
> Nor locks nor bolts; thy gates have been
> Made only to let strangers in.«[28]

Und wieder, subtiler formuliert:

> »The cold and frozen air had sterv'd,
> Much poore, if not by thee preserv'd,

[27] Ebda.
»Penshurst, du wurdest nicht erbaut, um Neid zu wecken.
Du brüstest nicht des Marmors dich noch einer Reih'
Von blanken Säulen oder eines Dachs aus Gold:
Du hast Laternen nicht, von denen vieles man erzählt,
Noch Treppen oder Höfe; wo diesen Mißgunst schlägt,
Wirst du derweil, ein alter Bau, verehrt . . .
. . . Und seien deine Mauern auch aus Stein vom Land,
Sie sind auf keines Menschen Elend oder Leid errichtet,
Niemand, der in ihrer Nähe wohnt, möcht' sie hernieder sehn . . .
. . . Wer, Penshurst, dich mißt
Mit andren Baulichkeiten, kann, wenn
Er ehrgeiz'ge Anhäufungen sieht und andres nicht,
Nur sagen, ihre Herren haben gebaut, aber dein Herr hat hier Wohnung.«
[28] In: R. Dunlop (Hrsg.), *Poems of Thomas Carew* (Oxford, 1949), S. 27.
»Keinen Pförtner hast du an der Tür,
Der aufpaßt oder Arme abweist;
Keine Riegel oder Bolzen; deine Tore sind
Nur da, die Fremden einzulassen.«

Whose prayers have made thy Table blest
With plenty, far above the rest.«[29]

Die Insel der Nächstenliebe ist das Haus, in dem der Dichter selbst speist. Daß es aber eben eine Insel inmitten einer ansonsten grausamen wirtschaftlichen Situation ist, genau das wollen die aufeinanderfolgenden Komplimente ausdrücken.

Wir haben es nicht nötig zu bestreiten, daß Jonson und Carew solche glücklichen Ausnahmen gekannt haben: ihr Penshurst und Saxham, die im Unterschied zu anderen Häusern ohne »eines Menschen Elend oder Leid errichtet« wurden, sind Residenzen, die niemand, »der in ihrer Nähe wohnt«, »herniedersehen« möchte. Ohne Zweifel hat es solche Häuser und Menschen gegeben, aber es handelte sich bei ihnen bestenfalls um die freundlichere Kehrseite einer Macht, die andernorts, nach dem eigenen Zeugnis der Dichter, erbärmlich und brutal war. Wenn wir genau hinsehen, so ist die Moral nicht Produkt der ökonomischen Entwicklung, sondern ein lokaler, ihr entgegengestellter Wert.

Natürlich wird in beiden Gedichten, obgleich stärker und überzeugender bei Jonson, die soziale Ordnung als Teil einer größeren Ordnung gesehen: das, was gelegentlich, mit metaphysischem Nachdruck, als natürliche Ordnung bezeichnet wird. Gewiß ist nichts bemerkenswerter als der Akzent auf der Vorsehung der Natur, diese aber stellt sich bei näherem Hinsehen als zweischneidig heraus. Welche Art von Witz ist das – denn um Witz muß es sich handeln, selbst die eifrigsten Traditionalisten dürften dies kaum als Beobachtung interpretieren –, derzufolge sich Vögel und andere Tiere zum Aufessen anbieten? So sieht Jonson das Gut von Penshurst:

> »To crowne thy open table, doth provide
> The purpled pheasant with the speckled side:
> The painted partrich lyes in every field
> And, for thy messe, is willing to be kill'd.«[30]

Carew übertreibt noch stärker:

> »The Pheasant, Partridge, and the Lark
> Flew to my house, as to the Ark.

[29] Ebda.
»Die kalte eis'ge Luft hätt' manchen Armen
Umgebracht, wenn nicht davor du ihn bewahrt,
Dessen Gebete einen Reichtum deinem Tisch
Beschert, der den von andren übertrifft.«
[30] »To Penshurst«, a.a.O.
»Zur Krönung deiner offnen Tafel bietet
Der Purpurfasan mit seiner gesprenkelten Seit' sich an,
Das bunte Rebhuhn liegt in jedem Feld
Und wartet drauf, auf deinem Tisch zu enden.«

> The willing Oxe, of himselfe came
> Home to the slaughter, with the Lamb,
> And every beast did thither bring
> Himselfe to be an offering.
> The scalie herd, more pleasure took
> Bath'd in the dish than in the brook.«[31]

Der Witz beruht an solchen Stellen darauf, daß die zugrunde liegende
Sichtweise der Natur von anderen Menschen geteilt wird. Die Übertreibung, die das Konventionelle an dieser literarischen Konvention ausmacht, wird von einem gemeinsamen Bewußtsein kontrolliert und bestärkt. Auf der untersten Ebene ist dies lediglich der bereitwillige und
glückliche Ethos des Konsumierens, was daran ersichtlich ist, daß die
Gedichte um die Tafel kreisen. Aber die potentielle Brutalität, die sich
dahinter verbirgt und bei Carew auch hervortritt (das absichtliche Ausmaß der Übertreibung in so vielen Gedichten der »Cavalier Poets«[32],
hinter dem durchaus ein Bewußtsein von einem alternativen Standpunkt
steht, verhindert eine einfache Darstellung), wird bei Jonson durch ein
gewisses Pathos, eine bewußte Wahrnehmung der Situation, modifiziert:

> »And I not faine to sit (as some, this day,
> At great men's tables) and yet dine away.
> Here go man tells my cups; nor, standing by,
> A waiter, doth my gluttony envy:
> But gives me what I call, and lets me eate.«[33]

Welche Erleichterung kommt hier zum Ausdruck! Der ganze Ton in
diesen Gastmählern verrät die Freude über die leicht zu bewältigende,
unersättliche Ausplünderung des Landes und seiner Kreaturen, eine
anhaltende Freude über die organisierte und vereinigte Produktion und

[31] »To Saxham«, a.a.O.
»Lerche, Rebhuhn und Fasan
Flogen in mein Haus wie in die Arche,
Der Ochs kam willig, wie von selbst,
Nach Haus zum Schlachten, das Lamm
Und alle andren Tiere brachten
Selbst hierher als Opfer sich.
Der Schwarm der Fische fand viel größren Spaß
Im Topf zu schwimmen als im Bach.«
[32] Anm. d. Hrsg.: Zu den »Cavalier Poets« rechnet man neben Carew: Sir John Suckling, Richard
Lovelace und gelegentlich auch Robert Herrick. Der Name bezieht sich auf ihre elegante (Liebes-)
Poesie, die größtenteils am Hofe von Charles I., dem in der Revolution hingerichteten König,
entstanden ist.
[33] »To Penshurst«, a.a.O.
»Und ich sitz hier nicht widerwillig (wie so mancher heut'
An Tafeln großer Männer), sondern speise frei.
Hier zählt niemand meine Gläser, der Diener
Steht nicht da mit gierigem Neid;
Er gibt mir, was ich will, und läßt mich essen.«

Konsumtion. Auf nichts anderem beruht in dieser frühen Phase die Landwirtschaft: das Land ist reich und wird so bearbeitet, daß es etwas hergibt. Allerdings wird es dann schwierig, noch von einer »natürlichen Ordnung« zu sprechen, so als ob sich der Mensch im Einklang mit der Natur befände. Im Gegenteil, diese natürliche Ordnung hat unwiderruflich nur eine Funktion: als Speise auf den Tisch zu kommen.

Natürlich wird sowohl bei Jonson als auch bei Carew, obwohl wiederum überzeugender bei ersterem, die so interpretierte Vorsehung der Natur auf andere Menschen ausgedehnt: alle, selbst die Armen, sind geladen, an diesem Tisch zu speisen. Und die Betonung dieses Aspekts hat mehr als alles andere das Bild von einer verantwortungsbewußten Zivilisation aufrechterhalten, in der sich der Mensch noch persönlich und direkt um seinen Nächsten kümmert – im Unterschied zu den Abstraktionen, mit denen uns die späteren komplizierteren und kommerzieller ausgerichteten Gesellschaften konfrontieren. Immer wieder hören wir, dies sei die natürliche Ordnung der Verantwortung, der Nachbarschaft und Nächstenliebe: Wörter, die wir, seit Old England nicht mehr ist, kaum noch richtig verstehen.

Sicher ist klar, was damit gemeint ist, und als einfachen gütigen Impuls kann man dies auch gelten lassen. Die christliche Tradition der Nächstenliebe hat jedoch genau an dieser Stelle ihren schwachen Punkt; denn sie ist, wie zuerst Rosa Luxemburg gezeigt hat, allein die Nächstenliebe der Konsumtion:

> »Das römische Proletariat lebte nicht von der Arbeit, sondern von den Almosen, die die Regierung austeilte. Die Forderungen der Christen bezogen sich daher nicht auf die Produktionsmittel, sondern auf die Mittel zur Konsumtion.«[34]

Diese Form von Nächstenliebe – eine liebevolle Beziehung zwischen Menschen, wie sie in den Bildern der christlichen Tafel und dem Brechen des Brotes ausgedrückt und im Abendmahl vollzogen wird – wurde dann, worauf Adrian Cunningham hingewiesen hat[35], auf Perioden und Gesellschaften ausgedehnt, in denen sie zu einer Randerscheinung und sogar zu einem Nachteil wurde, wohingegen die Nächstenliebe der Produktion – eine liebevolle Beziehung zwischen Menschen, die tatsächlich arbeiten und letztlich das, was sie produzieren, auch untereinander teilen – unter dem üblichen Hinweis auf die Nächstenliebe der Konsumtion, auf das gemeinsame Essen und Trinken,

---

[34] Anm. d. Hrsg.: Übers. a d. Englischen. Entnommen einer Broschüre mit dem Titel *Kościół a Socjalizm* (Kirche und Sozialismus), ersch. Warschau, 1906. In der vierbändigen Ausgabe des Dietz-Verlags der *Gesammelten Werke* (Berlin, DDR, 1972-1973) ist sie nicht enthalten.

[35] Adrian Cunningham et al., *»Slant Manifesto«: Catholics and the Left* (London, 1966). Cunninghams Aufsatz »The Failure of the Christian Revolution« steht S. 83 ff. Das Luxemburg-Zitat befindet sich ebda., S. 83 f.

vernachlässigt, übersehen und zu Zeiten unterdrückt wurde. Daraus wurde natürlich fast unweigerlich eine Mystifikation. Es wurde kurzerhand angenommen, daß sich der Nächstenhaß, der in der Welt war, durch die Nächstenliebe des Mahls wiedergutmachen ließe. In der Komplexität der aus dieser Tradition abgeleiteten Gefühle und Beziehungen ist darüber hinaus von Bedeutung, daß der Name Gottes und der Name des Herrschers bezeichnenderweise der gleiche ist – unser Herr. Jede Mystifikation bedarf jedoch einer Anstrengung. Die Welt von Penshurst und Saxham als moralische Wirtschaft aufzufassen, setzt eine bewußte Selektion voraus. Und auf sie stoßen wir nicht nur in den Werken der Literaturkritik, auf die ich mich bezogen habe[36], sondern auch in Jonsons und Carews Gedichten selbst. Natürlich gab es eine Reihe gesellschaftlicher Gründe für diese Sicht der Verhältnisse: die Identifikation der Schriftsteller, als Gäste, mit der sozialen Position ihrer Gastgeber, die konsumierten, was andere Menschen produziert hatten. Zu Hilfe kam dieser Sichtweise aber auch ein traditionelles poetisches Bild. Ich denke hierbei nicht so sehr an das Goldene Zeitalter wie in Jonsons Adresse an Sir Robert Wroth, obwohl die erste positive Schilderung von Penshurst durchaus aus der Sicht der klassischen antiken Literatur erfolgt: in den Wäldern von Kent hausen die Dryaden, Pan und Bacchus, und die vorsorgenden Götter der Nächstenliebe sind die Penaten. Ich denke vielmehr an das sehr viel weiter reichende Bild, das hierbei – in einer konventionellen Verschmelzung von christlichem und klassisch-antikem Mythos – eine wichtige Rolle spielt: den Garten Eden. Das Land, in dem dem Menschen alles von selbst zuwächst, so daß er sich daran laben und erfreuen kann, ohne selbst sich zu bemühen, ist das Paradies:

> »The early cherry, with the later plum,
> Fig, grape and quince, each in his time doth come:
> The blushing apricot, and woolly peach
> Hang on thy walls, that every child may reach.«[37]

Nur wird es nicht als Paradies gesehen, sondern eben als Penshurst, eine von dem grundbesitzenden Herrn und seiner Gattin arrangierte natür-

---

[36] Anm. d. Hrsg.: Williams nennt – wie so oft – keine Namen. In *The Country and the City* (London, 1973) wendet er sich allgemein gegen die bürgerliche Literaturwissenschaft und ihre Praxis, an dieser Stelle besonders gegen noch gar nicht so weit zurückliegende Interpretationen, die ähnlich wie Dilthey eine historische Epoche aus sich heraus verstehen wollten, indem sie sich in sie einfühlten. Danach hätten wir eine Ordnung als »natürlich« und »gottgewollt« zu betrachten, wenn nur die in ihr schreibenden Dichter sie so gesehen hätten.

[37] »To Penshurst«, a.a.O.
»Die Kirsche früh, die Pflaume spät,
Feige, Traube, Quitte, alles kommt zu seiner Zeit;
Die Aprikos' hängt rötlich, der Pfirsich weich
An deinen Wänden, so daß ein Kind sie greifen kann.«

liche Ordnung. Die Manipulation wird augenfällig, wenn wir an Marvells vergleichbare Verse in *The Garden* denken:

> »The Nectaren, and curious Peach
> Into my hands themselves do reach;
> Stumbling on Melons, as I pass,
> Isnar'd with flowers, I fall on grass.«[38]

Hier wird die Freude über das, was als der Reichtum der Natur, als ein Gefühl vom Paradies in diesem Garten erscheint, mit einer anderen Art von Witz konfrontiert: die zu leichte Konsumtion kommt vor dem Fall. Dies erinnert uns daran: Ergebnis der Vertreibung aus dem Paradies war ja gerade, daß der Mensch nicht mehr einfach in der ihn mit allem versorgenden Natur zugreifen konnte, sondern er sein Brot im Schweiße seines Angesichts verdienen mußte, also den Fluch der Arbeit als allgemeines Schicksal auf sich lud. Was sich in Jonsons und Carews Verherrlichung der ländlichen Ordnung in Wirklichkeit abspielt, ist die vorübergehende Aufhebung dieses Fluches durch die Macht der Kunst, die magische Wiederbelebung dessen, was als natürlicher Reichtum und bereitwillige Nächstenliebe gesehen wird, die beide dazu dienen, den ländlichen Grundbesitzer oder, in einer charakteristischen Verdinglichung, sein Haus zu segnen und zu sanktionieren. Diese magische Aufhebung des Fluches der Arbeit kann aber nur erreicht werden durch die Aufhebung der Existenz des Landarbeiters. Die Menschen, die die Tiere hüten, sie in die Ställe treiben, schlachten und als Essen bereiten, die die Fasane und Rebhühner erlegen und Fische fangen, die die Obstbäume pflanzen, düngen, beschneiden und abernten: sie sind nicht da, ihre Arbeit wird stattdessen von der natürlichen Ordnung verrichtet. Als sie dann schließlich doch noch auftauchen, sind sie lediglich ein »Haufen Landvolk« oder noch einfacher »die Armen«, und was uns dann vorgeführt wird, ist die Nächstenliebe, nicht etwa die Herablassung, mit der ihnen ausgeteilt wird, was nicht sie, sondern die natürliche Ordnung an Essen in die Hände des Herrn gelegt hat. Diese Situation, diese Art von Beziehungen wird schließlich durch den Höhepunkt des Festmahls bestätigt. Es ist hilfreich, dieses Bild mit der späteren Darstellung eines ländlichen Gelages zu vergleichen, die von einem der Landarbeiter, Stephen Duck, um 1720 gegeben wird:

> »A Table plentifully spread we find,
> And jugs of huming Ale to cheer the Mind,

---

[38] In: *Poems and Letters of Andrew Marvell*, a.a.O., Bd. I, S. 52.
»Der Nektar und der vorwitzige Pfirsich
Reichen selbst sich in die Hände mir,
Über Melonen stolpre ich im Weitergehn,
Umschlungen von Blumen fall' ich in das Gras.«

> Which he, too gen'rous, pushes round so fast,
> We think no Toils to come, nor mind the past.
> But the next Morning soon reveals the Cheat,
> When the same Toils we must again repeat;
> To the same Barns must back again return,
> To labour there for Room for next Year's Corn.«[39]

Es ist bezeichnend, daß die Bilder, die wir vorher gesehen haben, diesen Zusammenhang von Arbeit und Festmahl im Dunkeln lassen, daß sie dem kurzen Moment, in dem jeder die Arbeit vergißt und dem »Trug« sich hingibt, einen »natürlichen« und permanenten Anstrich geben. Auf diese Sicht der Verhältnisse kommt es an. Jonson blickt über die Felder von Penshurst und sieht – nicht Arbeit, sondern ein Land, das sich von selbst darbietet. Carew, das ist bezeichnend, schaut noch nicht mal hin:

> »Though frost, and snow, lock'd from mine eyes
> That beauty which without door lyes . . .
> . . . Yet (Saxham) thou within thy gate
> Art of thy selfe so delicate,
> So full of native sweets, that bless
> Thy roof with inward happiness;
> As neither from, nor to thy store,
> Winter takes ought, or Spring adds more.«[40]

So daß hier nicht nur die Arbeit, sondern selbst der die Produktion hindernde Wechsel der Jahreszeiten in einer weiteren Mystifikation zu natürlich vorhandenem Reichtum, »heimischen Lieblichkeiten« unterdrückt und verdunkelt wird. Dieses eine natürliche Ordnung zu nennen, ist ein Mißbrauch der Sprache, ist, was die Gedichte sind: nicht Landleben, sondern gesellschaftliches Kompliment, die bekannte überschwengliche Zeichnung der Aristokratie und ihrer Dienerschaft.

---

[39] »The Tresher's Labour«, in: Stephen Duck, *Poems on Several Occasions* (London, 1732).
»Wir finden einen reich beladenen Tisch,
Krüge mit Bier, uns froh zu stimmen,
Die er, zu gütig, schnell kreisen läßt,
Daß wir, die alten Mühen schon vergessen, der kommenden nicht mehr gedenken.
Am nächsten Morgen aber zeigt sich der Betrug,
Wenn wir das gleiche Werk erneut verrichten müssen,
Zurückkehrn zu den gleichen Scheunen,
Um Platz zu schaffen für das Korn vom nächsten Jahr.«
[40] »To Saxham«, a.a.O.
»Obgleich durch Schnee und Frost der Blick versperrt mir ist
Auf all das Schöne, das außerhalb der Tore liegt . . .
. . . Bist du (Saxham) auch innen
Reich an Anmutigem,
So voll von heimischen Lieblichkeiten, daß dein Dach
Mit inn'rem Glück gesegnet.
Der Winter nimmt dir nichts von deinen Schätzen,
Der Frühling füget nichts hinzu.«

Die soziale Ordnung, in der Jonsons und Carews Gedichte ihre konventionelle Form annahmen, wurde in einer anderen Form des Landgedichts direkter beschrieben. Herricks *The Hock-Cart* (1648) ist dafür ein gutes Beispiel, hier wird die Tatsache der Arbeit anerkannt:

>»Come Sons of Summer, by whose toile
We are the Lords of Wine and Oile:
By whose tough labours, and rough hands,
We rip up first, then reap our lands.
Crown'd with the eares of corne, now come,
And to the Pipe, sing Harvest home.«[41]

Allerdings handelt es sich dabei um eine besondere Form des Arbeitsliedes, das sich an andere wendet. Als die Ernte eingebracht ist, fährt das Gedicht fort:

>»Come forth, my Lord, and see the Cart.«[42]

Dieser Herr ist der »Right Honourable Lord Milmay, Earle of Westmorland« (der Adressat des Gedichts), und Herrick stellt sich zwischen Herr und Landarbeiter, um auf diese Weise die (bei Jonson und Carew versteckten und mystifizierten) herrschenden gesellschaftlichen Beziehungen hervortreten zu lassen. Die Landarbeiter müssen auf die Gesundheit ihres Herrn trinken und dann daran denken, daß sie wie Tiere an die Arbeit zurückzugehen haben:

>»Ye must revoke
The patient Oxe unto the Yoke
And all goe back unto the Plough
And Harrow (though they're hang'd up now)
And, you must know, your Lord's word's true,
Feed him ye must, whose food fills you.
And that this pleasure is like raine
Not sent ye for to drowne your paine
But for to make it spring againe.«[43]

[41] In: F. W. Moorman (Hrsg.), *The Poetical Works of Robert Herrick* (Oxford, 1921), S. 100.
»Kommt, Söhne des Sommers, durch deren Müh
Wir die Herren von Wein und Ölen sind,
Durch deren rauher Hände harte Arbeit
Wir das Land erst säen, dann mähen.
Nun kommt mit Kronen aus Ährenkorn
Und zu der Pfeife singt die Ernte heim.«
[42] Ebda.
»Tretet vor, mein Herr, und seht den Karrn.«
[43] Ebda.
»Spannen müßt ihr wieder
Den geduldigen Ochsen in das Joch
Und allesamt zurück zu Pflug
Und Egge (die jetzt noch abgestellt),

Dieses frisch-fröhliche Umspringen mit den Menschen, das von den Metaphern des Regens und Frühlings Gebrauch macht und selbst das Trinken noch als ein Mittel sieht, um den Menschen mehr Arbeit (und mehr Schmerzen) abzufordern, ist gefühllos. Was aber an der Oberfläche hervortritt: »Feed him ye must, whose food fills you«, ist nur der schreiende Widerspruch, der schon in den früheren Bildern vom Reichtum der Natur enthalten war. Es ist daher nicht weiter erstaunlich, daß *The Hock-Cart* seltener als *Penshurst* oder *To Saxham* als Beispiel für eine natürliche und moralische Ökonomie angeführt wird. Worauf es ankommt, ist jedoch der Grad des Bewußtseins über den wirklichen Prozeß. Was Herrick peinlicherweise verbalisiert, wird von Jonson und Carew mittelbar ausgedrückt. Diese soziale Ordnung und die zu ihr gehörige Sichtweise können wir nicht mehr einfach vergessen. [. . .]

III

Vor dem Hintergrund dieser traurigen Geschichte mußte Crabbe praktisch völlig von vorne beginnen.[44] Er trifft eine Unterscheidung zwischen dem schönen Land, das dem gehört, »der (seine Tiere) darauf grasen läßt . . . oder es bebaut«, und der Realität der »armen arbeitsamen Bewohner des Ortes«. Die soziale Realität als reale Trennung zwischen dem Besitzer, der »bebaut« und »abgrast«, und den schuftenden Landarbeitern zu kennzeichnen, ist an sich schon bemerkenswert. Ähnlich heißt es heute von Bauunternehmern und Architekten, daß sie »bauen«, während die Arbeiter nur »an einem Bauplatz arbeiten« oder, in einer anderen Konvention, »Steine aufeinandersetzen«, »zimmern«, »Zement mischen«, also Teilarbeiten verrichten; und tatsächlich gehört deswegen der Gesamtprozeß nicht wirklich den Arbeitern, sondern denen – Besitzern und Unternehmern –, die ihn leiten und sich aneignen. Die unmit-

Und wisset auch, das Wort eures Herrn ist wahr,
Nähren müßt ihr, des Brot ihr eßt.
Und dies Vergnügen ist wie Regen,
Nicht gesandt, den Schmerz zu ertränken,
Sondern ihn nur neu zu beleben.«

[44] Anm. d. Hrsg.: Die »traurige Geschichte« meint nicht nur den flagranten Widerspruch in einer von Carew, Jonson und Herrick als natürlich angesehenen Ordnung, in der die gebratenen Tauben den Herren nur deswegen in den Mund fliegen, weil sie vom Gesinde gefangen, ausgenommen, aufbereitet und zu Tisch getragen worden sind. Sie meint hier vor allem das deprimierende Schicksal des Landarbeiters und Gelegenheitsdichters Stephen Duck (»the tresher-poet«), der oben schon einmal erwähnt wurde. Aus der deftigen, natürlichen Sprache des Dreschers (in »The Thresher's Labour«), die das ganze Genre der arkadischen Dichtung in Frage zu stellen schien, wird am Ende, als die Herrschenden sein Können entdecken und sich ihm als Gönner und Mäzene zur Verfügung stellen, die affirmativ aufgeblasene, die modischen Klassiker imitierende Sprache der Gedichte »Gratitude, a Pastoral« und »On Richmond Park and Royal Gardens«. Der kleine Mann wird von den Versuchungen der großen Welt betört und erliegt ihnen.

telbar wirksame Unterscheidung aber, die Crabbe vornimmt, ist die zwischen »dem, der bebaut« und dem »Ich« des Dichters. Diese Trennung entstand aus einer Akzentverschiebung in der Konvention: Der Schriftsteller ist jetzt der unabhängige Beobachter und nicht (oder jedenfalls nicht mehr völlig, wie wir sogleich noch sehen werden) der Dichter-Gast seines Herrn und Mäzens. Zugleich blickt Crabbe, wie übrigens auch Langhorne, von dieser unabhängigen Position aus bemerkenswerterweise auf den gealterten Landarbeiter:

> »For now he journeys to his grave in pain;
> The rich disdain him; nay the poor disdain;
> Alternate masters now their slave command,
> Urge the weak efforts of his feeble hand,
> And, when his age attempts its task in vain,
> With ruthless taunts, of lazy poor complain.«[45]

Dieser Bruch mit der Ideologie wird zunächst durch eine humanitäre Beobachtung erreicht. Aber das ist nicht alles. Das erste allgemeine Zeugnis in Crabbes gegen-arkadischem Gedicht ist ein Streifen schlechten Landes: der unproduktive, mit Unkraut übersäte Boden bei Aldeburgh in Suffolk. Dies ist insofern von Bedeutung als eine Untersuchung von Literatur und Geschichte des ländlichen England stets die Region und Lokalität berücksichtigen muß. »Ein lächelndes Stück Land« konnte, wie wir in Cobbetts *Rural Rides* noch sehen werden, auf einer nur einen Vormittag dauernden Reise in »eine Strecke brennenden Sandes« übergehen. Verallgemeinerungen über das ländliche England, wie sie in dieser Zeit weit weniger erfolgten als heute, müssen dem Faktum der ungleichen Entwicklung weichen. Arthur Youngs Suffolk war in diesen Jahren nur eine solche Wegstrecke von Crabbes Suffolk entfernt.

Doch Crabbes Sicht ist mehr als nur eine Reaktion darauf, daß es schlecht zu bebauende Landstriche gab. Immerhin ließ sich hier, wie Youngs Kampagnen zeigten, Abhilfe schaffen. Er läßt die »Strecke brennenden Sandes« hinter sich zurück und trifft die nächste wichtige Feststellung:

> »But these are scenes where Nature's niggard hand
> Gave a spare portion to the famish'd land;

[45] »The Village«, in: A. J. und R. M. Carlyle (Hrsg.), *Poetical Works of George Crabbe* (Oxford, 1914), S. 34 ff.
»Jetzt nähert unter Schmerzen er sich seinem Grab,
Verachtet von den Reichen und sogar den Armen;
Wechselnde Herrn befehlen jetzt dem Sklaven,
Holen die letzten Kräfte aus der schwachen Hand,
Und wenn das Alter sich vergeblich müht,
Heißt es mit unbarmherz'gem Hohn: die faulen Armen.«

134

> Hers is the fault, if here mankind complain
> Of fruitless toil and labour spent in vain;
> But yet in other scenes more fair in view,
> Where Plenty smiles – alas! she smiles for few –
> And those who taste not, yet behold her store,
> Are as the slaves that dig the golden ore, –
> The wealth around them makes them doubly poor.«[46]

Genau das ist die Situation:

> »But starving walks thro' Nature's lavish Stores«,[47]

die Duck bemerkt, dann aber nach Übersee verlegt hatte. Es ist dies die Krise des landwirtschaftlichen und industriellen Kapitalismus. Wir könnten uns in viele Orte Englands versetzt glauben:

> »Where Plenty smiles – alas! she smiles for few«,

nicht nur nach Leicestershire oder in das Land der um das Belvoir Castle gruppierten Dörfer, wo Crabbe Hauskaplan des Großgrundbesitzers, des Herzogs von Rutland, war. Einige dieser Landesteile waren, kurz bevor er schrieb, gerade eingehegt worden, so zum Beispiel Croxton, das 1766 einem gemeinsam von Herzog und lokalem Klerus ausgeheckten Plan zum Opfer fiel. In einem solchen Land unter einer solchen Herrschaft ist der Landarbeiter arm und doch zugleich umgeben von Reichtum. Wo schlechtes Land war, konnte dies der Natur angelastet werden. Wem aber war es hier anzulasten?

Die Frage wird aufgeworfen, aber letztlich liegt es nicht in Crabbes Macht oder Absicht, sie zu beantworten. *The Village* ist ein Stück wahrer gegen-arkadischer Dichtung, es stellt den »arkadischen« Schilderungen des Vergnügens die Darstellung des Leidens gegenüber. Ebenso enthält es eine Polemik gegen schmeichelnde Berichte über eine moralische Ökonomie, in der die zu leistende Fürsorge ausbleibt. Crabbe drückt es mit einem Blick auf Goldsmith aus:

> »And doth not he, the pious man, appear,
> The 'passing rich with forty pounds a year?'

---

[46] Ebda.
»Doch dies sind Szenen, wo der Natur recht karge Hand
Ein Überbleibsel gab dem darbend Land
Ihr Fehler ist's, wenn Menschen über
Unnütze Müh und mißliche Arbeit Klage führn;
Doch auch in andren Szenen, schöner anzusehn,
Wo Wohlstand lächelt, lächelt – ach! – er wen'gen nur,
Und die, die ihn nicht schmecken, aber sehn,
Sind wie die Sklaven, die nach goldnem Erze graben –
Umgeben von Reichtum sind sie doppelt arm.«
[47] Ebda.
»Doch Hunger zieht durch der Natur verschwenderisches Lager«

> Ah! no; a shepherd of a different stock,
> And far unlike him, feeds this little flock.«[48]

Pfarrer und Arzt – Crabbes Figuren, ja Crabbe selbst – vernachlässigen
schmählich ihre soziale Pflicht.
Die Zweideutigkeit dieser sozialen und moralischen Position – des
humanen und entrüsteten Beobachters, der zugleich Hauskaplan des
Herzogs von Rutland ist – spiegelt sich im Aufbau und sogar in der
Grammatik des Gedichts wider. Crabbe stellt zwar die zentrale Frage:

> »What labour yields, and what, that labour past,
> Age, in its hour of languor, finds at last.«[49]

Die Dimension seiner Antwort aber deutet auf sein wirkliches Publikum
und deshalb seine wirkliche Fragestellung hin:

> »Or will you deem them amply paid in health,
> Labour's fair child, that languishes with wealth?
> Go then and see them rising with the sun
> Through a long course of daily toil to run;
> See them beneath the dog-star's raging heat
> When the knees tremble and the temples beat;
> Behold them, leaning on the scythes, look o'er
> The labour past, and toils to come explore;
> See them alternate suns and showers engage
> And hoard up aches and anguish for their age;
> Through fens and marshy moors their steps pursue,
> When their warm pores imbibe the evening dew;
> Then own that labour may as fatal be
> To these thy slaves, as thine excess to thee.«[50]

48 Ebda.
»Und ähnelt nicht der fromme Mann
Dem ›Reichen mit den vierzig Pfund im Jahr?‹
O nein! Ein Hirte aus ganz andrem Holz,
Bei weitem nicht derselbige, versorgt die kleine Herde.«
49 Ebda.
»Was Arbeit bringt und was, wenn sie versiegt,
Das Alter in der Stund' des Siechens einmal findet.«
50 Ebda.
»Oder hältst du für reichlich sie entlohnt durch die Gesundheit,
Der Arbeit schönes Kind, das Reichtum siechen läßt?
Dann geh und sieh nur, wie sie mit der Sonn' aufstehn,
Den langen Tagesablauf voller Mühn bestehn;
Sieh nur unter des Hundssterns brütender Hitze,
Wenn ihre Knie zittern, ihre Schläfen trommeln;
Betrachte sie, gestützt auf ihre Sichel, den Blick auf
Die getane Arbeit, die kommenden Mühn vor Augen;
Sieh, wie sie einmal Sonnenstrahlen, einmal Schauern ausgesetzt
Und Schmerz und Qualen für ihr Alter auf sich laden;
Durch Sumpf und Moor die Schritte lenken
Und ihre warmen Poren den Abendtau aufsaugen;
So gib denn zu, daß Arbeit diesen deinen Sklaven
Das gleiche Unheil bringen kann, wie dir das Schwelgen.«

An diesem Punkt muß sich der Leser fragen, wer dieses »you« und »thou« ist. Das »you« des Gedichtes ist im allgemeinen der arkadische Dichter, wird aber auf den selbstgefälligen Leser ausgedehnt:

> »Ye gentle souls, who dream of rural ease.«[51]

In den anderen Zeilen taucht aber kurz noch eine andere Persönlichkeit auf: »thy slaves«, »thine excess«. Nicht der arkadische Dichter, sondern der reiche Grundbesitzer wird hier vor Gericht gestellt, um das Leiden seiner Arbeiter mitanzusehen. Im Grunde beruht dies aber auf einer arkadischen Voraussetzung, nämlich daß Gesundheit das »schöne Kind« der Arbeit sei und sie im Reichtum nur »dahinsiecht«. Das ist mehr als nur die Beobachtung, daß die Gesundheit von der Ertüchtigung abhänge; es ist vielmehr die schiefe Assoziation von Gesundheit mit Arbeit und Krankheit mit Reichtum, die in jeder wirklichen Welt naiv ist. Einen Teil dieser Naivität wirft Crabbe dadurch ab, daß Arbeit und Not die Menschen physisch zerstören. Das Gegenstück zu dieser Beobachtung aber bleibt ausgespart, denn die Aufmerksamkeit wird von den Grundbesitzern, die die Arbeit leiten und erschweren, auf die leicht zu attackierende Figur des exzessiven Konsumenten verlagert. Als Crabbe am Ende des ersten Buches die direkte Anrede wiederaufnimmt, wird diese implizit vorgenommene Identifikation zur expliziten:

> »Say ye, oppressed by some fantastic woes,
> Some jarring nerve that baffles your repose,
> Who press the downy couch, while slaves advance
> With timid eye, to read the distant glance;
> Who with sad prayers the weary doctor tease,
> To name the nameless ever-new disease;
> Who with mock patience dire complaints endure,
> Which real pain, and that alone, can cure;
> How would ye bear in real pain to lie,
> Despised, neglected, left alone to die?«[52]

Daß dies dem Leben entnommen ist, ist sicher; denn es stammt aus Crabbes Zeit als Medizinstudent. Aber die Verachtung für die Klasse

---

[51] Ebda.
»Ihr holden Seelen, die ihr vom angenehmen Lande träumt.«
[52] Ebda.
»Sagt, ihr, bedrückt von manch phantastischem Leid,
Einem gequetschten Nerv, der euch in eurer Lage stört,
Die ihr den Diwan hütet, indessen Sklaven
Ängstlich euch die Wünsche von den Augen ablesen;
Die ihr mit traurigem Gebet den müden Arzt betört,
Die namenlose immerneue Krankheit zu benennen;
Die ihr mit Scheingeduld in gräßlich Leid euch fügt,
Das echter Schmerz allein, nichts sonst, beenden könnt;
Wie würd' es euch gefallen, in echten Schmerzen dazuliegen,
Verachtet, ohne Pflege, dem Tode überlassen?«

der übersättigten und neurotischen Konsumenten, sowie der starke Kontrast mit der Lage der Landarbeiter läßt uns vergessen, worum es in der kritischen Stelle von »thy slaves« bis »thine excess« ging. Die Aufmerksamkeit wird, wie so oft, von den eigentlichen Verantwortlichen des sozialen Prozesses verlagert auf die eher isolierbaren und passiven Nutznießer: die im Luxus lebenden Leute in der Stadt. Zwar haben auch sie ihre Sklaven und Bediensteten, attackiert werden sie aber nicht aufgrund ihrer Verbindung mit der Ausbeutung, auch nicht allein aufgrund ihrer Gleichgültigkeit, sondern einfach deshalb, weil sie sich selbst und denen, die sie umgeben, durch ihre Völlerei schaden.

Die Struktur von Crabbes Wertvorstellungen ist also im Grunde klar: Es handelt sich um das humanitäre Denken des 18. Jahrhunderts mit seiner leidenschaftlichen und eindringlichen Betonung von Sorge und Sympathie, die wiederum auf der uneingestandenen Norm des einfachen, tugendhaften und verantwortlichen Lebens beruhen. In diesem Sinne ist es noch immer eine arkadische Vision von Einfachheit und Unabhängigkeit, die aber durch verschiedene Szenen bitter und hoffnungslos gestaltet wird, so daß sie im Grunde ständig negiert wird. Diese Szenen sind die Vernachlässigung der Armen und die Exzesse der Reichen. Crabbe wünscht sich Selbstachtung und Nächstenliebe: die Reichen sollen von diesen Tugenden lernen, die Armen von ihnen profitieren. In dieser sozialen Vision, die für kurze Zeit eine dynamische war:

> »Where Plenty smiles – alas! she smiles for few«,

die aber letztlich doch statisch ist, liegt ein bewegender Appell. Eine Moral wird dem sozialen Kontrast von Armut und Reichtum entgegengestellt.

Die von Crabbe verkündete Unabhängigkeit des nicht-engagierten Beobachters, der für die Wahrheit und gegen die Lügen der arkadischen Konventionen eintritt, ist daher schließlich nichts anderes als die Unabhängigkeit des Priesters oder Arztes, die sich um Seele und Körper sorgen, aber eben innerhalb des vorgegebenen sozialen Systems. Die Eindringlichkeit der Sorge ist so groß, daß die Entrüstung sich gegen die wendet, die gleichgültig sind oder sich dieser Dringlichkeit entziehen. Ein Landarbeiter, der sein ganzes Leben geschuftet hat, alt und krank ist, braucht einen guten Arzt, und nicht:

> »A potent quack, long versed in human ills,
> Who first insults the victim whom he kills«;[53]

einen guten Pfarrer, und nicht:

---

[53] Ebda.
»Einen Quacksalber, der, lang geübt in Menschenleiden,
Sein Opfer erst beschimpft, dann umbringt . . .«

> »A jovial youth, who thinks his Sunday's task
> As much as God or man can fairly ask.«[54]

Natürlich ist der so vorgetragene Protest ehrenwert. Er hat aber, wie die gesamte arkadische Tradition, seine Grenzen, und diese werden in *The Village* deutlich. Jonson und Carew, die Gäste und Dichter in den Landhäusern ihrer Mäzene, priesen ihre Gastgeber mit der Vorstellung von einer moralischen Ökonomie, die ungeachtet ihrer Idealisierung die soziale Position des Grundbesitzers sanktionierte. Crabbe schmeichelt zwar nicht, wenn er das Faktum der Arbeit in die idyllische Landschaft hineinstellt; aber auch er ist als Arzt, Priester und Hauskaplan eines für Einhegungen verantwortlichen Grundbesitzers nicht wirklich unabhängig. Im ersten Buch von *The Village* verschaffte er der unabhängigen Beobachtung und dem moralischen Appell Platz. Am Ende aber wird die Moral losgelöst von den gesellschaftlichen Verhältnissen, die Armut und Gleichgültigkeit hervorrufen. Aufmerksamkeit und Gefühl konzentrieren sich nicht auf die Entstehung des Pauperismus, sondern allein auf die Sorge um die Armen.

Im zweiten Buch wird eine Zeitlang eine gewisse Unabhängigkeit aufrechterhalten: die Laster der Armen – üble Nachrede, Trunkenheit, Prostitution – erscheinen nicht auf diese beschränkt, sondern werden ausdrücklich als Laster bezeichnet, die von den Reichen kommen:

> »The peer's disease in turn attacks the clown.«[55]

Heuchelei und Doppelmord – eben die Moral einer Klassengesellschaft – werden am Beispiel der Gerichtshöfe gezeigt, wenn die Hure des Richters:

> »thanks the stars that made her keeper great«,[56]

als sie auf ein armes verführtes Mädchen herunterblickt. Vorübergehend siegt die moralische Entrüstung wieder über die soziale Abhängigkeit. Dann aber zerbricht etwas:

> »Yet why, you ask, these humble crimes relate,
> Why make the poor as guilty as the great?
> To show the great, those mightier sons of pride,
> How near in vice the lowest are allied . . .
> . . . So shall the man of power and pleasure see
> In his own slave as vile a wretch as he;
> In his luxurious lord the servant find
> His own low pleasures and degenerate mind;

---

[54] Ebda.
»Einen frohgemuten Burschen, der seinen Sonntagsdienst
Fürs einz'ge hält, was Gott und Mensch zusteht.«
[55] Ebda.
»Des Adligen Laster überfällt den Tölpel«
[56] Ebda.
». . . den Sternen dankt, die ihren Gönner groß gemacht . . .«

And each in all the kindred vices trace,
Of a poor, blind, bewilder'd, erring race;
Who, a short time in varied fortune past
Die and are equal in the dust at last.«[57]

So schön der Wohlklang dieser Worte ist, es ist der Rückzug von den Feldern auf das Schloß. Das »unterschiedliche Glück« ist angesichts der »Gleichheit«, die der Tod bewirkt, relativ. Das »Menschengeschlecht«, die *condition humaine,* irrt. Das haben wir so oft gehört – es ist die bekannte Ideologie, die sich als höhere Wahrheit ausgibt –, daß uns Crabbes pathetischer Rückzug nicht mehr überrascht. Aber die Verkündung einer von den gesellschaftlichen Bedingungen unabhängigen Moral, die »über« dem unterschiedlichen »Schicksal« stehe, bildet hier wie anderswo den Auftakt zur gesellschaftlichen Sanktionierung. Wie Crabbe dann schließt, ist zwar nicht überraschend, angesichts der Qualität der vorausgegangenen Beobachtungen aber doch deprimierend:

»And you, ye poor, who still lament your fate,
Forbear to envy those you call the great;
And know, amid the blessings they possess,
They are, like you, the victims of distress.«[58]

Der von ihm tatsächlich zitierte Fall – der Tod eines Verwandten des Herzogs von Rutland – ist natürlich real. Im Aufbau des Gedichts jedoch, in dem es um:

»the real picture of the poor«[59]

ging, ist er rhetorisch und muß es bleiben. Die Einsicht, Entrüstung und Sorge des unabhängigen Betrachters gehen nach und nach in eine allgemeine und abstrahierte Moral und schließlich in eine angepaßte und affirmative Moralpredigt über:

[57] Ebda.
»Doch warum, fragt ihr, dies Gerede von den niedrigen Vergehn,
Warum die Armen wie die Großen schuldig dastehn lassen?
Damit die Großen, diese Söhne der Hochmut, sehn,
Wie sehr im Laster sie den Tiefsten gleich . . .
. . . So wird der Mann von Größe und Genuß
In seinem eignen Sklav als widerlichen Lump sich sehn;
So wird in seinem schwelgerischen Herrn der Diener
Seinen eignen niederen Genuß und Lottergeist erkennen;
Und jeder findet in den andern die gleichen Laster
Eines armen, blinden, fehlgeleiteten Geschlechts,
Das eine Zeitlang unterschiedlich Glück besitzt,
Im Tod erst und im Staube Gleichheit findet.«
[58] Ebda.
»Und ihr, ihr Armen, klagt nicht euer Schicksal an,
Hütet euch, die Großen zu beneiden,
Denn wißt, bei allem Segen und Besitz
Sind sie, wie ihr, der Not auch ausgesetzt.«
[59] Ebda.
«. . . das wahre Bild der Armen . . .«

Und so erscheint auf einer neuen Ebene die beschönigende Gleichgültigkeit gegenüber dem »unterschiedlichen Glück« wieder, gegen die das Gedicht in seiner ursprünglichen arkadischen Form zunächst Stellung beziehen wollte.

Städte der Dunkelheit und des Lichts
Zur Londonliteratur des 19. Jahrhunderts

London, so schrieb Hardy 1887,

»scheint *sich selbst* nicht zu *sehen.* Zwar ist sich jeder einzelne *seiner selbst* bewußt, aber niemand der anderen um ihn herum, der Gesamtheit, ausgenommen vielleicht der eine oder andere arme Gaffer, der blödsinnig in die Runde starrt.«[1]

Diese Sichtweise von London hat ihre Tradition. Schon im Wordsworths *Prelude* ist sie deutlich zu erkennen, nur hat sie mittlerweile eine größere Emphase bekommen. Die Idee des »kollektiven Bewußtseins« zeigt daneben, wie stark diese Sichtweise von der Erfahrung industrieller und demokratischer Erscheinungen verändert, ja erweitert worden ist. Andererseits ist in ihr noch immer die Vorstellung des Paradoxen enthalten, daß in der Großstadt, dem Ort und Umschlagplatz – so möchte es jedenfalls scheinen – von kollektivem Bewußtsein, ein Gemeinschaftsgefühl, eine überschwengliche Subjektivität auffallenderweise fehlt.

Im übrigen ist dieser Gedanke nicht nur bei Hardy zu finden. Eine radikalere Sozialkritik, die sich wiederum bis auf Wordsworth zurückverfolgen läßt, hatte mit Carlyle eingesetzt. Coleridge und Southey hatten die urbane und industrielle Revolution als Agens des gesellschaftlichen Atomismus angesehen. Carlyle hatte 1831 über London geschrieben:

»Wie sehr die Menschen hier in Eile sind; wie sehr sie gejagt und gehetzt mit doppelter Geschwindigkeit aneinander vorbeieilen, so daß sie, um sich selbst zu verteidigen, sich *nicht* anschauen *dürfen!*«[2]

Und er hatte die Isoliertheit der Menschen in der Stadt diagnostiziert, eine Isoliertheit inmitten dessen, was jetzt bemerkenswerterweise als »Aggregation« bezeichnet wird:

»Da sitzen sie wie Fremde in ihren kleinen Zellen, einer vom anderen durch Ziegelsteine oder Bretter abgeschirmt ... Ein riesiges Aggregat kleiner Systeme, von dem jedes einzelne wiederum ein kleines anarchisches Gebilde für sich darstellt, dessen Mitglieder nicht zusammen*arbeiten*, sondern sich zusammen *raufen*.«[3]

Erscheint dies als eine vorschnelle Diagnose oder, wie häufig gesagt wird, als romantischer Anti-Urbanismus, so ist es notwendig, auf die direkte Fortführung dieser Diagnose in Engels' *Die Lage der arbeitenden Klasse in England* von 1844 zu verweisen:

[1] Zit. nach F. E. Hardy, *The Early Life of Thomas Hardy* (London, 1928), S. 271.
[2] Tagebuch von 1831; zit. nach J. A. Froude, *Thomas Carlyle* (London, 1882), Bd. II, Kap. 9.
[3] Ebda.

»Schon das Straßengewühl hat etwas Widerliches, etwas wogegen sich die menschliche Natur empört. Diese Hunderttausende von allen Klassen und aus allen Ständen, die sich da aneinander vorbeidrängen, sind sie nicht *alle* Menschen mit denselben Eigenschaften und Fähigkeiten und demselben Interesse, glücklich zu werden? Und haben sie nicht *alle* ihr Glück am Ende durch ein und dieselben Mittel und Wege zu erstreben? Und doch rennen sie aneinander vorbei, als ob sie gar nichts gemein, gar nichts miteinander zu tun hätten, und doch ist die einzige Übereinkunft zwischen ihnen die stillschweigende, daß jeder sich auf der Seite des Trottoirs hält, die ihm rechts liegt, damit die beiden aneinander vorbeischießenden Strömungen des Gedränges sich nicht gegenseitig aufhalten; und doch fällt es keinem ein, die andern auch nur eines Blickes zu würdigen. Die brutale Gleichgültigkeit, die gefühllose Isolierung jedes einzelnen auf seine Privatinteressen tritt um so widerwärtiger und verletzender hervor, je mehr diese einzelnen auf den kleinen Raum zusammengedrängt sind; und wenn wir auch wissen, daß diese Isolierung dieses einzelnen, diese borniere Selbstsucht überall das Grundprinzip unserer heutigen Gesellschaft ist, so tritt sie doch nirgends so schamlos unverhüllt, so selbstbewußt auf als gerade hier in dem Gewühl der großen Stadt. Die Auflösung der Menschheit in Monaden, deren jede ein apartes Lebensprinzip und einen aparten Zweck hat, die Welt der Atome ist hier auf ihre höchste Spitze getrieben.«[4]

So zu argumentieren, ist neu. Aus Wordsworths sinnlicher Konfusion und Zweideutigkeit ist hier ein Bild der *condition humaine* unter den Bedingungen des urbanen und industriellen Kapitalismus geworden. Noch Dickens hatte angesichts der gleichen Situation einen praktischen Vorschlag gemacht, hatte auf Menschenliebe und Mitgefühl gedrungen. Engels und Marx, die weiter sahen, förderten eine ganz andere grundlegende Bestimmung zu Tage: das neue kollektive proletarische Bewußtsein und Selbstbewußtsein, das die Gesellschaft von Grund auf, das heißt von ihren Basen in den Industriestädten aus verändern würde. Was allerdings unmittelbar erfahrbar war, war die Auflösung der Gesellschaft gerade im Moment ihrer Aggregation.

Ältere Sichtweisen der Stadt pflanzten sich unterdessen fort. Hardy sah London als »ein Ungeheuer, dessen Körper vier Millionen Köpfe und acht Millionen Augen hat«, und er hielt die folgende denkwürdige Schilderung einer Masse anläßlich der Amtseinführung des Oberbürgermeisters im Jahre 1879 fest:

»Wo die Menge dichter wird, verliert sie den Charakter eines Aggregats zahlloser Einheiten und wird ein organisches Ganzes, eine schwammige, schwarze Kreatur, die nichts Menschliches an sich hat, die die Biegungen der Straßen annimmt, um die sie sich herumwindet und schreckliche Gliedmaßen und Auswüchse in die Seitenstraßen streckt; eine Kreatur, deren Stimme aus einer schuppigen Haut kommt und die in jeder Pore ihres Körpers ein Auge hat. Die Balkone, Treppen und die Eisenbahnbrücke sind von kleinen Ablegern des gleichen Gewebes in Beschlag genommen, die sich allerdings ungleich sanfter bewegen, so als wären sie der Laich des Ungeheuers in ihrer Mitte.«[5]

[4] *MEW*, Bd. 2, S. 257.
[5] Zit. nach F. E. Hardy, a.a.O., S. 179.

Die Distanz des Betrachters, der nicht mehr in den Straßen ist, sondern physisch und geistig über ihnen steht, ist ein neues Element; die deutliche Furcht vor den Massen dagegen, zusammen mit der Metaphorik des Inhumanen und Monströsen, ist eine ältere Reaktion und setzt lediglich fort, was schon viele Jahrhunderte lang evident gewesen war, sich jedoch nun durch die ungeheure Entwicklung der Städte zugespitzt hatte. Eine der Hauptreaktionen auf die Stadt, die sich schon bei Dickens und Hardy, nicht nur bei reaktionären Politikern und Stadtverordneten findet, besteht noch im beginnenden 20. Jahrhundert darin, die Überbevölkerung mit einer potentiellen Quelle sozialer Gefahr gleichzusetzen; angefangen beim Verlust menschlicher Gefühle bis zur Akkumulation massiver irrationaler und explosiver Kräfte.

Um die Mitte des 19. Jahrhunderts überwog – zum ersten Mal in der Geschichte der Menschheit – die städtische Bevölkerung Englands die ländliche. Als Markstein der Entwicklung einer neuen Zivilisationsform hat das Datum unübersehbare Bedeutung. Am Ende des 19. Jahrhunderts machte die Stadtbevölkerung drei Viertel der Gesamtbevölkerung aus. Eine Verschiebung fand nicht nur innerhalb der Bevölkerung statt. Die Zahl stieg auch absolut in unerhörtem Maße. Die neun Millionen von 1801 verdoppelten sich bis 1851 und bis 1911 um ein weiteres Mal. Um diesen Prozeß besser zu verstehen, müssen wir jedoch über seine allgemeine Beschreibung als »Urbanisierung« hinausgehen, sonst kann die Bedeutung der Großstadt nicht verstanden werden. 1871 lebte die Hälfte der Bevölkerung immer noch in Dörfern oder in Städten unter zwanzigtausend Einwohnern. Nur ein knappes Viertel lebte in Großstädten, wobei in dieser Rechnung als Großstadt eine Stadt mit über hunderttausend Einwohnern galt, eine im Vergleich zur späteren Entwicklung niedrige Zahl. Als in den vierziger Jahren des 19. Jahrhunderts Schriftsteller von der »Epoche der Großstädte« zu sprechen begannen (*An Age of Great Cities* ist der Titel eines 1843 erschienenen Buches von Robert Vaughan), wurde dieser Begriff daher noch mehr zur Bezeichnung ihrer bemerkenswerten Neuheit bzw. ihrer ökonomischen Dominanz benutzt als in irgendeinem absoluten Sinn. Das Stadtleben war bis in unser Jahrhundert hinein, selbst in einer hochindustrialisierten Gesellschaft, die Erfahrung einer Minderheit, die jedoch weithin und durchaus richtig als prägend aufgefaßt worden und deren Auswirkungen auf die Natur der Gesellschaft über ihre äußeren Proportionen hinausgingen.

Gleichzeitig müssen bei der Betrachtung der Literatur des 19. Jahrhunderts immer die realen Stufen des Urbanisierungsprozesses im Auge behalten werden. Zum großen Teil handelt es sich bei ihr noch immer um eine Land- und Kleinstadtliteratur (Hardy bemerkte über George Eliot, sie habe das Leben auf den Feldern nie richtig erfaßt; ihr Land-

volk erschien ihm eher als kleinstädtische Bevölkerung). Angesichts des
Ablaufs des realen Geschichtsprozesses ist diese Kontinuität ländlicher
und kleinstädtischer Schauplätze nicht verwunderlich, obwohl daneben
auch formale und traditionelle Gründe eine Rolle gespielt haben. Dennoch entsteht, gleichsam nebenher, je mehr die großen Städte anwach-
sen, auch eine neue Art von Literatur.

An der zu Beginn des 19. Jahrhunderts geschriebenen London-Literatur
fällt vor allem auf, wie sehr sie das farbige Spektrum, das die Stadt
bietet, herausstreicht. Ein Beispiel dafür ist Pierce Egans *Life in London*
(1821), ein Werk, dessen auffallendes Interesse für ungewöhnliche
Berufe und exzentrische Charaktere einerseits noch in der Tradition der
»chap-books« steht[6], andererseits schon auf die neuen Sonntagszeitun-
gen verweist. Große Dimensionen nimmt auch das Interesse an der
Kriminalität an, Jerrolds *St. Giles and St. James* steht in der Nachfolge
der »Newgate«-Tradition.[7] Viele dieser volkstümlichen Elemente bildeten Dickens' »Rohmaterial«, im Grunde besteht seine Kreativität nur
darin, sie transformiert zu haben. Damit sind aber noch nicht alle
Einflüsse genannt. Es besteht beispielsweise auch eine enge Beziehung
zwischen der Art, wie Egan seine Beobachtungen anstellt, und wie
Henry Mayhew in seinem Buch *London Labour and the London Poor*
sowie in seinen Artikeln für den *Morning Chronicle* die vielen Tausend
Londoner sieht. Indessen ist es wichtig festzustellen, daß beide, Mayhew
und Dickens, diese Formen nicht nur rezipieren, sondern auch transformieren: Die Arbeiter und Armen sind bei ihnen mehr als nur »lebhafte
Kerle«; obwohl sie in Mayhews unvergleichlichen Reportagen über ihre
Unterhaltungen nur für sich selbst sprechen, treten sie uns auch heute
noch in ihrer außerordentlichen Lebendigkeit entgegen:

»Wenn ich für drei Pence Kresse gekauft hab', dann mach' ich draus so viele Bund wie ich
nur kann. Bißchen groß müssen se schon aussehn, sonst kaufen die Leut' se nich. Was ich
verdien', heb' ich auf und kauf' mir dann Kleider davon. Das is' besser als Süßigkeiten
kaufen, wenn man davon leben muß. Außerdem is' es kindisch, Zuckerstangen zu kaufen.
Unsereiner muß für sich sorgen. Ich bin ja kein Kind mehr, obwohl, 'ne Frau bin ich erst,
wenn ich zwanzig bin, aber jetzt bin ich schon über acht.«[8]

»So wie wir das mache', is' es am besten. ›Nur keine Latrinenleerer mehr‹, heißt's immer.
So wie wir das mache', werden die Leut' nich' gestört, und rieche' tut's auch nich
– jedenfalls, ich hab' noch nichts gerochen, und billig ist es auch. Bald gibt's sowieso keine
Latrinenleerer mehr; kann ja nicht, mit all den neuen Erfindungen, den einen oder andern

---

[6] Anm. d. Hrsg.: »Chap-books« waren (im 17. und 18. Jahrhundert) illustrierte Schriften und Büchlein
volkstümlichen Inhalts (Balladen, Erzählungen über Volkshelden usw.), die von reisenden Händlern
(»chap-men«) verkauft worden sind.
[7] Anm. d. Hrsg.: Newgate hieß das berühmt-berüchtigte Gefängnis in der City of London, vor dessen
Toren bis in die Mitte des 19. Jahrhunderts öffentliche Hinrichtungen stattfanden. 1903/04 wurde das
Gebäude abgerissen.
[8] Wiederabgedruckt in: Peter Quenell (Hrsg.), *Mayhew's Characters* (London, 1969), S. 96.

Arbeiter erwischt's da immer. Einmal is' es der Dampf, dann wieder was andres, was einen brotlos macht.«[9]

Was diese Texte so bemerkenswert macht, ist nicht nur ihre Echtheit, sondern Mayhews Umsicht und Sorgfalt im Umgang mit den Details: mit den vielen verschiedenen Berufen, dem Geld und Geldausgeben, sowie den unterschiedlichen Lebensstilen. So ist ihm völlig einsichtig, daß »man sich mit 5000 Pfund Einkommen im Jahr und einer Wohnung im Belgrave Square eher an die Moral hält als mit einem Hungerlohn in der Tasche und einer Wohnung in Bethnal Green.«[10] Diese Erfahrung im Roman verarbeitet zu haben, war jedoch Dickens' Leistung. Zwar schrieb Mayhews Bruder Augustus mehrere Romane über das Leben in London – *Kitty Lamere* (1855), *Paved with Gold* (1858), *The Finest Girl in Bloomsbury* (1861) –, und zusammen verfaßten sie *The Greatest Plague of Life* (die Suche einer Dame nach einem Diener, 1847) und *Living for Appearances* (1855). Aber obwohl in ihnen die Akkuratesse der Reportage eingehalten wird, bedienen sich sich thematisch – sowohl in bezug auf die tragende Handlung als auch auf die Charakterzeichnung – zu ausgiebig früherer Vorbilder und Strukturen. Kingsleys *Alton Locke* (1850) ist ein anders gelagerter Fall. Dieser Roman enthüllt mit großer Kraft und Entrüstung die Ausbeutung in den Schneiderbetrieben, er zeichnet ein abstoßendes und apokalyptisches Bild vom London der Hinterhöfe, das Dickens' Sicht von Coketown gleicht. Im äußeren Aufbau und der Rhetorik gleicht Kingsleys Werk Disraelis *Coningsby* oder *Sybil*, die in den Industriestädten des Nordens spielen, deren verallgemeinerte soziale Szenerie von repräsentativen Charakteren bevölkert wird und deren Schicksal von einer abstrakten politischen Moral bestimmt ist. Am nächsten kommt Dickens diesen Romanen noch in *Hard Times*. In den in London spielenden Romanen dagegen beobachtet er aus größerer Nähe, wodurch ein komplizierteres Bild entsteht.

Der einzige Romancier aus der Mitte des 19. Jahrhunderts, der hinsichtlich der verwickelten und paradoxen Erfahrung der Stadt an Dickens heranreicht, ist Elizabeth Gaskell. Ihr Werk fällt jedoch in eine andere Kategorie, weil ihre Stadt eine andere ist: Manchester steht viel stärker im Zentrum von Arbeitskämpfen als London. Das heißt natürlich nicht, daß es in London keine Arbeitskämpfe gegeben hätte; die vielfältige Geschäftswelt, die Funktionen von Kapital, Regierung, Rechtsprechung und Hochfinanz schaffen hier aber eine andere Perspektive. Damit hängt auch die Art von Dickens' Schilderungen zusammen, denen gelegentlich zum Vorwurf gemacht worden ist, sie vernachlässigten die Arbeit. Elizabeth Gaskell schreibt in einer Stadt, deren Kennzeichen die

[9] Ebda., S. 176.
[10] Zit. nach E. P. Thompson und Eileen Yeo (Hrsg.), *The Unknown Mayhew* (London, 1971).

industrielle Produktion ist und in der, anders als in London, die harte Sprache des Klassenkampfs offen gesprochen wird. In *Mary Barton* (1848) wird – trotz gelegentlicher Unklarheiten – mit großer Eindringlichkeit dargestellt, was Klassenkampf für den Menschen bedeutet. Der Roman will nicht so sehr eine Geschichte der Armut und des Ausgestoßenseins erzählen, er handelt von hungernden Arbeitern und ihren Familien, die im Begriff sind, ihre gemeinsame Situation zu erkennen, und sich zusammentun, um sie zu ändern. Es ist bezeichnend, daß die Schöpferin von John Barton, »*der* Person, der alle meine Sympathien gehörten«[11], unter dem Druck ihrer Verleger und ihrer eigenen verständlichen Unsicherheit, vor der vollen künstlerischen Identifikation mit dem Akt der Gewalt gegen die Unterdrücker – worin sich die Macht der neuen Organisation der Arbeiterklasse in untypischer Weise ausdrückt – zurückweicht. Daß sie aber überhaupt soweit in die Welt des notwendigen Klassenbewußtseins vorstößt und dabei niemals ihre Individuen, die durch systematische Ausbeutung zu ihrer neuen Denkweise gezwungen werden, aus dem Blick verliert, ist zutiefst beeindruckend und ein Markstein des einsetzenden radikalen Wandels.

Darin besteht in dieser Periode die sichtbare Differenz zwischen London und den neuen Industriestädten. London hatte eine lange Geschichte von politischem Radikalismus hinter sich, der hauptsächlich auf Facharbeitern und Handwerkern, der älteren Arbeiterklasse, fußte. Der klassenbewußte industrielle Radikalismus dagegen gehörte in die Städte, die nach einem stereotypen Muster gebaut wurden, und dieser Radikalismus beherrschte die erste Hälfte des Jahrhunderts. Die Zuwachsraten der Bevölkerung von Manchester, Leeds, Bradford, Birmingham, Liverpool und Sheffield waren in der Zeit zwischen 1820 und 1850 im wahrsten Sinne des Wortes phänomenal (einige erhöhten sich innerhalb von zehn Jahren um vierzig Prozent). Mit Zahlen allein läßt sich das nicht ausdrücken. Diese Städte sind regelrecht als Arbeitsplätze gebaut worden: physisch zeigte sich das darin, daß Fabriken und Maschinen die dominierenden Erscheinungen in ihnen waren, daß der Rauch die Gebäude einschwärzte und die Abwässer die Flüsse verschmutzten; in sozialer Hinsicht war das an der Anordnung der Wohnungen ersichtlich, die um die Arbeitsplätze herum gruppiert waren, so daß das dominierende Kapitalverhältnis überall präsent war. Es überrascht daher nicht, wenn viele Forscher und Besucher berichteten, daß »es kein gegenseitiges Vertrauen, kein Zusammengehörigkeitsgefühl zwischen den oberen und unteren Klassen der Gesellschaft gäbe« und daß sich die Unternehmer vielleicht noch vor den »Beschäftigten« bei ihrem gemeinsamen, wenn auch konkurrierenden Beruf als Klasse verstanden. In London gab es

[11] Zit. nach A. B. Hopkins, *Elizabeth Gaskell* (London, 1952), S. 77.

zwar ebenso schlimme Elendsviertel wie in Manchester, die gesellschaftlichen Verhältnisse waren aber komplexer, mystifizierter und deswegen
der allgemeinen Beobachtung eher verschlossen, weshalb sie sich eher in
den alten Kategorien von »Reich« und »Arm« interpretieren ließen als
in den neuen von »Unternehmer« und »Arbeiter«.
Dieser Unterschied ist von großer Bedeutung für die Entwicklung der
Literatur des 19. Jahrhunderts. Um die Industrielle Revolution und ihre
– im übrigen auch London schon erfassenden – Konsequenzen am Werk
zu sehen, gingen die Schriftsteller, was verständlich ist, in die nördlichen
Industriestädte. Erst später – im Falle von Dickens erst in *Our Mutual
Friend* und bei anderen Schriftstellern erst am Ende des 19. Jahrhunderts – sah man auch hinter die Erscheinung der industriellen Produktion und ihre unmittelbaren sozialen und physischen Konsequenzen.
Lange Zeit war das wahre Gesicht Londons, wie es sich im Aufbau der
großen Dockerviertel und den Industrieanlagen in ihrer Nachbarschaft,
in der Expansion des Bankenwesens, in der neuen finanziellen Bedeutung der Börse widerspiegelte, nicht im Zusammenhang erkennbar.
Cobbett hatte den »Koloß der Stadt« in seiner ersten Invektive als
politisches System gesehen. Dickens, dessen Einsicht in die unpersönlichen Kräfte des Geldes und der Aktien ständig wuchs, sah die Stadt als
finanzielles System. Es dauerte aber noch bis ans Ende des Jahrhunderts, bevor ein seit langem sich anbahnender Gegensatz innerhalb der
Stadt allgemein als solcher gesehen wurde. In den achtziger Jahren
konnte anscheinend jedermann den Gegensatz zwischen dem East End
und dem West End erkennen, und damit enthüllte sich auch in London
auf dramatische Weise die Gestalt einer neuen Gesellschaft, wie sie sich
auf nationaler Ebene schon seit längerer Zeit sichtbar herausgebildet
hatte.
Indessen ist von dieser höchst bedeutsamen Teilung innerhalb Londons
schon im 17. Jahrhundert zu hören. Petty erklärte 1662, daß die
Ausdehnung Londons nach dem Westen hin ein Mittel der Flucht vor
den »Gerüchen, Dämpfen und dem Gestank des ganzen östlichen Hau-
fens«[12] sei – vorausgesetzt, der Wind komme weiterhin aus dem Westen.
Ein Beobachter aus dem Jahre 1780, Archenholz, notiert, daß

»im Ablauf von zwanzig Jahren eine wahre Wanderung vom Ostende Londons nach dem
Westen stattgefunden hat . . ., wo fruchtbare Felder und angenehme Gärten täglich
Häusern und Straßen weichen müssen.«[13]

In den westlichen Gegenden der Stadt entsprach das vorherrschende
Muster des Grundbesitzes dem der aristokratischen Güter und unterschied sich damit eindeutig von dem umfangmäßig beschränkten Sam-

[12] Zit. nach M. D. George, *London Life in the XVIIIth Century* (London, 1925), S. 323.
[13] W. Archenholz, *A Picture of England* (Dublin, 1791).

melsurium von Grundstücken im Osten. Die sich für das Land daraus ergebenden Konsequenzen waren zwar schon immer sichtbar gewesen, aber im 19. Jahrhundert kam noch die Verschiebung der Industrie in den Osten hinzu. Das allein machte East London, ganz abgesehen von der Errichtung der Dockanlagen (1800-50) und den dazugehörigen Eisenbahnen und Kanälen, schon zu einer Industriestadt. Die soziale Trennung zwischen East End und West End, die von einigen Betrachtern schon zu Beginn des Jahrhunderts bemerkt worden war, vertiefte sich und wurde jetzt unweigerlich sichtbar. Die Verhältnisse im East End wurden um die Mitte des Jahrhunderts (von denen, die Zugang zum Druck hatten) als »unbekannt« und »unerforscht« bezeichnet, und in den achtziger und neunziger Jahren war das »Darkest London« schon ein konventionelles Attribut. Auf John Hollingsheads *Ragged London in 1861,* James Greenwoods *A Night in a Workhouse* (1866) und *The Wilds of London* (1874) folgten George Sims' *How the Poor Live* (1883), Walter Besants *Children of Gibeon* (1886) und Arthur Morrisons *Tales of Mean Streets* (1894). Den Forschungen der »Social Democratic Federation« (die 1885 in der *Pall Mall Gazette* veröffentlicht wurden) folgten umfassende Studien von Charles Booth, die 1889 mit dem ersten Band von *Life and Labour of the People in London* begannen (eine auf Statistiken beruhende Untersuchung, die er ursprünglich unternahm, weil er den früheren radikalen Berichten keinen Glauben schenkte), sowie die Arbeit der Heilsarmee, die in William Booths *In Darkest England* (1890) geschildert wird. Auf diese Weise wurde, symbolisiert durch East London, ein bestimmtes Bild von der Dunkelheit und Armut der Stadt zu einem Leitbild der Literatur und der Sozialphilosophie schlechthin.

So überwältigend und denkwürdig diese Erkenntnis war, so sehr kommt es darauf an, zwischen den verschiedenen Arten zu differenzieren, wie sie in der Literatur ihren Niederschlag fand. Zum Beispiel besteht ein gewaltiger Unterschied zwischen Mayhews *London Labour and the London Poor* aus der Mitte des Jahrhunderts und Charles Booths *Life and Labour of the People of London.* Heute wird Mayhew meist vorgezogen, und er ist tatsächlich lesbarer und leichter verständlich. Seine Studien basierten auf dem direkten Kontakt mit den Leuten, die ihm ihre Geschichten in ihren eigenen Worten erzählten. Obwohl er systematisch an die Arbeit ging und seine Funde oft mit dem Ergebnis seiner eigenen Arbeiten verglich, gehörte seine Sicht der Dinge zu einer früheren Welt, bevor das Ausmaß des Problems und die ausgedehnte Suche nach systematischen »Heilmitteln« die gesamte Anschauung verändert hatte. Booths absichtliche Unpersönlichkeit bei seinem Vorgehen, sein Kartenwälzen und Klassifizieren vor jedem Besuch, sein Systematisieren machen ihn weniger lesbar und attraktiv; dafür veranschaulicht diese Eigenart jedoch sehr gut die neue Sichtweise dieser neuen Gesellschaft. Hier zeichnet sich die empirische Soziologie ab, die dann von Rowntree, den Webbs und den anderen Sozialforschern unserer Zeit entwickelt werden sollte. Sie ist gewiß in mancherlei Hinsicht fehlerhaft, so in ihrer implizit vorgenommenen Reduktion der Armen auf Studienobjekte, in der Unpersönlichkeit ihrer Einstellungen und Einstufungen, in ihrem Mangel an allgemeinen Ideen über das Wesen der Gesellschaft. Dies wird aber von zwei Pluspunkten aufgewogen: Erstens deutet sich mit dieser Sichtweise die Ablösung der zufälligen karitativen Arbeit durch eine systematische Sozialfürsorge an; diese Fürsorge (die zwar heute wie damals im Geiste der durchgeführten empirischen Untersuchungen arbeitete, aber dennoch immer weiter ausgebaut wurde) schien die einzig adäquate Antwort auf die von der Stadt aufgeworfenen Probleme zu sein. Darüber hinaus stellt die statistische Methode, die Dickens und anderen früh-viktorianischen Humanisten noch destruktiv erschien und verhaßt war, eine notwendige Reaktion auf eine Zivilisation von solchen Ausmaßen und solcher Komplexität dar. Es ist nicht verwunderlich, daß die statistische Methode in modernen soziologischen Untersuchungen erstmals in Manchester, in den dreißiger Jahren des 19. Jahrhunderts, zur Anwendung gelangte, sie ist ein notwendiger Bestandteil der dortigen Welt. Trotz allem ist also zu sagen, daß ohne diese Methode vieles, was in der Klassengesellschaft kompliziert und undurchsichtig erschien, nicht gesehen worden wäre, wodurch dann eine gemeinsame Erfahrungs- und Handlungsbasis sich nur schwer hätte ausbilden können.

Denn der Eindruck, den die Großstadt jetzt auf viele Menschen machte, war so überwältigend, daß ihre Bewohner oft einseitig als Menge, »Masse« oder »Arbeitskraft« gesehen wurden. Dieses Bild ließ sich zwar je nach Standort des Betrachters von Sympathie oder Verachtung färben, aber sein undifferenzierter Charakter hielt sich lange und hartnäckig. Für George Gissing war in *Demos* (1886) und *The Nether World* (1889) die große Mehrheit der Menschen allein durch diese Eigenschaft charakterisiert, und unter dem Eindruck, den diese Erfahrung hinterließ, nahm das Problem von Individuum und Gesellschaft, wie wir noch sehen werden, eine neue und bittere Dimension an. Das Individuum war jetzt die Person, die aus dieser abstoßenden, erniedrigenden Masse entkommen mußte oder jedenfalls einen Versuch dazu unternehmen mußte. Gissing schaute auf Dickens zurück und erkannte, daß »dieser das englische Volk eine bestimmte Art, die Riesenstadt zu sehen, lehrte«, aber in Gissing selbst und vielleicht im gesamten London der achtziger Jahre wird das Dickens'sche Paradox von Entrüstung und Anerkennung von einer viel einfacheren Gefühlsstruktur abgelöst: die Beobachtung der Menschen ruft nur noch Entrüstung und Widerwärtigkeit hervor, einzige Ausnahme sind einige wenige außergewöhnliche Individuen. Innerhalb dieser Struktur konnte Gissing aber sehr genau beobachten, wie zum Beispiel die folgende Schilderung des Fabrikschlusses zeigt:

»Es war die Stunde, wo die Menschen aus ihrem Joch entlassen wurden. Auf den Haupt- und Nebenstraßen von Clerkenwell wälzte sich eine Menge befreiter Arbeiter, junge und alte, Männer wie Frauen. Sie strömten aus ihren Fabriken und Werkhallen, ängstlich darauf bedacht, soviel wie möglich aus den paar Stunden zu machen, die ihnen für sich selbst verblieben. Für viele war die Arbeit noch nicht zu Ende, würde noch Stunden andauern, aber die Mehrheit war frei, ihre Schritte Richtung Stall zu lenken. Auf den Hauptverkehrsadern ging es jetzt gefährlich zu: jeder Bus, der vorbeiratterte, war schwer beladen mit Fahrgästen; Ölzeug glänzte auf den Knien derer, die draußen saßen. Hier und dort zu einem Nebelschleier verschwommene Lichter, darüber nur die Schwärze, aus der der Regen niederprasselte. Unaufhörlich spritzte der Schlamm hoch; mal kam der Verkehr zu einem Halt, was mit einem rauhen Witz oder einem ärgerlichen Fluch begrüßt wurde. Auf den überfüllten Gehwegen herrschte großes Gedränge. Kneipen zündeten ihre Lampen an und machten sich fertig für das abendliche Geschäft. Straßen, in denen es seit dem frühen Morgen wie in einem Bienenkorb zugegangen war, blieben dem Schweigen, der Dunkelheit und dem hindurchwehenden Wind überlassen.«[14]

Das ist nicht mehr die Menge, wie wir sie aus früheren Beobachtungen kennen. Eine vorhersagbare, wenn auch chaotische, rempelnde Bewegung ist hier an die Stelle von Ziellosigkeit und Vielfalt getreten. Die Menschen werden nur in ihrer allgemeinen Eigenschaft gesehen. Der Ausdruck »die Mehrheit war frei, ihre Schritte Richtung Stall zu lenken« ist eine ironische Anklage, drückt zugleich aber auch eine hoffnungslose Sicht der allgemeinen Entwicklung aus.
Auch der physische Charakter der Stadt ist ein anderer geworden, die Vielfalt des früheren London ist einer bedrückenden, einzig auf Nützlichkeit eingestellten Uniformität gewichen:

»Was für fürchterliche Kasernen diese Gebäude in der Farringdon Road doch sind! Riesige bloße Mauern, noch nicht mal die Andeutung irgendeiner Verzierung; eine Fensterreihe nach der anderen auf schlammfarbenem Grund, immer höher hinauf, leblose Augen, dreckige Löcher, die etwas von der Dürftigkeit, der Unordnung und der Ungemütlichkeit drinnen verraten ... Riesige Flächen solcher Gebäude; die Stärke der Schmutzschicht verrät ihr ungefähres Baudatum. Millionen Tonnen von Mörtel und Backsteinen, die, wenn man hinaufschaut, sich einem auf die Seele legen. In Wahrheit: Kasernen, die der industriellen Armee Zuflucht gewähren, einer Armee, die gegen sich selbst kämpft, Rang gegen Rang, Mann gegen Mann, auf daß die Überlebenden etwas zu essen haben.«[15]

Die systematische Beobachtung und Interpretation des noch relativ neuen industriellen London erfolgt jetzt aus einer solchen Distanz, daß Gissing inmitten seiner Schilderung auch ein älteres Gebäude sieht:

[14] George Gissing, *The Nether World* (London, 1889), S. 23 f.
[15] Ebda., S. 58 f.

»Man ist versucht, Shooter's Gardens als einen angenehmen Aufent-
haltsplatz zu bezeichnen. Mit seinem Innenhof, asphaltiert, sauber gefegt . . .« (doch selbst dieses Gebäude wird dann noch als Teil des
Systems gesehen:) ». . . schaut es zum Himmel empor wie aus einem
Gefängnis«.[16] Gissing ist zwar in der Lage, Dickens' kraftvolle Schilderung der Stadt herauszuarbeiten, doch wenn er sie in seinen Worten
wiedergibt, ist der Effekt ein anderer: ». . . London, eine Stätte garstiger
Schrecken und Geheimnisse, labyrinthartigen Dunkels und gespensti-
scher Faszination.«[17] Dieses Bild entspricht eher dem, das Reynolds
oder Augustus Mayhew zeichneten; auf jeden Fall aber ist es das alte
London mit seinem »obskuren« und »geheimnisvollen« Hintergrund.
Gissing sieht London, noch wenn er Dickens paraphrasiert, als organi-
siertes Ganzes, als »eine große düstere Stadt, engmaschig und ineinan-
derverwoben wie das Netz einer riesigen giftigen Spinne«[18] oder als das
»düstere, wimmelnde, moderne London«[19]. Selbst Unterschiede in der
Situation illustrieren für ihn eher die allgemeine Hoffnungslosigkeit als
positive Differenzen:

»Im Süden liegt Hoxton, eine Gegend übelriechender Marktstraßen, Fabriken, Holzhand-
lungen und verdreckter Kaufhäuser; Alleen, in denen es von kleinen Händlern und
Handwerkern wimmelt; schmutzige Höfe und Passagen, in denen ein ekelhaftes Dunkel
herrscht; überall Schufterei in ihrer degradierendsten Form; auf den Durchfahrtsstraßen
donnern hochbeladene Karren; auf den Gehwegen trottet ein arbeitendes Volk, wie man
es sich rauhbeiniger nicht vorstellen kann; in den Ecken und Schlupflöchern zeigt sich das
Elend von seiner übelsten Seite. Nach Norden hin wird es lichter, finden sich breitere
Wege, eine reine Wohngegend; die Straßen scheinen hier reserviert für den Milchmann,
den Hundefleischverkäufer, den Hausierer. Es gibt hier Straßen, wo jedes Haus freie
Zimmer anbietet; manche beanspruchen, besonders respektabel zu sein, da das Haus
hinter einem Vorgarten liegt, ein paar Stucksäulen oder einen Balkon hat. Es ist dies der
Übergang vom unwürdigen Kampf ums Überleben zu einer schäbigen, leblosen Freizeit;
hierher ziehen sich die Besserbezahlten aus der großen Sklavenarmee zurück, um fürs
Essen und Schlafen frei zu sein.«[20]

So mag sich zwar ein Schicksal vom anderen unterscheiden, besser ist es
nicht. Der einzige Ausweg aus dem Elend ist dem außergewöhnlichen
Individuum vorbehalten, dessen Schicksal aber zwiespältig ist: es muß
sich mit dem Ellenbogen durchsetzen und geht nach mühevollen Jahren
entweder unter (wie Reardon oder Biffen in *New Grub Street*) oder
verkommt moralisch (wie Mortimer in *Demos*, Milvain in *New Grub
Street*), denn die allgemeine destruktive Situation läßt eine erfolgreiche
Karriere nur über die Ausbeutung der Arbeit oder des Geistes zu, wobei

---

[16] Ebda.
[17] »Introduction« zu: *Oliver Twist*, Rochester Edition (London, 1900), S. XVII.
[18] »Introduction« zu: *Bleak House*, Rochester Edition (London, 1900), S. XIV.
[19] Ebda., S. XX.
[20] George Gissing, *Demos* (London, 1886), S. 178.

diese Ausbeutung ihrerseits nur dank der Dummheit, Gleichgültigkeit und Brutalität der Ausgebeuteten möglich ist.

Dieser bittere, finstere Ausblick wird erst beim späten Gissing gelegentlich dadurch abgemildert, daß er auf ältere Sichtweisen des geistigen Lebens und der ländlichen Szenerie rekurriert, die dann aber ausgesprochene Formen des Rückzugs und der Erlösung sind. Gissing schrieb die Geschichte des »inneren Wanderers« mit ebenso großer Kraft wie Hardy, aber er schrieb sie in viel bittererem Ton. Sein Mortimer in *Demos* kann mit Clym Yeobright in *Return of the Native* verglichen werden, aber zwischen den beiden liegt ein zeitlicher und geistiger Abstand, der zum Teil jedenfalls die wirkliche Distanz zwischen Stadt und Land in dieser sich so schnell verändernden Gesellschaft zum Ausdruck bringt, eine Distanz, die erneut bemerkbar wird, als Jude von Marygreen nach Christminster zieht. In der Stadt steht mehr auf dem Spiel: Fixpunkte sind dort seltener und prekärer, Ruhepunkte kaum erkennbar, Erfolg wie Mißerfolg problematischer. Mit *Born in Exile* und *The Unclassed* schrieb Gissing klassische Berichte jener inneren Wanderung, die seither immer größere Bedeutung angenommen hat. Das von Dickens und George Eliot – im Falle von Dickens als Teil einer Gesamtsituation, von George Eliot als unausweichliche moralische Herausforderung – aufgeworfene Problem wurde von der neuen Generation schärfer und zugleich konfuser formuliert. Die verschiedenen Schattierungen dieses Problems reichen von Gissings Bitterkeit und Mark Rutherfords Düsterkeit bis zu Hardys Tragik und der herausfordernd frohen Zuversicht eines Wells. Und alle diese in jener Zeit geprägten Gefühlslagen finden sich in unserem Jahrhundert wieder.

Was Gissing vor den anderen Londoner Schriftstellern der achtziger und neunziger Jahre auszeichnet, die bezeichnenderweise unter dem Begriff »Cockney School« zusammengefaßt werden, ist die Vertrautheit mit dem Problem der Mobilität und von hier aus auch mit dem Problem des Betrachters:

> »Billy Chope, der in die entgegengesetzte Richtung schlenderte, kam, als sie auf gleicher Höhe waren, zögernd auf die andere Straßenseite, zog seine Hand aus der Tasche, griff nach ihrem Arm und drehte ihn herum, so daß sie gegen die Mauer stieß.
> ›Komm‹, sagte Lizerunt, sichtlich erfreut, ›laß los.‹ Denn sie wußte, daß das Liebe war.
> ›Wohin, Lizer?‹ [›Where yer auf to Lizer?‹]«[21]

Das ist der neue Ton der Stadt. Er besitzt eine Frische und eine erzählerische Direktheit, die charakteristisch sind für die Romane und mehr noch die Erzählungen der neunziger Jahre. Der auktoriale Erzähler, wie wir ihn in seinen verschiedenen Ausprägungen von Jane Austen

---

[21] Arthur Morrison, »Lizerunt«, in: P. J. Keating (Hrsg.), *Working-Class Stories of the 1890's* (London, 1971), S. 29.

über George Eliot und Dickens bis zu Gissing kennen, geht verloren und wird von einer Art professionellem Erzählstil ersetzt. Bemerkenswerterweise wird so aus Elizabeth Hunt nicht nur Liza Hunt, sondern Lizerunt. Wenn sie »wußte«, daß dieses Arm-Herumdrehen und der Stoß gegen die Mauer »Liebe war«, dann deswegen, weil sie vom Autor mit diesem Wissen ausgestattet worden ist. Die Sprache wird hier weder näher bestimmt noch (wie manchmal bei Gissing) durch irgendwelche Einschübe ins Lächerliche gezogen; sie kommt sozusagen zu ihrem eigenen Recht, und dieses Recht beruht auf der neuen allgemeinen Konvention der erzählerischen Distanz.

Die sorgfältige orthographische Wiedergabe der Aussprache ist ein wichtiger Markstein des Wandels. Das Verhältnis der englischen Orthographie zu den vielen lokalen Varianten der englischen Aussprache ist bekanntlich immer problematisch gewesen. Beispiele für eine absichtlich abweichende Orthographie finden sich schon seit den Elisabethanern: Shakespeare selbst übte diese Praxis bei den walisischen und französischen Sprechern, und Versionen eines »ländlichen« Dialektes – einer Mischung aus verschiedenen Regionen – wurden zum Gemeinplatz. Die systematische Konvention einer Klassensprache geht jedoch in der Tat auf das späte 19. Jahrhundert zurück, eine Periode also, in der offensichtlich das Klassenbewußtsein zunahm und sich gerade auf diese Teile des Verhaltens ausdehnte. In William Barnes' Gedichten aus Dorset wurde diese orthographische Rekonstruktion geradezu mit Liebe und Sorgfalt vorgenommen. Bezeichnenderweise entschied Hardy aber gegen eine systematische Anwendung dieser Praxis und nannte als Grund den fälschlich verfremdenden Effekt, die Reduktion von Personen auf Typen. Genau in diesem Sinn wurden der sorgfältig vorgetragene »Cockney-Dialekt« von Arthur Morrison, der *Lizerunt* 1893 schrieb, und von Kipling in *The Record of Badalia Herodsfoot* (1890) und in seinen Soldatenballaden zur Konvention. Eine Reduktion ist auch in Gissing festzustellen – aus Gründen, die genau zu der Beobachtungsweise gehören, gegen die sich Hardy ausgesprochen hatte. Die Leser lernten mit, wie sie glaubten, liebevollem Respekt und Distanz jedes Detail aufspüren.

»Where yer auf to, Lizer?« Das »where« wird hier, obwohl es damit im Gegensatz zu beinahe jeder tatsächlichen Aussprache steht, konventionell buchstabiert; »yer« und »Lizer« greifen auf einen allgemeinen Sprachgebrauch zurück; das »auf« ist, wie auch seine Variante »orf«, bis heute nicht geklärt, denn das lange »o«, das noch einen »r«-Klang haben konnte, ist in so verschiedenen Sprachschichten wie dem Cockney-Dialekt und der Sprache der Oberschicht zu finden. Keines dieser Details läßt sich jemals ganz erklären; die Beziehungen zwischen der Schriftsprache und jeder Form der englischen Aussprache sind dazu zu kom-

plex. Dennoch kann diese Sprache als Markstein einer Sichtweise angesehen werden, die für ihren Naturalismus und die scheinbare Abschaffung des Autorenkommentars gelobt worden ist. Aber natürlich ist der
»Kommentar« nicht abgeschafft, sondern nur vollkommen absorbiert
worden, ist jetzt Teil einer Sichtweise, die die Realität aus einer »soziologischen« Distanz betrachtet. Die vertrauliche, gewinnende Art der
spätviktorianischen und edwardischen Erzähler wie auch ihr Erfolg
hängt mit diesem deskriptiven, repräsentativen, sorgfältig-beobachten-
den Naturalismus zusammen, in dem es weder Probleme des Bewußtseins noch offen kontroverse Ideen gibt. Die Leute stehen vor dem Leser
pathetisch oder geduldig, als Gewalttätige oder als Opfer; wie aus dem
Leben gegriffen; wie der berühmte naturalistische »Ausschnitt«.
Natürlich ist diese neue Erfahrung der Großstadt, kritisch untersucht,
immer auch schon eine Art von Interpretation. Henry Nevinsons *The St.
George of Rochester* (1894) oder Edward Pughs *A Small Talk Exchange*
(1895) stehen noch in der Tradition der Aufzeichnungen und Beobachtungen Mayhews. Kipling und Morrison entwickeln diese Erfahrung
schon zu einer Darstellungsweise, was markante Unterschiede zu den
erstgenannten Autoren hervorbringt. Bei Adcock und Rook schließlich
vermischen sich beide Methoden: einmal werden die Leute aufgezeichnet, dann werden sie dargestellt. Es ist bezeichnend, daß Morrison, der
anfangs in seinen Beobachtungen so viel mit Gissing gemein hatte, in
A Child of the Jago und *The Hole in the Wall* seine Aufmerksamkeit auf
die Kriminalität und Gewalttätigkeit richtete. Beides existierte auch
schon in der alten Stadt; als Stoff, als Geschichte bot sich aber für eine
Darstellung natürlich viel eher das Verbrechen an als das kohärente und
komplizierte Gewebe des großstädtischen Lebens. Das Hervortreten der
Gewalt in der städtischen Prosa gehört einerseits in die lange Tradition
des »Gaunertums«; andererseits ist ihre zunehmende Akzentuierung
durchaus als eine spezifische Erfahrung des Großstadtlebens aufzufassen. Wenn nämlich nicht mehr die Gesellschaft als Ganzes, sondern nur
noch ein Teil der Bevölkerung beobachtet und geschildert wird, dann
kann man, indem man isolierte Vorfälle herausgreift, damit nicht nur
verständliches Interesse (Faszination und Abscheu) wecken, sondern
erhält zugleich die ungewöhnlichste Form des Handelns überhaupt.
Hinsichtlich ihrer Substanz unterscheidet sich Morrisons Prosa sowohl
von der des Mythenbildners Kipling als auch, um ein bemerkenswertes
zeitgenössisches Beispiel zu nennen, von der Conan Doyles. In den
Sherlock-Holmes-Geschichten wird London wieder die Stadt des »labyrinthartigen Dunkels und der gespenstischen Faszination«. Der städtische Detektiv, wie er sich ansatzweise schon bei Dickens und Wilkie
Collins fand, beginnt sich jetzt als eine bestimmende Figur herauszu-
schälen, die die Dinge wieder ins rechte Lot bringt, sich ihren Weg durch

den Nebel bahnt, sich im Netz der Straßen auskennt. Das Verbrechen repräsentierte diese undurchsichtige Komplexität des modernen Stadtlebens. In der Person des Detektivs wird aus demjenigen, der die Gesellschaft einst erforschte, jetzt derjenige, der nur noch einzelne Ursachen aufdeckt. Der ehemalige Forscher wird reduziert auf den isoliert Handelnden und schließlich auf seine Mittel, seine Technik. Conan Doyles London hat mit der Zeit einen Hauch von Romantik angenommen, auf den einige Menschen ganz offensichtlich mit der gleichen Nostalgie zurückschauen wie auf die ländliche Umwelt: der Nebel, die Gaslaterne, die Droschken, die Gassenbuben und in ihrer Mitte dieser scharfe exzentrische Geist, diese fast körperlose, nur lokal versorgte Intelligenz, die die Knäuel entwirrt, den jeweiligen Täter herausfindet und dann – weil hier die Untersuchung aufhört – die Sache der Polizei und den Gerichten übergibt und sie damit dem klaren abstrakten System jenseits allen Lärms und Nebels der Stadt ausliefert.

Diese Sichtweise besaß große Macht. In Gissing, Morrison und den anderen Schriftstellern der Zeit hat sie viele bemerkenswerte Bilder Londons hinterlassen. Aber natürlich wurde die Stadt der Dunkelheit, der Unterdrückung, des Verbrechens und des Schmutzes, der reduzierten Menschlichkeit auch völlig anders erfahren und in anderen Bildern festgehalten: nicht nur in den lebendigen Geschichten von Rooks *Billy the Snide* (1899), sondern vor allem bei Wells, der freilich zu einer Tradition gehört, die in diesen einfachen Bildern nicht auftaucht, sondern gerade von ihnen verdrängt wird.

Zunächst einmal konnte London noch immer als eine Stadt des Lichts gesehen werden, und zwar in der denkbar einfachsten Weise. Schon 1780 hatte Archenholz geschrieben:

»Die zwei- oder vierarmigen Lampen sind von einer Kristallglocke eingeschlossen und in kleinen Abständen voneinander auf Pfosten angebracht. Sie werden sommers wie winters angezündet, ob der Mond scheint oder nicht. Allein in der Oxford Road befinden sich mehr Lampen als in ganz Paris. Sogar die großen Straßen im Umkreis von sieben oder acht Meilen um die Stadt sind voll von ihnen, was eine außergewöhnliche Wirkung schafft.«[22]

Gasbeleuchtung wurde seit Anfang des 19. Jahrhunderts sowohl für Lichteffekte als auch für den allgemeinen Gebrauch benutzt, und viele Bewohner und Besucher hatten daher den Eindruck, den Hans Christian Andersen um die Mitte des Jahrhunderts in den Worten festhielt: »Die große Weltmetropole ist in Feuer vor mir ausgebreitet.«[23] Zu Ende des Jahrhunderts schrieb Le Gallienne:

»London, London, our delight,
Great flower that opens but at night.

[22] Archenholz, a.a.O.
[23] Zit. nach C. Trent, *Greater London* (London, 1965), S. 200.

Great city of the midnight sun,
Whose day begins when day is done.

Lamp after lamp against the sky
Opens a sudden beaming eye,
Leaping alight on either hand
The iron lilies of the Strand.«[24]

Das Licht war das unverkennbare Bild der eindrucksvollen Zivilisation einer Hauptstadt, deren Reichtum und öffentlicher Einfluß sichtbar zunahmen. Ungeachtet dessen, was sich im East End abspielte, manchmal allerdings auch in bewußtem Gegensatz dazu, hat man das West End neu geplant und verbessert: der Trafalgar Square, ein neuer Palast, neue Parlamentsgebäude, neue Parks und Straßen wurden gebaut. Ein amerikanischer Besucher namens Colman hat den auffallenden Kontrast hervorgehoben:

»Inmitten des größten Überflusses gibt es hier Männer, Frauen und Kinder, die an Hunger sterben; und neben den prächtigen Kutschen mit ihren vergoldeten Equipagen, ihrer seidenen Verkleidung und ihren livrierten Lakaien laufen arme Teufel einher, verlorene, freundlose, halbnackte Wesen, die aussehen wie Bruchstücke der Menschheit.«[25]

Der emphatische Pomp und Aufwand der Landhäuser des 18. Jahrhunderts, der dort schon auf der Armut der Majorität der Bevölkerung beruhte, wurde in dieser reichen, durch Klassengegensätze gekennzeichneten Stadt in weit größerem Maßstab noch einmal neu inszeniert. Als Handels- und politisches Zentrum zog die Hauptstadt in sattsam bekannter Weise eine Vielzahl von Talenten aus der ganzen Welt an. Das »dunkelste London« im weithin vom Westen abgeschnittenen East End konnte nur wahrgenommen werden im Kontrast zum gleißenden Licht in jenem Teil der Stadt, der als nationale und internationale Hauptstadt galt. Es ist bezeichnend, daß Conan Doyle, der in Sherlock Holmes eine Version der reinen Intelligenz geschaffen hatte, die die Dunkelheit durchdringen konnte, von der andere Menschen verwirrt wurden – es ist bezeichnend, daß dieser Conan Doyle statistisches Material zusammengetragen hat, das die geistige Vorherrschaft der Stadt sowohl hinsichtlich der Größe ihrer eigenen Geister als auch hinsichtlich des Resultates

[24] Richard le Gallienne, »A Ballad of London«, in: *Robert Louis Stevenson and Other Poems* (London, 1895), S. 26.
»London, London, unsre Freude,
Große Blume, sich öffnend bei Nacht.
Große Stadt der Mitternachtssonne,
Deren Tag beginnt, wenn der Tag zu Ende geht.
Lampe nach Lampe öffnet plötzlich
Zum Himmel hin ein strahlendes Auge,
Auf beiden Seiten des Strand
Glühen die eisernen Lilien auf.«
[25] *European Life and Manners* (Boston, 1849), Bd. I, S. 155.

einer Zentralisation der »größten Köpfe aus allen Lebensbereichen« beweisen sollte.[26] Diese Version einer glitzernden und dominierenden Metropolen-Kultur besaß genug Wirklichkeit, um die traditionelle Idee der Stadt als eines Zentrums des Lichts und der Gelehrsamkeit zu untermauern; neu war nur ihr beispielloses Ausmaß. Die kulturelle Zentralisation Englands hatte zu diesem Zeitpunkt schon größere Proportionen angenommen als in jeder anderen vergleichbaren Gesellschaft. Auch wer beabsichtigte, die Stadt als solche anzugreifen und abzulehnen, mußte sich erst dorthin begeben; ein anderer Weg stand kaum offen.

Dieser zweifellos wichtige Vorgang hatte allerdings nur relativ oberflächliche Auswirkungen. Eine Metropolenkultur verwechselt leicht die eigene, auf ihrer Anziehungskraft und der »Konsumtion« menschlicher Talente beruhende Vorherrschaft mit der weit schwierigeren Frage nach der wirklichen Herkunft dieser Talente. Ernsthaft kann jedoch vertreten werden, daß das Markante an der urbanen Zivilisation, ob es sich dabei um eine Reaktion auf das Chaos in ihr oder um eine tatsächliche Steigerung ihrer Fähigkeiten handelt, die neuen sozialen Denk- und Organisationsformen sind. Hardy hatte das Fehlen jedes »kollektiven Bewußtseins« in London beklagt, dennoch waren es die Städte – die Industriestädte nicht weniger als die Hauptstadt –, von denen die neuen demokratischen Formen und Ideen ihren Ausgang nahmen. An Wells ist dieser Aspekt klarzumachen. Natürlich war er über die sozialen Verhältnisse in den Städten, insbesondere über die Wohnungen, dieses »unaufhörliche Elend . . . die Vernichtung, Degenerierung und Verpfuschung des Lebens«[27] äußerst entsetzt, und wie Gissing sah er »Gehwege, auf denen schon eine dünne Schicht von schmierigem, glitschigem Schlamm war, unter einem grauen Himmel, der keinen Hoffnungsschimmer für die zahllosen schmutzigen Leute zeigte, nur Schmutz für sie bereit hielt, bis sie starben«.[28] Er beschrieb das East End als »dreckig aussehende Wildnis«, in der die Leute »eine weiße Haut (hatten), die auf das West-End-Auge degeneriert und ominös wirken mußte«. Die Bevölkerung erschien ihm nicht tragisch, sondern schwach, ängstlich und depraviert. Die Flucht aus diesem schäbigen Leben voller Schranken, wie es sich im East End und selbst in den etwas respektableren Vororten abspielte, stellte sich ihm als Rückzug aufs Land oder in ein idealisiertes Refugium dar. Aber zugleich erkannte Wells, insbesondere in *Tono-Bungay,* auch eindeutig die wirkliche Ordnung des England der Landhäuser, das er am Beispiel von Bladeshurst geschildert hat:

[26] A. Conan Doyle, »The Geographical Distribution of British Intellect«, *The Nineteenth Century* (August 1888).

[27] H. G. Wells, *Experiment in Autobiography* (London, 1934), Bd. I, S. 277.

[28] Zit. nach Asa Briggs, *Victorian Cities* (London, 1963), S. 358. – Das Kap. 8, »London, the World City«, in diesem Buch dürfte dem hier vorgestellten Text als Vorlage gedient haben. (Anm. d. Hrsg.)

»Das große Haus, die Kirche, das Dorf, die Landarbeiter und Bediensteten entsprechend ihrem Rang und ihrer Stellung ... ein in sich geschlossenes soziales System. In der Umgebung waren noch andere Dörfer und große Güter, und zwischen ihnen pendelte und besuchte sich gegenseitig die Gentry, die feinen Olympier.«[29]

Dieses dominierende soziale System hatte alle industriellen und urbanen Revolutionen überstanden. Wirkliche Veränderungen hatten sich nur an seinem Rande ereignet. Seine grundlegenden Merkmale waren noch immer im Zentrum Londons genauso gut anzutreffen wie auf dem Dorfe. Eine wirkliche Entwicklung hatte nicht stattgefunden. Die Vorgänge in der Großstadt waren ein Auswuchs, eine Projektion dieser einfachen ländlichen Ordnung, eine Art Krebsschaden: ». . . die unorganisierte, ausufernde Masse einer tumorartigen Geschwulst, eines Prozesses, der tatsächlich alle Konturen des angesteckten Körpers verwischt.«[30] Das ist das entstellte Gesicht nicht nur einer Stadt, sondern einer ganzen Zivilisation. Das Monster wirkt jetzt aber weniger teuflisch, es hat menschliche Züge, ist

»wie ein fetter eingebildeter Speichellecker, hat Hochmütiges und Träges an sich, wie alles, was sich auf das Leben legt, es verdunkelt und behindert. Es ist etwas Materielles und Dunkles, es ist der Anti-Geist, die herrschende Macht in diesem Land, die Dummheit.«[31]

Damit wird ein völlig neuer Akzent gesetzt. Wie kaum jemand zuvor erkannte Wells den Zusammenhang zwischen der herrschenden Macht in der Stadt und der herrschenden Macht in den Landhäusern. Waren tatsächlich Stolz, Trägheit und Dummheit die gemeinsamen Grundlagen dieser Macht, dann ließ sich gegen sie auch anders vorgehen: nicht mehr durch rückwärtsgewandte Unschuld, sondern mittels bewußten Fortschritts, mittels Erziehung, Wissenschaft und Sozialismus.
Wells vereint daher in sich die verschiedenen, ja alternativen Traditionen eines Jahrhunderts. Wenn die Häßlichkeit und Gemeinheit des Industrialismus und Urbanismus als Krebsschäden eines überholten, aber hartnäckigen und dummen Systems aufgefaßt wurden, dann bot sich damit endlich die Möglichkeit, die Stadt zu kritisieren, ohne gleich in die Idealisierung einer ländlichen Ordnung zurückzufallen, sondern diese Ordnung gerade als Teil der gesamten Krankheit zu verstehen. Darüber hinaus ließen sich damit aktive Kräfte zum Einsatz gegen diese Krankheit mobilisieren, Kräfte, die von den neuen zivilisatorischen Energien freigesetzt, von einer falschen Ordnung aber bisher gelähmt worden waren.
Darin stimmt Wells' Auffassung mit der des Sozialismus überein, der sich unterdessen ständig weiterentwickelt hatte (das hat nichts mit dem

---

[29] *Tono-Bungay*, Buch I, Kap. 1, § 3.
[30] Ebda., Buch II, Kap. 1, § 1.
[31] Ebda.

Glauben an die unbeschränkten Möglichkeiten der Technik zu tun, obwohl er latent in dieser Auffassung vorhanden war und gelegentlich infolge der auftretenden gesellschaftlichen Schwierigkeiten derart abstrakt argumentiert wurde); denn die Hoffnungen auf eine neue Zivilisation wurden nicht nur durch die Leistungen der Wissenschaft und der materiellen Produktion geweckt, sondern auch durch das Entstehen neuer gesellschaftlicher Organisationsformen in den Städten. In vielen allgemein gehaltenen Anklagen war genau dieser Punkt übersehen worden. Zwar gab es tatsächlich die Aggregation und den Atomismus, die von Carlyle und anderen bemerkt worden waren. Es gab aber auch den Kampf um neue Formen der lokalen Verwaltung, der zunächst eine Reaktion auf die Überbevölkerung und das Chaos war, aus dem aber weit Besseres hervorging als das einzig bisher bekannte System, die alte Willkür der Grundbesitzer. Es gab den Kampf um das Wahlrecht und die Parlamentsreform, der sich wiederum in den Städten abspielte. Es gab den Kampf um das Recht auf Ausbildung, der von den Städten seinen Ausgang nahm und nur unter Schwierigkeiten auf dem Lande durchgesetzt werden konnte, da dieses noch immer von den Grundbesitzern und den von ihnen Abhängigen regiert wurde, die beide ein handfestes Interesse an der Unwissenheit hatten. Zu verzeichnen ist auch der Ausbau der städtischen und großstädtischen Kultur, der Kampf um neue Einrichtungen – Bibliotheken und Institute – entsprechend den neuen Bedürfnissen der Städte. Und zu diesen eindrucksvollen liberalen Errungenschaften gesellt sich noch eine völlig neue Dimension: das Entstehen der Organisation der Arbeiterklasse selbst, die die große zivilisatorische Antwort auf die Tyrannei und Anarchie der Industrie ist; die Bildung der Gewerkschaften aus den Freundeskreisen und karitativen Vereinigungen und, über diese neue Form der aktiven Nachbarschaftshilfe noch hinausweisend, die Vision der Gegenseitigkeit als einer neuen Gesellschaftsform, d. h. die Genossenschaften und der Sozialismus. Aller Opposition zum Trotz wurde diese Bewegung im Laufe des Jahrhunderts immer stärker und hielt in den achtziger Jahren selbst ins East End ihren Einzug, jenem »Wasteland«, das Gissing und andere geschildert hatten. Für Engels war es schon in Veränderung begriffen:

»Dies unermeßliche Lager des Elends ist nicht mehr die stagnierende Pfütze, die es vor sechs Jahren noch war. Das Ostend hat seine Verzweiflung abgeschüttelt; es ist dem Leben wiedergegeben und ist die Heimat des ›Neuen Unionismus‹ geworden, d. h. der Organisation der großen Masse ›ungelernter‹ Arbeiter.«[32]

Das war die Zeit, in der sich die Gasarbeiter organisierten, in der die großen Streiks der Zündholz-Mädchen und der Docker (1889) stattfan-

[32] Vorwort zur deutschen Ausgabe von 1892 der »Lage der arbeitenden Klasse in England«, a.a.O., S. 648.

den. Und diese neuen Gewerkschaften und Kämpfe, so zeigt Engels, weisen gegenüber den Handwerker-Vereinigungen der früheren Periode eine neue Qualität auf:

». . . der Glaube an die Ewigkeit des Lohnsystems (war) schon gewaltig erschüttert. Ihre Gründer und Beförderer waren entweder bewußte oder Gefühlssozialisten.«[33]

Aus dem Chaos und Elend der neuen Metropole war als Ergebnis von Kämpfen die zivilisatorische Kraft einer neuen Vision der Gesellschaft hervorgegangen, die sich von der Stadt her ausbreitete und die Leiden und Hoffnungen von Generationen unterdrückter, ausgebeuteter Menschen sammelte. Dies war, so unerwartet und herausfordernd sie auch kam, die humane Erwiderung der Stadt auf die lange Inhumanität von Stadt und Land.

Wordsworth hatte in der Stadt mit ihren Auflösungs- und Neuerungserscheinungen die Möglichkeit einer neuen »Einheit des Menschen« gesehen.[34] Dieser Sinn für höhere Formen der gesellschaftlichen Organisation und Kooperation war in vieler Hinsicht aufrechterhalten worden und hatte gerade in den Städten, wo die Ausbeutung und Inhumanität am ausgeprägtesten war, neue Formen angenommen. Trotz vieler Fehlschläge und Enttäuschungen hatte er nicht nur überdauert, sondern war stärker geworden: Erziehung, Kooperation, Demokratie, Sozialismus – alle diese Ideen und Institutionen sammelten ihre Kräfte. Gissing, der diesen Prozeß erkannt und zunächst unterstützt hatte, gelangte am Ende zu der Überzeugung, daß die schiere Wucht der Ignoranz und Deformierungen, die sich in den Städten vervielfachte, ihn erdrücken und korrumpieren würde. Er sah »brutale Kräfte in der Gesellschaft am Werk, die den Schlund der Unterwelt füllen würden«. In diesem Schlund würden auch die Träume vom Wandel verschwinden. *Demos,* die »Geschichte des englischen Sozialismus«, widerlegt mit großer Bitterkeit die Möglichkeit des sozialistischen Ideals. Diese zweite Stufe des Elends, nicht nur das unsagbare Leiden also, sondern auch der Zusammenbruch der Hoffnungen, führen ihn zu dem regressiven Traum, »unter dem Dach einer Hütte Homer zu lesen«. Der kräftigere und zuversichtlichere Wells erkannte diese und andere Gefahren, er sah in *Tono-Bungay* den Triumph der kommerziellen Demagogie, wie Gissing in *New Grub Street* den Triumph der kommerziellen Presse und Literatur gesehen hatte. Die neuen Freiheiten und die neue Erziehung konnten korrumpiert oder integriert werden, die Stadt würde sie durch Produkte von unvorstellbarer Niedrigkeit substituieren. Selbst die neuen sozialen und politischen Bewegungen, die Bannerträger der Zivilisation, ließen sich verwirren,

---

[33] Ebda.
[34] Vgl. das 7. Buch der *Prelude.*

korrumpieren oder integrieren: der wuchernde Krebs konnte sie erdrücken.

Daneben ist aber in Wells – wie im Sozialismus – der Begriff der
Möglichkeit zu finden: die Geschichte könnte so oder anders verlaufen,
die einzige Alternative zu einer neuen sozialen Ordnung war das wachsende Chaos, die sich selbst vernichtenden Städte. Dieser Kampf ist
heute, fast hundert Jahre später, noch immer nicht beendet, er muß von
neuem in Augenschein genommen werden. Aber mit dem neuen Jahrhundert nehmen Hardys eingangs zitierte Worte einen neuen Sinn an.
Die neuen Arbeiterorganisationen und die neuen demokratischen und
Erziehungsinstitutionen gaben London, den anderen Städten wie auch
der Nation insgesamt, die von ihnen jetzt dominiert wurde, die Chance,
sich selbst zu erkennen: sich ihrer bewußt zu werden und in diesem
Bewußtsein – einem kollektiven Bewußtsein – die Gestalt einer anderen
Gesellschaft zu erkennen.

III. Zum Verhältnis von Literatur- und Sozialwissenschaften

Lucien Goldmanns Beitrag zur Literatursoziologie

Probleme der Theorie

Der aus einer großen kontinentalen Tradition kommende Denker Lucien Goldmann, der, in Bukarest geboren, nacheinander die Stationen Wien, Genf, Brüssel und Paris durchlaufen hat, vereinte in seinem Arbeitsstil Mobilität mit Unpersönlichkeit. Daher war es für mich nach der Lektüre seiner Arbeiten sehr interessant, auf einen Mann zu treffen, dessen Mobilität von ganz anderer Art war, der durch seine emotionale Flexibilität auffiel, dadurch, wie er auf sein Publikum starrte, wie er lächelnd auf- und abging, dabei mehr mit seiner Zigarette als seinen Notizen beschäftigt schien, tatsächlich aber, ohne sich zu schonen, auf jedes Argument, jede Herausforderung einging. Er verkörperte eine Art Paradox: einerseits gab er sich amüsiert, andererseits absolut ernst; manchmal wirkten seine Überzeugungen eher provisorisch, dann wieder verteidigte er sie leidenschaftlich; einerseits sehr zurückhaltend, wußte er sich andererseits doch zur Geltung zu bringen. Vielleicht aber bestand das Paradox nur in der Tatsache, daß sich Goldmann in Cambridge aufhielt[1].

Für mich besteht kein Zweifel daran, daß wir derzeit in der Soziologie und Literaturwissenschaft auf eine ganze Reihe von Paradoxien stoßen, die sich uns auf die verschiedenartigste Weise darbieten, obwohl sie sich wesentlich auf einen einzigen Grundwiderspruch reduzieren lassen: daß wir nämlich eine Theorie brauchen, aufgrund bestimmter Existenz- und Bewußtseinsschranken aber an ihrer Ausarbeitung gehindert werden; daß wir uns der Notwendigkeit einer solchen Theorie zwar bewußt sind, infolge ihrer Abwesenheit aber ständig zu Pseudotheorien Zuflucht nehmen, die uns nicht nur nicht befriedigen, sondern uns durch Untersuchungen am falschen Platz und mit falschen Verfahren in die Irre führen. Die Idee der Theorie umfaßt Gesetze, Methoden, ja eine Methodologie. Die einzig zur Verfügung stehenden Gesetzesbegriffe und organisierten Methoden stammen indessen, worauf Goldmann hingewiesen hat, aus Wissenschaften wie der Physik, wo die untersuchte Materie als objektiv gelten kann, wo wertfreie Beobachtungen angestellt werden können und

---

[1] Anm. d. Hrsg.: Der vorliegende Text ist ein Vortrag, den Williams am 26. April 1971 anläßlich des Todes von Goldmann in Cambridge gehalten hat. Ein Jahr zuvor war Goldmann zu zwei Vorträgen nach Cambridge gekommen. – Der Vortragscharakter des Aufsatzes erklärt manche Längen und Wiederholungen.

damit die Grundlage zu einer interesselosen Forschung gegeben ist und wo schließlich exakte Disziplinen – in der Tat in beeindruckender Weise – möglich sind.

Hinzu kommt, daß wir es in der Literatur mit einem regelrecht mit Werten überfrachteten Gegenstand zu tun haben. Wollten wir uns indessen der Beschäftigung mit diesen Werten entziehen, dann bliebe nichts übrig, was überhaupt noch der Untersuchung bedürfte. Im Kontext der Universität freilich, die sich immer mehr in spezialisierten exakten und interesselosen Disziplinen definiert, führt uns diese Situation offensichtlich in die Krise. Es ist daher kaum verwunderlich, daß es in England die Literaturkritiker, allen voran Leavis, waren, die den Kampf gegen das aufgenommen haben, was Goldmann als »Szientismus« bezeichnet hat. Die Erfolge der Soziologie sind weniger eindeutig. Natürlich ist es auch in den Sozialwissenschaften möglich, durch Abgrenzung, Isolierung und dergleichen Vorgänge eine Art von objektivem Gegenstand zu gewinnen, der sich als wertfrei bezeichnen ließe, da er mit der Erfahrung oder anderen Beziehungen nicht in Verbindung gebracht wird. Auf diese Weise lassen sich sogar ausgeklügelte Meinungsumfragen durchführen, in denen es ohne Zweifel um Werte geht: was dabei als Ergebnis zutage gefördert wird, beschränkt sich allerdings oft auf Aussagen wie die, daß ein bestimmter Prozentsatz der Bevölkerung dieses, ein anderer Prozentsatz jenes glaube. Nun soll gar nicht behauptet werden, derartige Ergebnisse seien für die Sozialwissenschaften ohne Belang. Tatsächlich kommen sie ja, da sie sich mit den Menschen in ihrem jeweiligen gesellschaftlichen und historischen Kontext befassen, gar nicht umhin, auch auf Werte und Entscheidungen, einschließlich der Werte und Entscheidungen des Beobachters, einzugehen. Allerdings fehlte den Sozialwissenschaften bisher so etwas wie ein wirklich humanes Zentrum: und dieser Mangel, zusammen mit dem historischen Versagen, sie in Großbritannien auch nur in einer annähernd adäquaten Weise aufzubauen (es sei an die Schwierigkeit erinnert, sie in Cambridge überhaupt zu etablieren), hat den Anspruch bestärkt, dieses Zentrum sei in der Literatur, im Fach Englisch zu finden, wo Werte nicht nur nicht bestritten, sondern ausdrücklich diskutiert würden.

Damit ist das entscheidende Problem des Verhältnisses von Literatur und Sozialwissenschaften aufgeworfen. Nebenbei bemerkt sollten wir nicht meinen, daß in der Literaturwissenschaft überhaupt kein Versuch unternommen worden sei, dem vermeintlich Objektiven nachzugehen. In der Klassischen Philologie beispielsweise wurden Sprachen und auch Literaturen einer strengen inneren Methodologie unterworfen, die auf nahezu alle andere Philologien übergriff. In ihnen dominierte so der gleiche Geist, wurde eine an Standardtexten erprobte philologische

Methode dem Literaturstudium als ein Minimum an wissenschaftlicher Disziplin auferlegt. In unserem eigenen Fach ist die relative Isolation von der Frage des Werturteils bzw. der Geschichte dem Studium der gewiß sehr reichen mittelenglischen Literatur zuzuschreiben. Ohne Zweifel läßt sich all dies rechtfertigen, nur wird diese Rechtfertigung an der zentralen Frage vorbeigehen, wird fachimmanent und peripher bleiben.

Der Unterschied zwischen der Physik und den Geisteswissenschaften zeigt sich nicht nur am Beispiel der Wertvorstellungen, sondern auch am Problem der Veränderung: Gesellschaften und Literaturen haben eine Geschichte hinter sich, die sie von ihren aktiven Werten untrennbar macht. Andererseits scheinen sich diese Fakten der Veränderung in einigen Gesellschafts- und Geschichtswissenschaften in eine Totalität projizieren zu lassen, die den Vorzug des Stillstandes aufweist. Im Bereich der Literatur ist die Tradition dafür ein hervorragendes Beispiel. Diese meistverbreitete aller falschen Totalitäten wird nie als die aktive Selektion, Wertsetzung und Auslassung betrachtet, die sie immer gewesen ist, sondern als Objekt, als projizierte Realität, mit der wir uns abzufinden haben. Die Idee eines festen Lehrplans ist die methodologische Konsequenz dieser Voraussetzung, und natürlich wird, allerdings unter dem Vorzeichen einer solchen Totalität, selbst das Faktum der Veränderung zugelassen. Es ist sogar so, daß wir zum Studium der Literaturgeschichte ermuntert werden; allerdings wird sie dabei nicht als Veränderung, sondern als eine Reihe von Variationen innerhalb einer als statisch begriffenen Totalität aufgefaßt: Hervorgehoben werden, wie in der empirischen Geschichtswissenschaft, die spezifischen Merkmale dieser oder jener Periode, wobei dieses »oder« für die zeitliche Variation und gegen eine qualitative Veränderung zu sprechen scheint.

Ähnliche falsche Totalitäten sind auch in den Wirtschaftswissenschaften, der politischen Theorie, der Anthropologie und selbst der zeitgenössischen Soziologie weitverbreitet. Immer wird die Variation als eine Tatsache unter anderen gesehen, nicht aber als Vorgang, der uns zwangsläufig mit dem beunruhigenden Prozeß aktiver Werte und Entscheidungen konfrontiert. Wenn gesagt wird, daß wir auf Fakten angewiesen sind und ihre Erarbeitung große Mühen macht, dann ist dies zwar nicht von der Hand zu weisen. Nur basiert dieser beflissene Empirismus von Anfang an auf der Voraussetzung, daß die Fakten zum Stillstand gebracht und wie wir »interesselos« gemacht werden können. Die Theorie, heißt es, komme hinterher. Der springende Punkt ist jedoch, daß hier stillschweigend die Totalität als statisch, passiv und empirisch faßbar vorausgesetzt wird. Das klarste Beispiel dafür bietet in der Literaturwissenschaft die Methodologie der »Gattungen« oder »Genres«.[2] Hier wird die gesamte empirische Arbeit überhaupt erst durch die uneingestandene Voraussetzung ermöglicht, daß es im Korpus der Literatur »dauerhafte Formen« wie Epos, Tragödie oder Roman gebe, so daß sich unser Interesse allein auf die Variationen innerhalb dieser Formen konzentriert. Dabei wird durchaus zugegeben, daß sie gleiche Ursachen, ja eine vergleichbare Sozialgeschichte haben können, andererseits aber werden sie wesentlich als autonom, nur ihren eigenen inneren Gesetzen gehorchend begriffen. Eine solche a priori gemachte Voraussetzung ist natürlich idealistisch. Sie gestattet uns weder, die Entstehung derartiger Formen – die nämlich, einerlei was von ihnen gesagt wird, nie zeitlos sind –, noch die grundlegenden qualitativen Veränderungen in ihnen zu erkennen. D. h. diese oft nur temporäre Bedeutung erlangenden Formen bedürfen in Wirklichkeit einer Untersuchungsmethode, die nicht von allgemeinen Klassifizierungen ausgeht.

Die Grenzen der »praktischen Literaturkritik«

Der Anspruch der Literatur, die entscheidende Humanwissenschaft zu sein, gründete sich indessen auf keine dieser nur äußerlich objektiven Methoden. Er basierte auf der »praktischen Literatur-Kritik«[3], die paradoxerweise einen Großteil der englischen Beiträge zur Literatursoziologie geliefert hat. Goldmann wäre – wie jeder Besucher – über die Intensität und das außerordentliche menschliche Engagement dieser Bewegung erstaunt gewesen. Einen Moment lang hätte er vermutlich angenommen, in Cambridge Verbündete für seine Ablehnung des Szientismus gefunden zu haben. Aber dies wäre von kurzer Dauer gewesen, da Goldmann den Szientismus – das unkritische Übertragen von Methoden aus dem Bereich der Physik in die Geisteswissenschaften – im Namen einer kritischen Soziologie attackierte, während das Wort »Soziologie« den Vertretern der praktischen Literaturkritik kaum mehr als ein müdes Lächeln entlockt hätte. Und als Goldmann seine Methodologie zu beschreiben begann, dauerte es kaum fünfzehn Minuten, als schon das erste vernichtende Lawrence-Zitat gebracht wurde:

»Wir beurteilen ein Kunstwerk einzig und allein nach seiner Wirkung auf unsere aufrichtigen und lebendigen Gefühle. Das ganze literaturkritische Getue um Stil und Form, das

---

[2] Anm. d. Hrsg.: Seit seiner Beschäftigung mit dem modernen Drama kommt Raymond Williams immer wieder auf dieses negative Beispiel zurück. Vgl. auch den Schluß des »Basis-Überbau«-Textes, in dem er die Behandlung der Genres seitens der »orthodoxen Literaturkritik« mit seinem eigenen »voraussetzungslosen« Ansatz konfrontiert.

[3] Anm. d. Hrsg.: Gemeint ist in erster Linie die lange Zeit in Cambridge ansässige Kritikergruppe um F. R. Leavis (Q. D. Leavis, L. C. Knights, H. A. Mason u.a.), aber auch I. A. Richards, der 1929 ein Buch mit dem Titel *Practical Criticism* veröffentlicht hat, und sein Schüler William Empson.

ganze pseudowissenschaftliche Klassifizieren und Analysieren von Büchern in einer der Botanik abgeschauten Façon ist eine Absurdität und meist stumpfsinniger Kauderwelsch.«[4]

Also um Himmels willen keine Methodologie, sondern aufrichtige und lebendige Gefühle. Doch wer sollte darüber entscheiden, was aufrichtig und was lebendig war? Wer es nötig hatte, diese Frage zu stellen, konnte sicher sein, daß er die Antwort nicht verstehen würde. Sie lautete: die Menschen entscheiden, aus sich selbst heraus und in Zusammenarbeit mit den Literaturkritikern.

Aber welche Menschen, in welchen gesellschaftlichen Verhältnissen? Der Soziologe, der diese Frage, auch auf die Gefahr hin, belächelt zu werden, stellt, rührt an den schwachen Punkt der praktischen Kritik: an die Verknöcherung einer anscheinend objektiven Methode, die trotzig von subjektiven Prinzipien ausgeht; an das Herauslösen der Texte aus ihrem Kontext; an die kontemplativen Aspekte dieser Kritik, aufgrund derer sie oft gegenüber neuen literarischen Werken eine feindliche Stellung eingenommen hat. Man hört zwar, diese Schwächen träten nur dann hervor, wenn die Methode schlecht appliziert werde – was heißt das eigentlich? –, in Wirklichkeit sind sie jedoch das Ergebnis der spezifischen gesellschaftlichen Situation derer, die sie anwenden. Die wirkliche Antwort auf die Frage, wer wie entscheide, lautet daher bekanntlich knapp und prinzipiell: die eingeweihte Minorität der Kritiker. Was als allgemeinster Anspruch, als sichtbar menschlich engagierter Vorgang begann und sich auf die scheinbar absoluten Werte Aufrichtigkeit und Lebendigkeit gründete, endete somit als selbstgefälliger Verein. Da diese Kritiker jedoch zweifelsohne aktiv waren, gerieten ihnen bestimmte gesellschaftliche Verhältnisse in den Blick, entwickelte sich bei ihnen das Gefühl, vom Hauptstrom der Zivilisation abgeschnitten zu sein, stellte sich der Eindruck ein, Aufrichtigkeit und Lebendigkeit würden bedroht und vernichtet, und sie wurden daher zu unerbittlichen Gegnern aller Agenten dieser Bedrohung und Vernichtung. Natürlich zog dies eine Verallgemeinerung ihrer Ausgangsposition nach sich. Von dieser Notwendigkeit einer radikal eingestellten Gruppe von Kritikern, ihre Tätigkeit zu rechtfertigen, nahm die englische Literatursoziologie ihren Ausgang: Differenzierungsmerkmale zur Unterscheidung guter Literatur von schlechter oder mittelmäßiger Literatur mußten erarbeitet werden, wobei diese Frage überleitete zu einer Analyse der kulturellen Bedingungen, die diesen Wertunterschieden zugrundelagen (es mußte also eine kritische Literatur- und Kulturgeschichte geschrieben werden), und schließlich – um damit auf den Ausgangspunkt der Tätigkeit des

---

[4] D. H. Lawrence, »John Galsworthy«, *Selected Essays*, Penguin-Ausgabe (Harmondsworth, 1950), S. 217.

Kritikers zurückzukommen – stieß man auf eines der wichtigsten Elemente dieser Bedingungen, auf die Natur des Lesepublikums. Die Interpretation, die von den praktischen Kritikern hierzu geliefert wurde, hieß natürlich: kultureller Niedergang; und insofern war die eigene Isolation sowohl Ausgangspunkt als auch Ergebnis dieser eingeweihten Minorität von Kritikern. Jede Theorie des kulturellen Niedergangs, unbefangener ausgedrückt: der kulturellen Krise – die nachzuweisen den praktischen Kritikern nicht besonders schwerfiel – verlangt jedoch eine tiefergehende gesellschaftliche Erklärung. Im vorliegenden Fall wurde sie in der Zerstörung der organischen Gesellschaft durch die Industrialisierung und Massenzivilisation gesucht.

In den dreißiger Jahren überschnitt sich diese Diagnose oder schien sich jedenfalls mit anderen radikalen Theorien zu überschneiden, wobei in erster Linie die marxistische Interpretation des Kapitalismus zu nennen ist. Allerdings standen sich die beiden Gruppen von Anfang an ausgesprochen feindlich gegenüber. Die Auseinandersetzung zwischen *Scrutiny* und den englischen Marxisten wurde, retrospektiv betrachtet, ohne Zweifel von *Scrutiny* gewonnen.[5]

Der Grund dafür liegt einesteils in der Tatsache, daß sich die *Scrutiny*-Kritiker näher mit der Literatur befaßten und diese nicht einfach einer Theorie anpaßten, die wie im Falle der Marxisten einem ganz anderen Bereich, der Ökonomie, entnommen war. Daneben aber gibt es noch einen tieferen Grund für diese Niederlage. Der Marxismus damaliger Ausprägung versagte genau an dem Punkt, wo die praktische Kritik ausgesprochen stark war: er war unfähig, eine präzise, detaillierte und adäquate Darstellung des Bewußtseins zu liefern, nicht ein bloßes Schema oder eine Verallgemeinerung also, sondern Arbeiten, die reich an spezifischen und bemerkenswerten Erfahrungen waren. Und nach dem Grund für diese Schwäche im Marxismus braucht man nicht lange zu suchen: er hängt mit der überlieferten Basis-Überbau-Formel zusammen, die leicht zu einer Interpretation verkürzt werden konnte, die im Überbau eine bloße Spiegelung, Darstellung oder ideologischen Ausdruck sah. Eine solche Vereinfachung hielt natürlich der Erfahrung über längere Zeit nicht stand. Die Theorie und Praxis dieses Reduktionismus – menschliche Erfahrungen und Schöpfungen verkehrten sich in ihm mechanisch zu Klassifizierungen, deren Bedeutung und ultima ratio einem ganz anderen Bereich entnommen waren – ließ praktisch jedem das Feld offen, der auch nur im entferntesten eine Darstellung der Kunst zu liefern imstande war, deren Nähe und Intensität irgendwie mit der menschlichen Dimension, in der Kunstwerke geschaffen und gewertet werden, übereinstimmte.

---

[5] Anm. d. Hrsg.: Die Zeitschrift *Scrutiny* (1932–1953) war das Sprachrohr des Leavis-Kreises.

Der Sieg, von dem ich sprach, war in der Tat so vernichtend, daß die alten Fragen in England eine Generation lang nicht mehr gestellt werden konnten. Man glaubte, alle Antworten schon gefunden zu haben. Ohne Zweifel werden manche von uns die Namen Lukács und Goldmann mit dem preisgegebenen Schlachtfeld in Verbindung bringen. Was haben sie zu bieten außer einem leicht verbesserten Vokabular und neuem politischen Leben? So sehr ich der Ansicht bin, daß sie weit mehr zu bieten haben, so wenig dürfen wir andererseits die geführte Auseinandersetzung vergessen, denn einiges, was aus ihr gelernt werden kann und gelernt worden ist, läßt den spezifisch englischen Beitrag zur Debatte noch immer relevant erscheinen.

Wie bereits gesagt, war es in erster Linie die überlieferte Basis-Überbau-Formel, der die oft so schwachen marxistischen Darstellungen der Literatur und des Denkens zuzuschreiben waren. Vielen scheint indes diese Formel noch immer zu den zentralen Thesen des Marxismus zu gehören, ja die richtige Methodologie für die Kulturgeschichte, die Literaturkritik und natürlich auch für das Verhältnis von Sozial- und Kulturwissenschaften zu sein. Obwohl sich über die einzelnen Begriffe endlos lange debattieren läßt, muß doch an der These akzeptiert werden, daß die ökonomische Basis die gesellschaftlichen Verhältnisse, diese das Bewußtsein und das Bewußtsein wiederum die eigentlichen Gedanken und Werke bestimme. Anderenfalls scheint der Marxismus seine charakteristische herausfordernde Position zu verlieren.

Die gesellschaftliche Totalität

Ich für meinen Teil habe die Basis-Überbau-Formel stets abgelehnt, weniger wegen ihrer methodologischen Schwäche, als wegen ihres rigiden, abstrakten und statischen Charakters, nicht zuletzt schließlich auch deswegen, weil ich im Rahmen meiner Arbeiten über das 19. Jahrhundert zu der Auffassung gelangt bin, daß es sich bei ihr im Grunde um eine bürgerliche Formel, genauer gesagt, um eine Position des utilitaristischen Denkens handelt. Ich wollte zwar ursprünglich keineswegs auf den Gedanken verzichten, daß der Ökonomie und der Geschichte überragende Bedeutung zukomme, zumal mein Ansatz in *Culture and Society* auf die Vorstellung von einem alles transformierenden Wandel zurückging. Aber praktisch und theoretisch gewann ich die Überzeugung, daß ich das, was mir als marxistische Tradition erschien, aufgeben oder zumindest beiseite lassen mußte. Was ich mit dem Projekt der *Long Revolution* verband – den Versuch, eine Theorie der gesellschaftlichen Totalität auszuarbeiten; die Erforschung der Kultur als Erforschung der Beziehungen zwischen dem Ganzen und seinen Elementen zu begreifen; die Strukturen einzelner Werke aufzudecken; die Formen und Beziehungen des allgemeinen gesellschaftlichen Lebens zu erhellen; die Basis-Überbau-Formel durch eine aktivere Idee zu ersetzen, die von einem Feld gegenseitig, wenn auch ungleich stark aufeinander einwirkender Kräfte ausging – all dies habe ich ohne Kenntnis von Lukács' und Goldmanns Arbeiten unternommen, obwohl sie für dieses Buch äußerst relevant gewesen wären. Heute scheint mir dies unglaublich. Ich kannte noch nicht einmal Marx' in der *Deutschen Ideologie* geleistete Analyse der Nützlichkeitstheorie[6], in der – wie ich es jetzt bei der Lektüre von Marx immer stärker empfinde – der in der Basis-Überbau-Formel enthaltene Reduktionismus eine sehr präzise historische und analytische Bestimmung erhielt.

Angesichts dieser Lage kann man sich vorstellen, was ich empfand, als ich in den Arbeiten von Lukács und Goldmann auf eine vollentwickelte marxistische Theorie stieß, die sehr ähnliche Gebiete teils mit den gleichen, teils mit anderen, weitreichenderen Begriffen untersuchte. Obwohl ich gleichzeitig erfuhr, daß diese Arbeiten als häretisch, als Rückkehr zum Linkshegelianismus, als linksbürgerlicher Idealismus und so fort gebrandmarkt worden waren, hat mich das zugegebenermaßen kaum gestört. Wenn man nicht in der Kirche ist, interessiert man sich nicht für Häresien, sondern allein für die Theorie und die Praxis.

Der wirkliche Fortschritt von Lukács' und Goldmanns Arbeiten schien mir in ihren Aussagen über die Verdinglichung zu bestehen; denn hier wurde die Herrschaft der ökonomischen Aktivität über alle anderen Formen der menschlichen Tätigkeit – die Herrschaft ihrer Werte über alle anderen Werte – mit dem präzisen historischen Argument erklärt, daß jene Herrschaft, jene Deformation das spezifische Merkmal der kapitalistischen Gesellschaft war und daß diese Herrschaft im modernen organisierten Kapitalismus, wie tatsächlich beobachtet werden kann, immer mehr zunimmt, so daß die Verdinglichung, die falsche Objektivität, alle anderen Lebens- und Bewußtseinsformen durchdringt. Die Idee der Totalität war daher eine kritische Waffe gerade gegen diese Deformation, ja gegen den Kapitalismus selbst. Und dennoch handelt es sich bei der These vom Primat anderer Werte nicht um Idealismus. Im Gegenteil, wie zum Verständnis der Deformation letztlich eine ökonomische Analyse erforderlich war, konnte auch der Versuch, sie zu überwinden, nur in Form praktischer Arbeit unternommen werden: menschlichere gesellschaftliche Zwecke mußten mit menschlicheren politischen Mitteln erreicht, verteidigt und ausgebaut werden.

Was die Praxis des Kritikers betraf, so ließ sich dem ohne weiteres zustimmen. Auf der anderen Seite beinhaltet aber das Denken in

---

[6] Anm. d. Hrsg.: Vgl. *MEW*, Bd. 3, S. 394 ff.

Kategorien der Totalität gerade die Erkenntnis, daß wir – unser Bewußtsein, unsere Arbeit, unsere Methoden – Teil dieser Totalität sind. Und daraus ergab sich offensichtlich eine Schwierigkeit für die Analyse von Literatur, war doch ein Großteil der Werke, mit denen wir es zu tun hatten, ein Produkt eben dieser Epoche des verdinglichten Bewußtseins. Somit konnte sich, was zunächst als theoretischer Durchbruch erschien, leicht zur methodologischen Falle entwickeln. Über Lukács kann ich kein endgültiges Urteil fällen, da mir sein Gesamtwerk noch nicht zugänglich ist; aber von einem Teil seiner Arbeiten, von *Geschichte und Klassenbewußtsein* zum Beispiel, von dem er sich jetzt freilich teilweise distanziert hat, läßt sich sagen, daß sie trotz grundlegender Erkenntnisse für die Praxis des Kritikers wenig hergeben und daß bestimmte grobschlächtige Verfahren in ihnen – im Grunde noch immer die des Basis-Überbau-Schemas – stets von neuem auftauchen. Und wenn ich Goldmann kritisch lese, stellt sich mir die gleiche Frage; die Handhabung des Totalitätsbegriffs ist noch immer überaus schwierig.

Andererseits sind bemerkenswerte Fortschritte erzielt worden. Wichtig scheint mir insbesondere der auf Lukács zurückgehende, von Goldmann aber entscheidend weiterentwickelte Begriff der Struktur, der neues Licht auf das Verhältnis von Sozial- und Geisteswissenschaften wirft. Auf einer niedrigeren Stufe können inzwischen, obwohl dies bisher noch kaum geschehen ist, die Überschneidungspunkte von Literatur und Soziologie erarbeitet und Untersuchungen über das Lesepublikum angefertigt werden, in denen sich die literarische Analyse der gelesenen Werke mit der soziologischen Analyse der wirklichen Zusammensetzung des Publikums verknüpfen läßt. Weiterhin wäre die eigentliche Geschichte der Schriftsteller als einer sich verändernden historischen Gruppe in ihrem Zusammenhang mit dem Inhalt ihrer Werke zu untersuchen. Und schließlich müßte die Sozialgeschichte der literarischen Formen in ihrer Besonderheit und Vielfalt, wie auch in ihren Beziehungen zu anderen Formationen erforscht werden. In *The Long Revolution* habe ich einige dieser Analysen in Angriff genommen, dabei aber stets den Mangel an Mitarbeitern als ein entscheidendes Handikap empfunden. Insbesondere fehlten Mitarbeiter, die, wenn wir an die schwierigsten Hauptprobleme kamen, nicht sagten oder sagen mußten, sie seien an die Grenzen ihres Faches gelangt.

Goldmann akzeptierte diese Grenzen natürlich nicht. Einmal sprach er als Soziologe, dann als Literaturkritiker oder Kulturhistoriker. Gleichzeitig fußte seine intellektuelle Tradition jedoch von Anfang an auf einer Philosophie und Soziologie, ohne die seine sorgfältigen literarischen Studien nicht zu denken sind. Wenn er von Strukturen sprach, hatte er damit ganz bewußt einen Begriff, eine Methode vor Augen, die diesen scheinbar einander fremden Disziplinen zugrundelag. Indem sich dieser

Begriff, diese Methode auf das Bewußtsein bezog, wurde deutlich, daß das Verhältnis von Literatur und Soziologie nicht so zu konzipieren war, als hätten wir auf der einen Seite die Kunstwerke, auf der anderen die diversen empirischen Fakten und zwischen ihnen eine Verbindungslinie. Die Beziehung konnte nur innerhalb der Totalität gedacht werden, und insofern mußte sie erst vermutet und dann aufgedeckt, und nicht – wie in unserer Tradition üblich – erst erfaßt und dann gedeutet werden. Daher konnte auch vieles, was unserer Tradition zufolge erst bewiesen werden muß, zugunsten einer allgemeinen Position übergangen werden. Die Methodologie konnte noch vor der eigentlichen Analyse in allgemeinen philosophischen und soziologischen Begriffen formuliert werden. Wenn wir auf unsere Arbeit zurückblicken, so müssen wir feststellen, daß uns dafür eine entwickelte Philosophie oder Soziologie fehlte. Blicken wir hingegen auf Goldmanns Werk – das übrigens trotz mancher Differenzen im eigenen Lager für diese andere Tradition repräsentativ ist –, müssen wir zugeben, daß es dank seines Argumentationsniveaus ein Zentrum hatte, noch bevor der eigentliche Kontakt mit der Materie begann.

Gefühlsstrukturen

Ich glaube, daß die folgenden Ausführungen, wenn sie weiterentwickelt werden können, die für eine Methode notwendige Spannung, den notwendigen Widerspruch aufweisen. Dazu ein Beispiel. In meiner eigenen Arbeit kam ich an den Punkt, wo ich die Idee der Gefühlsstruktur entwickeln mußte. Damit sollten bestimmte Merkmale einer Gruppe von Schriftstellern in einer bestimmten historischen Situation bezeichnet werden. Später komme ich darauf noch einmal ausführlicher zurück. Jedenfalls fand ich, daß Goldmann interessanterweise von einem Strukturbegriff ausging, der in sich eine Beziehung zwischen literarischen und gesellschaftlichen Fakten enthielt. Diese Beziehung, darauf wies er mit Nachdruck hin, war nicht eine Frage des Inhalts, sondern der »geistigen« Strukturen. Sie bezeichnete die Kategorien, die gleichzeitig das empirische Bewußtsein einer bestimmten sozialen Gruppe und die vom Schriftsteller geschaffene imaginäre Welt organisierten. Solche Strukturen werden per definitionem nicht individuell, sondern kollektiv geschaffen. In einem in das Englische kaum zu übersetzenden Ausdruck wurde dies als genetischer Strukturalismus bezeichnet, da sich die Analyse notwendig nicht mit den Strukturen, sondern auch mit ihrer historischen Herausbildung und Entwicklung befaßte. Grundlage dieses Ansatzes ist der Glaube, daß alle menschliche Tätigkeit einen Versuch darstellt, in sinnvoller Weise auf eine objektive Situation zu reagieren. Von wem geht diese Reaktion aus? Nach Ansicht Goldmanns weder vom Individuum noch von einer abstrakten Gruppe, sondern von Individuen innerhalb wirklicher kollektiver gesellschaftlicher Verhältnisse. Die sinnvolle Reaktion ist eine bestimmte Sicht von der Welt, eine organisierende Weltanschauung. Und dieses Element der Organisierung ist im Bereich der Literatur das signifikante gesellschaftliche Faktum. Die Übereinstimmung zwischen dem Schriftsteller und seiner Welt ist weniger eine des Inhalts als vielmehr der Organisation, der Struktur. Die inhaltliche Beziehung ist vielleicht eine bloße Spiegelung; die Strukturbeziehung dagegen, die noch vorhanden ist, wenn schon keine inhaltliche Beziehung mehr erkenntlich ist, kann uns das organisierende Prinzip zeigen, mit dem eine bestimmte Weltsicht und damit die Kohärenz der gesellschaftlichen Gruppe, die an ihr festhält, im Bewußtsein wirklich operiert.

Für die Arbeit des Kritikers ist nun wichtig, daß Goldmann, darin Lukács folgend, zwischen dem wirklichen und dem zugerechneten Bewußtsein unterschied, wobei ersteres durch seine Vielfalt, letzteres durch den Grad seiner Angemessenheit und Kohärenz gekennzeichnet ist. Eine gesellschaftliche Gruppe ist im allgemeinen in ihrem wirklichen Bewußtsein beschränkt, wobei dies zu vielerlei Illusionen, zu Elementen eines falschen Bewußtseins führt, die natürlich von der Literatur oft benutzt und widergespiegelt werden. Andererseits gibt es das größtmögliche Bewußtsein, eine von einem sehr hohen Niveau an Kohärenz ausgehende Sicht der Welt, die nur dort ihre Grenze findet, wo ihre Weiterentwicklung die Überwindung, Veränderung, den Austausch der Gruppe durch eine andere nach sich ziehen würde.

Der größte Teil der Literatursoziologie, so argumentierte Goldmann weiter, befaßt sich mit dem relativ offenliegenden Verbindungen zwischen der Literatur und dem wirklichen Bewußtsein, die sich im Inhalt der Literatur oder in der konventionellen Aufarbeitung alter Illusionen finden. Die neue Literatursoziologie dagegen, der genetische Strukturalismus, beschäftigt sich mit den grundlegenderen Verbindungen zwischen der Literatur und dem zugerechneten Bewußtsein; denn zum inneren Kern seiner Auffassungen gehört gerade die Überzeugung, daß die größten literarischen Werke diejenigen sind, die auf dem denkbar höchsten Niveau eine kohärente und adäquate Welt-Sicht schaffen. Daher sollten wir nicht in erster Linie nebensächliche Verbindungen studieren wie die zwischen Inhalt und Hintergrund eines Werks oder zwischen Schriftstellern und Lesern. Zu untersuchen wären vielmehr die organisierenden und grundlegenden Strukturen, die den großen Werken der Literatur überhaupt erst ihre Einheit, ihren spezifisch ästhetischen Charakter und ihre streng literarische Qualität verleihen und uns damit zugleich das größtmögliche Bewußtsein einer gesellschaftlichen Gruppe

– d. h. einer gesellschaftlichen Klasse – zeigen, die diese Werke vermittels ihrer individuellen Autoren letztlich geschaffen hat.

Das ist ein gewichtiges Argument, auf das sich näher einzugehen lohnt. Die Idee der Weltanschauung, einer bestimmten organisierten Sicht der Welt, ist uns aus unserem eigenen Fach vertraut. Tatsächlich habe ich viele Jahre gebraucht, um von der bei uns üblichen Ausprägung dieser Idee loszukommen. Das elisabethanische Weltbild beispielsweise war zwar eine in sich faszinierende Sache, erwies sich jedoch bei der Analyse des vollen Gehalts des elisabethanischen Dramas eher als Hindernis denn als Hilfe. Ähnlich erging es mir mit dem griechischen Weltbild, als ich es mit dem griechischen Drama verglich, bzw. mit dem viktorianischen Weltbild bei der Lektüre der Romane dieser Zeit. Hierbei kann uns Goldmanns Unterscheidung weiterhelfen. Er würde sagen, daß, was wir im Weltbild geboten bekamen, ein Resümee des wirklichen Bewußtseins war, wohingegen das, was wir in der Literatur vorfanden, das davon oft erheblich abweichende zugerechnete Bewußtsein war. So sehr das zutreffen mag, macht es indessen den Begriff des Bewußtseins nicht leichter verständlich. Was uns im allgemeinen als Weltanschauung präsentiert wird, ist eine derart organisierte, kohärente Zusammenfassung der Lehren einer Epoche, daß sie die meisten in ihr lebenden Menschen kaum hätten formulieren können. Allerdings bin ich mir nicht sicher, ob ich das immer von dem unterscheiden kann, was Goldmann in seinen Analysen als Beispiele von zugerechnetem Bewußtsein anführt. Ich würde sogar meinen, daß beide Versionen nicht selten eine Diskrepanz zu den wirklichen Strukturen und Prozessen der Literatur aufweisen. Der von mir entwickelte Begriff der Gefühlsstruktur war gerade als Antwort auf diese Diskrepanz gedacht. Zwar gab es in den zeitgenössischen Institutionen und Glaubenshaltungen wirkliche gesellschaftliche und natürliche Beziehungen und relativ organisierte und kohärente Bildungen derselben. Was aber meines Erachtens in den großen Werken der Literatur wirklich hervortrat, war sowohl eine Realisierung als auch schon eine Reaktion auf diese zugrundeliegenden Strukturen. Dadurch konstituierte sich für mich überhaupt erst das Spezifische am literarischen Phänomen. In der Dramatisierung eines Vorganges, im Verfassen eines Romans wurden die konstitutiven Elemente des wirklichen gesellschaftlichen Lebens und Denkens zugleich aktualisiert und in entscheidender Hinsicht anders erfahren, wobei der Unterschied zwischen beiden im imaginären Akt, der imaginären Methode, der spezifisch und genuin präzedenzlosen imaginären Organisation lag.

In großen individuellen Talenten ist die Wirkung dieser Vorgänge spürbar, und ich bin davon überzeugt, daß die spezifischen gesellschaftlichen Gründe für die Suche nach dieser imaginären Alternative in der Geschichte der Schriftsteller selbst zu suchen sind. Andererseits bin ich mir jedoch auch sicher, daß diese schöpferischen Akte in einer gegebenen historischen Periode eine spezifische Gemeinschaft darstellen, die an der Gefühlsstruktur erkannt, vor allem aber an grundlegenden Veränderungen in der Form nachgewiesen werden kann. Ich habe versucht, dies in einzelnen Fällen am Drama der letzten hundert Jahre sowie an der Entwicklung und Krise des englischen Romans der gleichen Phase nachzuweisen. Was mir an den sich wandelnden Gefühlsstrukturen besonders bemerkenswert erscheint, ist die Tatsache, daß sie normalerweise den großen Veränderungen in den formalen Ideen und Glaubenshaltungen vorausgehen, die traditionellerweise als die Geschichte des Bewußtseins gelten, und daß sie weiterhin, obgleich sie eindeutig mit der wirklichen Geschichte der Gesellschaft, mit Menschen in wirklichen, sich verändernden gesellschaftlichen Verhältnissen korrespondieren, normalerweise auch den großen Veränderungen in den formalen Institutionen und Beziehungen vorausgehen, die im allgemeinen als Geschichte gelten. Das meine ich, wenn ich davon spreche, daß die Kunst eine der primären menschlichen Tätigkeiten ist und daß es ihr gelingt, nicht nur das herrschende gesellschaftliche und geistige System zu artikulieren, sondern zugleich auch die Folgen dieses Systems im Leben der Individuen, die Erfahrungen und aktiven Reaktionen, die neue gesellschaftliche Tätigkeit und das, was wir das individuelle Leben nennen, das aber, da es spezifisch geformt und auf seine Weise vollständig, ja autonom ist, zugänglich gemacht und damit über seine ursprüngliche Situation hinaus vermittelt und kommuniziert werden kann.

Vor diesem Hintergrund ist ohne weiteres zu sehen, warum wir Interpretationen des Bewußtseins ablehnen müssen, die dieses direkt oder über den Umweg von Ungleichzeitigkeit oder etwas größerer Komplexität auf eine determinierende Basis beziehen wollen. Die von Lukács und Goldmann akzentuierte aktive Rolle des Bewußtseins ist ein Ausweg aus dieser Sackgasse. Und man könnte behaupten, daß sich die von mir eben beschriebene Beziehung zwischen dem formalen Bewußtsein und einer neuen schöpferischen Praxis besser in den von ihnen benutzten Kategorien von wirklichem und zugerechnetem Bewußtsein ausdrücken läßt. Ich möchte dies wirklich hoffen, sehe dabei aber eine große Schwierigkeit. Bei Lukács und Goldmann wird diese Beziehung zwar subtiler als in der Vergangenheit, aber in vielerlei Hinsicht noch immer statisch begriffen. Das zugerechnete Bewußtsein stellt die objektive Grenze dessen dar, was einer Klasse zugänglich ist, bevor sie sich zu einer anderen wandelt oder ersetzt wird. Das aber führt offensichtlich zu einer Art Makro-Geschichte; denn hinsichtlich der wirklichen, ständig im Wandel begriffenen Literatur scheinen diese Kategorien – ausgenommen vielleicht im Falle der wenigen signifikanten Momente, wo tatsächlich infolge eines radikalen Wandels eine Klasse durch eine andere ersetzt wird – zu weit gefaßt, um sie wirklich genau zu untersuchen. Die Lektüre Goldmanns zeigt, daß er sich dieser Schwierigkeit bewußt war, und es scheint kein Zufall zu sein, daß seine Behandlung Racines und Pascals, also des offensichtlichen Krisenpunktes zwischen der feudalen und bürgerlichen Welt, weit mehr überzeugt als seine Behandlung des Romans im 19. und 20. Jahrhundert, wo anscheinend kleine, aber nichtsdestoweniger signifikante Veränderungen innerhalb der bürgerlichen Gesellschaft einer eher mikro-strukturellen Analyse bedürfen. Wenn Goldmann nämlich, darin Lukács folgend, behauptet, der Roman sei diejenige Form, in der in einer degradierten Gesellschaft ein Mensch bei dem Versuch, die objektiven Grenzen seiner Gesellschaft und seines Schicksals zu überschreiten, scheitert – d. i. der Roman des problematischen Helden –, dann ist dies zwar aufschlußreich, aber zugleich auch sehr einseitig; ja, das zum Beweis angeführte Material ist derart einseitig ausgesucht, daß man sogleich auf der Hut ist. Zum Beispiel wird, was wir auf dieser Seite des Kanals gewöhnlich sofort bemerken, kein einziger englischer Roman angeführt. Indessen könnte man ohne weiteres *Great Expectations, Born in Exile, Jude the Obscure* und, obwohl sich das komplizierter gestalten würde, *Middlemarch* anführen, um seine These zu untermauern. *Little Dorrit* jedoch paßt nicht in dieses Schema; und ich würde meinen, daß es sich dabei nicht um einen Einzelfall handelt.

Das Aufregendste an der Lektüre von Lukács und Goldmann war für mich die Betonung der Form. In meiner eigenen Arbeit war ich zu der Überzeugung gelangt, daß die tiefgehendste Analyse immer eine Formanalyse sein würde, daß eine veränderte Erzählhaltung, Veränderungen in den erfahrenen und erfahrbaren Beziehungen, Veränderungen in den wirklichen und möglichen Lösungen direkt als Formen der literarischen Organisation nachgewiesen und dann, da es sich bei ihnen um mehr als nur individuelle Lösungen handelte, in vernünftiger Weise auf die wirkliche Geschichte der Gesellschaft bezogen werden könnten, wobei diese selbst analytisch in Kategorien grundlegender Beziehungen, des Scheiterns und der Grenzen solcher Beziehungen gefaßt würde. Das habe ich beispielsweise in meinem Buch *Modern Tragedy* versucht, obwohl ich zugeben muß, daß ich seither in dieser Hinsicht theoretisch eine ganze Menge von der Literatursoziologie eines Lukács, Goldmann und anderer gelernt habe. Indessen scheint mir, daß die so notwendige Analyse der literarischen Formen bisher noch kaum in Angriff genommen wurde und daß der Grund dafür nicht ein rein zeitlicher ist.

Vielleicht kann ich es am schärfsten so formulieren: Für Lukács und Goldmann ist die Formfrage meist nichts anderes als eine Genre- oder Gattungsfrage. Wir verharren häufig in der überlieferten akademischen und letztlich idealistischen Tradition, derzufolge »das Epos«, »das Drama«, »der Roman«, »die Tragödie« inhärente unveränderliche Eigenschaften aufweisen, von denen die Analyse ihren Ausgang nimmt und auf die bestimmte Beispiele bezogen werden. Ich bin ohne weiteres bereit, anzuerkennen, daß bestimmte allgemeine Korrelationen dieser Art zwischen der Form und der Weltanschauung aufgezeigt werden können. Andererseits jedoch sind wir mit der Tatsache konfrontiert, daß Roman und Tragödie insbesondere in den letzten hundert Jahren untrennbar mit der gleichen Kultur verbunden sind und von den gleichen oder sehr ähnlichen sozialen Gruppen benutzt werden, daß in der modernen Tragödie, ja, selbst im Roman radikale Formveränderungen zu verzeichnen sind, in denen sich viele Veränderungen von Literatur und Gesellschaft direkt widerspiegeln – Veränderungen im Tempo des Lebens, in der Erfahrung, weniger dagegen epochale historische Veränderungen. In der Praxis wird dies sogar anerkannt. Goldmann zeichnet einen interessanten Kontrast zwischen dem traditionellen bürgerlichen Roman und dem *nouveau roman* einer Sarraute oder eines Robbe-Grillet, den er auf eine stärker verdinglichte Welt bezieht. Lukács trifft ähnliche Unterscheidungen, angefangen bei Balzac über Mann und Kafka bis zu Solschenizyn. Aber die vollen theoretischen Implikationen dessen, was mit Form gemeint ist, sind meines Erachtens noch immer nicht klar. Vielleicht ist dies eine Folge des noch immer nicht abgeworfenen abstrakten supra-historischen Ballastes. So kann ein Goldmann gelegentlich wie irgendein idealistischer Kritiker davon sprechen, daß Sophokles der einzige unter den griechischen Dramatikern sei, der in dem »jetzt gebräuchlichen Sinn des Wortes« als tragisch bezeichnet werden könne. Die Übermacht der überlieferten Kategorien stimmt nachdenklich und traurig zugleich.

Ein Sieg in der Vergangenheit und seine Nachwirkung in der Gegenwart

Derlei Schranken sind jedoch mit den Stärken dieser Tradition eng verbunden. Die gewissermaßen unumgängliche Beziehung zwischen Struktur und Lehre und die Anwendung formaler Kategorien sind Kennzeichen einer hochentwickelten philosophischen Position, die in vieler Hinsicht eine Quelle wirklicher Stärke darstellt. Um so wichtiger ist es heute, die in England seit den dreißiger Jahren übliche Argumentation zu überwinden; denn die Ablehnung dieses oder jenes Interpretationsverfahrens, dieser oder jener Methode mag zwar für sich berechtigt sein, in unserer Situation täuscht sie aber hauptsächlich darüber hinweg, daß hinter unserem englischen Sinn für das Praktische ein Bündel nichtüberprüfter allgemeiner Ideen steht, das sich plötzlich auf einer ganz anderen Ebene als Gesellschaftstheorie entpuppt. So schritt die eingeweihte Minorität der Kritiker zur Propagierung einer elitären

Minderheitskultur, so wurde der Reichtum der literarischen Tradition zu einer Waffe gegen die Gegenwart, als entstünden Werte nur in der Vergangenheit, niemals in der Zukunft. Der periphere Sieg der dreißiger Jahre war teuer erkauft, wir alle haben seither dafür zahlen müssen. Das Problem der aktiven Beziehungen zwischen der Literatur- und der Sozialwissenschaft, die grundlegende Verbindung von Literatur und wirklicher Gesellschaft einschließlich der unsrigen – all das ist vom Tisch gefegt worden, weil eine kritische Überprüfung dieser Beziehungen die existierenden gesellschaftlichen Verhältnisse und Interessen und das Spezialistentum praktisch und theoretisch radikal verunsichert hätte.

Ich will mit der Erörterung zweier von Goldmann benutzter Begriffe schließen, die wir theoretisch klären und praktisch in der Zusammenarbeit erproben sollten. Der erste dieser beiden Begriffe ist die zweifellos schwierige, aber wichtige Idee des »kollektiven Subjekts«. Ein damit verwandter Begriff wird von der Literaturwissenschaft immer wieder benutzt. So sprechen wir nicht nur von »den jakobeischen Dramatikern«, »den romantischen Dichtern« und »den frühviktorianischen Romanciers«, sondern wir gebrauchen die Bezeichnung auch im Singular, um damit eine bestimmte Sicht der Welt, eine literarische Methode, einen bestimmten Stil usw. zu umschreiben. Zwar bemühen wir uns in unserer Arbeit oft, solche Verallgemeinerungen aufzuheben; und tatsächlich ist es notwendig, den Unterschied zwischen Jonson und Webster, zwischen Blake und Coleridge, zwischen Dickens und Emily Brontë klarzumachen. Aber daneben können wir trotz aller individuellen Differenzen zu wirklichen Gemeinschaften von Schriftstellern vordringen. Den Unterschied zwischen Blake und Coleridge aufzudecken, ohne gleichzeitig den Unterschied zwischen einem romantischen Gedicht und einem jakobeischen Vers oder einem frühviktorianischen Roman zu bemerken, hieße nicht nur beschränkt, sondern auch unpraktisch sein. Indem für den Begriff der Gemeinschaft sowohl Gemeinsamkeiten in den benutzten literarischen Formen als auch in der Sicht von Natur und Mensch zugrundegelegt werden, wird das Problem der sozialen Gruppen neu gestellt; denn die Individuen brauchen, um als Gruppe begriffen zu werden, nicht auf ein Durchschnittsniveau herabgeschraubt zu werden. Vielmehr bietet sich jetzt die Möglichkeit, die Gruppe in und durch ihre individuellen Unterschiede zu sehen, und diese Wahrnehmung der individuellen Schöpfungen – Sprache, Konventionen, Situationen, Erfahrungen, Interpretationen, Ideen – leugnet nicht etwa, sondern bekräftigt die wirkliche gesellschaftliche Identität solcher Gruppen. Für die Sozialwissenschaften ist dies insofern nützlich, als nun Wege der Darstellung wichtiger sozialer Gruppen gefunden werden können, die jene privaten Realitäten mit einschließen, die bisher einem anderen Bereich vorbehalten waren. Die bisher bestehende Arbeitsteilung zwischen einer Soziologie, die sich nur mit abstrakten Gruppen befaßte, und einer Literaturkritik, die nur abstrakte Individuen und Werke untersuchte, war immer auch ein Weg, sich der gegenseitigen Durchdringung und damit letztlich der Einheit der individuellsten und gesellschaftlichsten Formen des wirklichen Lebens zu entziehen.

Das Problem ist immer ein methodisches, und deswegen ist der zweite Gedanke, der die Strukturen der Entstehung des Bewußtseins betrifft, sehr ernst zu nehmen. Die größte Schwäche unserer Sozialwissenschaften besteht genau in dem, was Wissenssoziologie genannt wird, in Wirklichkeit aber weit mehr ist; denn wir befassen uns nicht nur mit Wissen, sondern mit allen aktiven Vorgängen des Erlernens, der Vorstellung, der Schöpfung und Darstellung. Unsere eigene Disziplin bietet reichhaltiges Material, mit dem diese Vorgänge in vielen individuellen Werken detailliert beschrieben werden können. Dies jetzt zu erweitern, und zwar nicht nur zum sozialen Hintergrund oder zur Ideengeschichte, sondern zu den aktiven Prozessen, durch die sich die sozialen Gruppen herausbilden und definieren, ist das schwierige, aber entscheidende Problem. Das einfache Aufzeigen von Verbindungslinien zwischen dem literarischen Prozeß und dem gesellschaftlichen Produkt oder zwischen dem literarischen Produkt und dem gesellschaftlichen Prozeß, wie es heute meist üblich ist, muß nämlich letzten Endes scheitern, und dann stellt sich – wenn auch vielleicht nicht für lange – Resignation ein. Wenn wir dagegen in jedem einzelnen Fall und mittels verschiedener Verfahrensweisen versuchen, über das jeweilige Produkt hinaus zu seinem wirklichen Prozeß – seiner aktivsten und spezifischsten Herausbildung – vorzustoßen, dann gelangen wir, so meine ich, zu Anknüpfungspunkten, die, ganz im Gegensatz zu unseren separaten Wissenschaften, dem Lebensprozeß unmittelbar nahe stehen.

Lucien Goldmanns Beitrag zu diesen beiden Punkten – der Idee des kollektiven Subjekts und der Idee der Strukturen der Genese des Bewußtseins – war, obgleich unvollendet, herausragend. Da er nicht selten in Kontroversen verstrickt war, schien er oft bei der Formulierung seiner allgemeinsten Position stehenzubleiben; tatsächlich aber gelang ihm auch hier, worauf ich in meinem Resümee nicht näher eingehen konnte, eine Klärung und Verfeinerung seiner Position, von der wir alle lernen können. Zwar mögen wir – wie ich selbst – einzelnen Formulierungen und Praktiken ablehnend gegenüberstehen, dennoch aber müssen wir den außergewöhnlich wertvollen Beitrag, den er in praktischer wie in theoretischer Hinsicht zur Entwicklung der Literatur- und Sozialwissenschaften geleistet hat, anerkennen. Dabei geht es nicht allein um die Wissenschaft. Wie wir leicht herausfinden konnten, als wir ihm im letzten Frühjahr in Cambridge zuhörten, verbindet uns über alle Argumente hinweg die gesellschaftliche und menschliche Krise, in der wir leben. Das Streben nach Klarheit und Sinn in diesen sich direkt mit dem Menschen befassenden Wissenschaften ist nicht zu trennen von dem Kampf um menschliche Mittel und Zwecke in einer Welt, die keine abgeschlossenen Bereiche, keine sicheren Gegenstände und neutralen Tätigkeiten duldet. Hier und jetzt möchte ich, seinem Gedächtnis zu Ehren, an den Sinn erinnern, den er der unablässigen Forschung, der Argumentation und dem Engagement verlieh, und ich möchte uns den Mann ins Gedächtnis zurückrufen, der in seiner Person – wie er es wohl selbst ausgedrückt hätte – in bemerkenswerter Weise die Einheit von Sehen, Leben und Handeln in der Welt verkörperte.

Zur Basis-Überbau-These
in der marxistischen Kulturtheorie

Sich heute mit marxistischer Kulturtheorie befassen, heißt zunächst, sich mit der These auseinandersetzen, daß es eine bestimmende [determining] Basis und einen ›bestimmten‹ [determined] Überbau gebe. Von einem strikt theoretischen Standpunkt aus ist das allerdings nicht der gebotene Ausgangspunkt. In mancher Hinsicht wäre es vorzuziehen, mit der ursprünglich gleichermaßen zentralen wie authentischen These zu beginnen: daß das gesellschaftliche Sein das Bewußtsein bestimmt.

Damit ist nicht gesagt, daß sich die beiden Thesen gegenseitig ausschlössen oder widersprächen, wenngleich die Basis-Überbau-These, deren bildhaftes Element ja die Vorstellung von einer abgegrenzten und festen räumlichen Beziehung nahelegt, in manchen Interpretationen eine sehr weitgetriebene und zuweilen unannehmbare, die andere These ausschließende Deutung erfährt. Doch stets, im Übergang von Marx zum Marxismus wie auch in der Entfaltung der Hauptströmung des Marxismus, wurde der Basis-Überbau-Satz gewöhnlich für den Schlüssel zur marxistischen Kulturtheorie gehalten.

Zunächst sollten wir uns der sprachlichen und tatsächlichen Komplexität des Begriffs ›Beziehung‹ bewußt werden, dessen, was es heißt zu sagen ›bestimmt‹. Das Wort Bestimmtheit und noch mehr das Wort Determinismus gehören zum Erbe des Idealismus, insbesondere zu den theologischen Bestimmungen von Welt und Mensch. Bezeichnenderweise benutzt Marx das Wort ›bestimmt‹ in der ihm eigentümlichen Umkehrung, indem er nämlich einer überkommenen Auffassung widerspricht. Er opponiert einer Ideologie, die auf gewissen außerhalb des Menschen liegenden Kräften oder, in säkularisierter Form, auf einem abstrakt bestimmenden Bewußtsein beharrte. Marx' eigene These verneint dies ausdrücklich und verlegt den Ursprung der Bestimmtheit in den Bereich menschlicher Tätigkeiten.

Nichtsdestoweniger verweisen uns die besondere Geschichte wie auch die Kontinuität dieses Begriffs darauf, daß es (und das gilt für den Wortgebrauch in fast allen europäischen Sprachen) auch in diesem Zusammenhang noch unterschiedliche Bedeutungen und Implikationen des Wortes ›bestimmt‹ gibt. Zum einen, aus theologischer Sicht, den Begriff einer äußeren Ursache, die jegliches Handeln ganz und gar vorgibt bzw. vorherbestimmt, damit völlig einschränkt; zum andern, aus der Erfahrung gesellschaftlicher Praxis, einen Begriff von Bestimmtheit im Sinne von Grenzen-setzen, Druck-ausüben.

Nun besteht ganz offensichtlich ein Unterschied zwischen einem Grenzen setzenden und Druck ausübenden Prozeß, einerlei ob infolge innerer oder äußerer Einwirkungen, und jenem anderen Prozeß, in dessen Verlauf ein künftiger Inhalt von einer prä-existenten äußeren Macht vorgegeben und geregelt wird. Doch ist es wohl an der Zeit auszusprechen, daß den zahlreichen Versuchen marxistischer Kulturanalysen nicht selten dieses letztgenannte Verständnis, der Begriff des Vorherbestimmtseins, explizit oder implizit, zugrunde lag.

Überbau: Einwände und Änderungsvorschläge

Den Begriff ›Beziehung‹ untersuchen kann aber nur so geschehen, daß wir gleichzeitig die Begriffe, auf die er sich richtet, mitberücksichtigen. Unter ihnen war es vor allem immer wieder der des ›Überbaus‹. Man sprach gewöhnlich von ›dem Überbau‹, obwohl Marx interessanterweise das Wort im Deutschen zunächst im Plural benutzt hat.[1] Gesprochen wurde ferner von den verschiedenen Tätigkeiten ›innerhalb‹ des Überbaus. Nun hat schon Marx selbst in seiner späten Korrespondenz mit Engels Bedenken hinsichtlich der Determiniertheit bestimmter Überbautätigkeiten geäußert, und in der späteren marxistischen Tradition sind diese Bedenken genauer formuliert worden.

In erster Linie bezogen sie sich auf die zeitlichen Verspätungen, auf das Bedingungsgefüge und auf den Direktheitsgrad der Beziehungen zwischen Basis und Überbau. Die einfachste, natürlich vom Positivismus beeinflußte Vorstellung vom Überbau, die übrigens keineswegs schon völlig fallengelassen worden ist, war die einer mehr oder weniger direkten Spiegelung, Nachahmung oder Reproduktion der Basis-Wirklichkeit gewesen. Da indes in vielen kulturellen Tätigkeiten, jedenfalls ohne dem Material oder der Praxis Gewalt anzutun, eine derartige Beziehung nicht nachgewiesen werden konnte, wurden der Gedanke von einer zeitlichen Differenz, der berühmten Ungleichzeitigkeit, verschiedener technologischer Bedingungsfaktoren sowie der der Indirektheit eingeführt, so daß bestimmte Formen kultureller Tätigkeit, die Philosophie zum Beispiel,

[1] Anm. d. Hrsg.: Der Autor denkt hier an das Vorwort *Zur Kritik der Politischen Ökonomie*, wo zu lesen ist: »Die Gesamtheit dieser Produktionsverhältnisse bildet die ökonomische Struktur der Gesellschaft, die reale Basis, worauf sich ein juristischer und politischer Überbau erhebt, und welcher bestimmte gesellschaftliche Bewußtseinsformen entsprechen... Mit der Veränderung der ökonomischen Grundlage wälzt sich der ganze ungeheure Überbau langsamer oder rascher um. In der Betrachtung solcher Umwälzungen muß man stets unterscheiden zwischen der materiellen, naturwissenschaftlich treu zu konstatierenden Umwälzung in den ökonomischen Produktionsbedingungen und den juristischen, politischen, religiösen, künstlerischen oder philosophischen, kurz ideologischen Formen...« (Berlin, DDR, 1971, S. 15). Ob diese Stelle freilich so interpretiert werden kann, als handle es sich um mehrere Überbauten, erscheint fraglich. Marx selbst hat das Wort nicht im Plural benutzt.

in eine größere Distanz zu den primären ökonomischen Tätigkeiten rückten. Das war die erste Etappe von Modifikationen zum Überbaubegriff: im wesentlichen auf die bessere Anwendbarkeit gerichtet.

Die zweite Etappe umfaßt Einwände eher grundsätzlicher Art, da hier der Beziehungsprozeß selbst zum Gegenstand wurde. Dieses Überdenken gab den Anstoß zum modernen Begriff der ›Vermittlung‹, in dem sich etwas anderes, und zwar etwas radikal anderes als einfache Widerspiegelung oder Reproduktion ereignet. In der zweiten Hälfte des 20. Jahrhunderts gibt es dann den Begriff der ›homologen Strukturen‹, der keine direkte oder leicht ablesbare Ähnlichkeit, ganz sicher keine Widerspiegelung oder Reproduktion, zwischen Überbauprozeß und Basis-Wirklichkeit meint, vielmehr eine innere Homologie oder Strukturentsprechung, die analytisch aufgedeckt werden kann.[2] Dies ist ein anderer Begriff als der der ›Vermittlung‹, gleichwohl fällt er in dieselbe Rubrik von Einwänden: auch hier wird die Beziehung zwischen Basis und Überbau nicht mehr als direkte aufgefaßt, auch wird nicht bloß operationalisierend mit Begriffen wie Ungleichzeitigkeit, Bedingungsgefüge und Indirektheit gearbeitet, sondern es wird davon ausgegangen, daß diese Beziehung ihrer Natur nach keine direkte Reproduktion ist.

So wichtig diese Einwände und Änderungsvorschläge sein mögen, so scheint mir die in sie eingegangene Vorstellung von der Basis nicht gleichermaßen sorgfältig reflektiert worden zu sein. In der Tat möchte ich behaupten, daß, um die Wirklichkeit des kulturellen Prozesses zu erfassen, es im Grunde wichtiger ist, den Basis-Begriff zu präzisieren. Dem Sprachgebrauch der Basis-Überbau-These folgend, ist ›die Basis‹ nämlich de facto zumeist als Objekt oder wenigstens als etwas Uniformes und Statisches aufgefaßt worden.

Es wurden Thesen aufgestellt wie: ›die Basis‹ ist die wirkliche gesellschaftliche Existenz des Menschen; sie entspricht den wirklichen Produktionsverhältnissen auf einer bestimmten Stufe der Entwicklung der materiellen Produktivkräfte; sie ist eine Produktionsweise auf einem bestimmten gesellschaftlichen Entwicklungsstand. Solche Thesen lassen sich beliebig fortsetzen und aufstellen, doch unterscheiden sich diese Formulierungen beträchtlich von dem Nachdruck, den Marx auf die produktiven Tätigkeiten, insbesondere auf die strukturellen Beziehungen, legte – Grundlage aller anderen Tätigkeiten.

Einen bestimmten Stand in der Entwicklung der Produktion auf dem Wege der Analyse zu entdecken und zu präzisieren, heißt noch lange nicht, daß dieser uniform oder statisch sei. Tatsächlich ist es eine der zentralen Thesen in Marx' Geschichtsverständnis, daß die Produktions-

---

[2] Anm. d. Hrsg.: Williams spielt damit auf Goldmann an, dessen Name auffallenderweise in diesem Text nicht fällt.

beziehungen und die aus ihnen resultierenden sozialen Beziehungen von tiefen Widersprüchen durchzogen sind. Deshalb ständig die Möglichkeit dynamischer Veränderungen. Zudem: wenn diese Kräfte als spezifische Tätigkeiten und Beziehungen wirklicher Menschen aufgefaßt und untersucht werden, wie Marx das stets tut, dann nehmen sie einen viel aktiveren, komplizierteren und widersprüchlicheren Sinn an, als es die metaphorische Vorstellung von ›der Basis‹ uns zu denken nahelegt.

Basis und Produktivkräfte

Von ›der Basis‹ sprechen heißt also, von einem Prozeß sprechen und nicht von einem Zustand. Und wir können diesem Prozeß nicht irgendwelche feststehenden Eigenschaften zuschreiben, die nachher aus ihm abgezogen und auf Prozesse des Überbaus übertragen werden könnten. Während sich die meisten Versuche, das Basis-Überbau-Schema vernünftiger zu fassen, darauf konzentriert haben, die Vorstellung vom Überbau zu verfeinern, möchte ich dafür plädieren, alle drei Begriffe in einer bestimmten Richtung neu zu interpretieren. Der Begriff ›Determination‹ sollte im Sinne von Grenzen-setzen und Druck-ausüben gefaßt werden, nicht mehr dagegen als ein den Inhalt vorherbestimmender und ihn festlegender Terminus. ›Überbau‹ sollte mit Rücksicht auf das ganze Spektrum kultureller Praktiken revidiert werden; wir müssen loskommen von einem widergespiegelten, reproduzierten oder abhängigen Inhalt. Und nicht zuletzt muß ›die Basis‹ ihrer festen ökonomischen und technologischen Abstraktion ledig und hinsichtlich der spezifischen Tätigkeiten von Menschen in ihren wirklichen sozialen und ökonomischen Beziehungen aufgefaßt werden, die als solche grundlegende Widersprüche enthalten und sich verändern, entsprechend sich immer in einem dynamisch-prozessualen Zustand befinden.
Die eingebürgerten Begriffe hatten noch andere Folgen, die beachtet werden müssen. ›Die Basis‹ hat im Laufe des 20. Jahrhunderts immer mehr den verkürzten Sinn von Grundindustrien angenommen, was zum Teil auf die Rolle der Schwerindustrie zurückzuführen ist. Das wirft ein allgemeines Problem auf, das uns zwingt, den Begriff ›Produktivkräfte‹ noch einmal zu durchdenken. Was wir als Basis betrachteten, waren offensichtlich die primären Produktivkräfte. Hier gilt es jedoch zu differenzieren. Zwar untersuchte Marx in seiner Analyse der kapitalistischen Produktion die ›produktive Arbeit‹ in einem ganz bestimmten und spezifischen, nämlich dem dieser Produktionsweise eigenen Sinne. In den *Grundrissen* findet sich eine schwierige Stelle, in der er argumentiert, daß zwar der Mann, der ein Klavier baut, ganz gewiß ein produktiver Arbeiter ist, daß dagegen der Mann, der das Klavier in den Handel

bringt, ein wirkliches Problem darstellt, doch er wahrscheinlich ebenfalls als produktiver Arbeiter anzusehen ist, da er zur Realisierung des Mehrwerts beiträgt.[3] Bei dem Mann hingegen, der das Klavier, ob für sich oder für andere, spielt, ist völlig klar, daß er kein produktiver Arbeiter ist. Der Klavierbauer ist also die Basis, der Pianist der Überbau. Für die Bestimmung kultureller Tätigkeit – und, nebenbei bemerkt, auch für die der Ökonomie – ist dies ganz offensichtlich eine Sackgasse. Der theoretischen Klarstellung wegen muß allerdings berücksichtigt werden, daß Marx hier mit der Analyse einer ganz bestimmten Produktionsform, nämlich der kapitalistischen Warenproduktion, befaßt war. In der Analyse dieser Produktionsweise mußte er den Begriffen ›produktive Arbeit‹ und ›Produktivkräfte‹ den spezifischen Sinn von primärer Arbeit an zur Warenproduktion benötigtem Material verleihen.

Dadurch wird indessen seine zentrale These von den *Produktivkräften*, besonders abträglich für den kulturellen Zusammenhang, stark verengt, da dort, um uns dies ins Gedächtnis zu rufen, als wichtigstes Faktum der sich in der Arbeit selbst produzierende Arbeiter oder, gemäß der weiteren historischen Bestimmung, die sich selbst und ihre Geschichte produzierenden Menschen angesehen wurden. Wenn wir von der Basis oder den primären Produktivkräften sprechen, kommt es deshalb darauf an, ob wir damit, wie es in einer degenerierten Form dieser These üblich geworden ist, die Primärproduktion innerhalb der kapitalistischen Wirtschaftsformation meinen oder die Primärproduktion der Gesellschaft, der Menschen selbst, der materiellen Produktion und Reproduktion des wirklichen Lebens. Meinen wir letzteres, dann erscheint das Problem der Basis in einem ganz anderen Licht, und wir geraten weniger in Versuchung, bestimmte lebenswichtige gesellschaftliche Produktivkräfte, die im weiten Sinne von Anfang an grundlegend [basic] sind, als Überbauerscheinungen nur sekundären Charakters abzutun.

Verwendungen des Begriffs der Totalität

Die Schwierigkeit im Umgang mit der überlieferten Basis-Überbau-These hat eine andere, in erster Linie mit dem Namen Lukács verknüpfte Entwicklung begünstigt, die von der gesellschaftlichen ›Totalität‹ ausgeht. Der Vorstellung von zwei Schichten, einer Basis und darüber eines Überbaus, wurde die Totalität der gesellschaftlichen Praktiken entgegengehalten. Dieser Gedanke ist zwar mit der Vorstellung verein-

---

[3] Anm. d. Hrsg.: Günther Hillmann (Hrsg.), *Karl Marx. Texte zur Methode und Praxis*, Bd. III, »Der Mensch in Arbeit und Kooperation. Aus den Grundrissen der Kritik der politischen Ökonomie, 1857/58« (Reinbek, 1967), S. 85 f. (Fußn.).

bar, daß das gesellschaftliche Sein das Bewußtsein bestimme, er faßt diesen Prozeß aber nicht in den Kategorien von Basis und Überbau. Der Sprachgebrauch der Totalität der Praxis hat immer mehr um sich gegriffen, und tatsächlich erscheint er akzeptabler als die Basis-Überbau-Vorstellung. Allerdings habe ich auch hiergegen einen wichtigen Einwand vorzubringen. Die Vorstellung von der Totalität kann sich nämlich leicht des ursprünglichen Inhalts der marxistischen These entledigen: sagen wir beispielsweise, die Gesellschaft setze sich aus einer Anzahl verschiedener Praktiken zusammen, die zusammen ein konkretes Ganzes bilden, und lassen wir jeweils jeder dieser Praktiken spezifische Anerkennung zuteil werden und fügen nur hinzu, daß sie auf komplizierte Weise zusammenspielen und zusammengehören, dann sprechen wir zwar offensichtlich noch von der Realität, aber andererseits lassen wir den Anspruch fallen, daß es überhaupt einen Prozeß des Bestimmt-seins gebe. Und dazu bin ich nun auch wieder nicht bereit.

Die Schlüsselfrage an jeden Begriff von Totalität in der Kulturtheorie lautet nämlich: schließt er den Begriff der Intention mit ein? Denn wenn die Totalität einfach konkret ist, wenn sie lediglich die Anerkennung einer Vielzahl verschiedener gleichzeitiger Praktiken voraussetzt, dann geht er tatsächlich jeden Inhalts verlustig, der sich als marxistisch bezeichnen ließe. Der Begriff der Intention dagegen setzt den richtigen Akzent. Zwar ist ohne Zweifel eine Gesellschaft ein komplexes Ganzes solcher Praktiken, aber jede Gesellschaft hat auch ihre spezifische Organisation und Struktur, und deren Prinzipien können als direkt auf bestimmte gesellschaftliche Intentionen bezogen aufgefaßt werden, wobei es sich um Intentionen handelt, die die Gesellschaft definieren und die, wie die ganze Erfahrung lehrt, die Herrschaft einer bestimmten Klasse sind. Eine unerwartete Konsequenz des groben Basis-Überbau-Schemas war das vorschnelle Akzeptieren von Modellen gewesen – z. B. des Modells der Totalität oder des konkreten Ganzen –, die, obwohl weniger grob, alle Fakten der gesellschaftlichen Intention, des Klassencharakters der Gesellschaft usw. ausschließen. Und das erinnert uns daran, wieviel wir verlieren würden, wenn wir den Überbaugedanken ganz preisgeben würden.

Aus diesem Grund fällt es mir zwar sehr schwer, Kunst- und Denkprozesse gemäß der bislang gebrauchten Formel als Überbauphänomene aufzufassen; aber andererseits lassen sich bestimmte Bereiche des sozialen und politischen Denkens – Formen der affirmativen Theorie, Formen des Rechts, bestimmte Arten von Institutionen, die alle Marx zufolge Teil des Überbaus sind, ferner die Form des gesellschaftlichen Apparats und ein wesentlicher Teil der politischen und ideologischen Tätigkeit – überhaupt nicht verstehen, wenn wir sie nicht als Überbauelemente sehen. Diese als natürlich oder universell ausgegebenen Gesetze, Verfassungen, Theorien und Ideologien müssen einfach als affirmative Ausdrucksformen der Herrschaft einer bestimmten Klasse angesehen werden. In der Tat ist es gerade deswegen schwierig, die Basis-Überbau-Formel einer Revision zu unterziehen, weil von vielen Militanten – die ja in Kämpfe gegen diese Institutionen und Vorstellungen nicht anders als in ökonomische Kämpfe verwickelt sind – in dem Augenblick, wo diese Institutionen und Ideologien nicht mehr als in dieser Art abhängige und affirmative Beziehung gesehen werden, wenn ihr Anspruch auf universelle Gültigkeit und Legitimation nicht zurückgewiesen und bekämpft wird, auch der Klassencharakter der Gesellschaft nicht mehr erkannt werden kann. Und genau dazu haben einige Versionen des Totalitätsbegriffs, mit denen der kulturelle Prozeß beschrieben wurde, beigetragen. Tatsächlich würde ich meinen, daß der Begriff der Totalität nur dann sinnvoll benutzt werden kann, wenn ihm ein anderer grundlegender marxistischer Begriff, der der ›Hegemonie‹, zur Seite gestellt wird.

Die Komplexität der Hegemonie

Es war Gramscis Leistung, den Begriff der Hegemonie außerordentlich gründlich durchdacht zu haben. Hegemonie meint nämlich die Existenz von etwas wahrhaft Totalem, das nicht nur sekundär oder eine Sache des Überbaus ist wie der schwache Sinn des Wortes Ideologie, sondern etwas, das durch und durch gelebt wird, das die Gesellschaft derart durchtränkt, daß es, wie Gramsci formuliert, für viele Menschen, die ihr ausgesetzt sind, schon die Grenze ihres Verständnisses darstellt, etwas, das mit der Wirklichkeit der gesellschaftlichen Erfahrung weit mehr übereinstimmt als jede von der Basis-Überbau-Formel abgeleitete Vorstellung. Wäre nämlich Ideologie nur eine abstrakt aufgesetzte Vorstellung und wären unsere sozialen, politischen und gesellschaftlichen Ideen, Voraussetzungen und Gewohnheiten nur das Resultat irgendeiner Manipulation oder offenkundigen Einübung, die man leicht abstellen oder beenden könnte, dann ließe sich die Gesellschaft viel leichter vorantreiben und verändern, als es in der Praxis der Fall ist. Diese Vorstellung der Hegemonie als ein das Bewußtsein der Gesellschaft durchtränkender Vorgang scheint mir von grundlegender Bedeutung. Und weiterhin hat Hegemonie gegenüber allgemeineren Vorstellungen von Totalität den Vorteil, daß sie zugleich das Faktum der Herrschaft einschließt.

Doch auch bei Erörterungen des Hegemoniebegriffs habe ich gelegentlich den Eindruck, daß dieser Begriff auf die relativ einfache, uniforme und statische Vorstellung reduziert wird, die der Begriff ›Überbau‹

inzwischen angenommen hat. Tatsächlich meine ich, daß, wenn immer wir über eine reale gesellschaftliche Formation sprechen, wir die Hegemonie in ihrer Komplexität darstellen müssen. Dabei ist festzuhalten, daß Hegemonie nichts Singuläres ist, daß ihre inneren Strukturen höchst komplexer Natur sind, ständig erneuert, neu geschaffen und verteidigt werden müssen, und daß sie desgleichen ständig in Frage gestellt und in bestimmter Hinsicht modifiziert werden können. Daher möchte ich, anstatt einfach von der ›Hegemonie‹ oder ›einer Hegemonie‹ zu sprechen, ein Modell vorschlagen, das dieser Art von Veränderung und Widerspruch, dem Bündel von Alternativen sowie der Prozessualität Rechnung trägt.

Was noch in der besten marxistischen Kulturanalyse auffällt, ist, daß sie eher in den Fragen, die man als *epochal* bezeichnen könnte, zu Hause ist als in *historischen* Fragen. Das heißt, sie versteht sich gewöhnlich besser in der Herausarbeitung großer Unterscheidungsmerkmale zwischen den einzelnen Epochen, wie z. B. zwischen der feudalen und der bürgerlichen Gesellschaft, als daß sie verschiedene Phasen innerhalb der bürgerlichen Gesellschaft sowie die verschiedenen Momente innerhalb solcher Phasen genau fassen könnte: den eigentlichen historischen Prozeß also, dessen Analyse eine viel größere Genauigkeit und Sorgfalt erfordert als jene, die sich mit den großen Linien, Merkmalen, kurz den ins Auge fallenden Unterschieden zwischen den Epochen befaßt.

Das theoretische Modell, das ich auszuarbeiten versuche, sieht wie folgt aus: Zunächst möchte ich sagen, daß in jeder Gesellschaft, in jeder Periode, ein zentrales System von Praktiken, Bedeutungen und Werten vorzufinden ist, das wir zutreffend als das herrschende und wirksame bezeichnen können. Damit ist noch nichts über seinen Wert ausgesagt; ich behaupte nur, daß es das zentrale System ist. Ich würde es das korporative System nennen, wenn nicht Gramsci das Wort ›korporativ‹ in einem Sinne verwandt hätte, der die untergeordneten im Gegensatz zu den allgemeinen und dominierenden Elementen der Hegemonie bezeichnet, und ich somit Verwirrung stiften würde. Woran ich denke, ist jedenfalls ein zentrales, wirksames und herrschendes System von Bedeutungen und Werten, die nicht irgendwie abstrakt sind, sondern organisiert und gelebt werden. Daher kann Hegemonie auch nicht als etwas interpretiert werden, das auf der Ebene von Meinungen und Manipulationen liegt. Vielmehr handelt es sich dabei um einen ganzen Korpus von Praktiken und Erwartungen, um all das, worauf wir unsere Energie verwenden, um unser Verständnis von Welt und Mensch. Es handelt sich um ein Bündel von Bedeutungen und Werten, die, da sie als Praktiken erfahren werden, sich gegenseitig zu bestätigen scheinen. Und dies konstituiert für die meisten Menschen der Gesellschaft einen Sinn von Realität, von absoluter, da erfahrener Realität, über den sie in ihrem normalen Lebensbereich nur schwer hinausgelangen können. Indessen haben wir es dabei, abgesehen von dem für die Analyse notwendigen Arbeits- und Abstraktionsprozeß, keineswegs mit einem statischen System zu tun. Im Gegenteil, wir verstehen eine herrschende Kultur nur dann, wenn wir den wirklichen gesellschaftlichen Prozeß erfassen, auf dem sie beruht: damit meine ich den Prozeß der Inkorporation. Die Art und Weise dieser Inkorporation ist von großer gesellschaftlicher Bedeutung und hat, nebenbei bemerkt, in unserer Gesellschaft auch ihre wirtschaftliche Bedeutung. Die Hauptagenturen der Transmission einer herrschenden Kultur sind gewöhnlich die Bildungsinstitutionen, mit ihren wirtschaftlichen wie mit ihren kulturellen Aktivitäten. Darüber hinaus gibt es auf der philosophischen Ebene, der Ebene der Theorie und der der Geschichte verschiedener Praktiken einen Prozeß, den ich die *selektive Tradition* nennen möchte, in dem das, was innerhalb einer herrschenden Kultur existiert, als ›Tradition‹, als ›*das* signifikante Erbe‹ weitergegeben wird. Das Entscheidende dabei ist aber das selektive Prinzip, die Frage, wie aus einem möglichen Bereich von Vergangenheit und Gegenwart bestimmte Bedeutungen und Praktiken ausgewählt und hervorgehoben werden, andere vernachlässigt und ausgeschlossen bleiben; wie einige dieser Bedeutungen und Praktiken neu interpretiert, d. h. derart aufgelöst oder umgeformt werden, daß andere Elemente der herrschenden Kultur bestärkt werden bzw. ihnen doch zumindest nicht widersprochen wird. Der Ausbildungsprozeß; das viel umfassendere soziale Training innerhalb von Institutionen wie der Familie; die Definitionen und die Organisation von Arbeit; die selektive Tradition auf der intellektuellen und theoretischen Ebene: alle diese Kräfte aktivieren und reaktivieren fortgesetzt die herrschende Kultur. Durch sie, die Bestandteil unseres Lebens und erfahrbar sind, erhält die Kultur ihre Realität. Wenn das, was wir lernen, nur eine aufgesetzte Ideologie, lediglich isolierbare Bedeutungen und Praktiken der herrschenden Klasse wären, die unser Denken nur obenhin tangieren würden, dann ließen sie sich, und darüber könnte man nur froh sein, wahrhaftig leichter überwinden.

Indessen geht es nicht nur um die Tiefe, die dieser unsere Erfahrung selektierende, organisierende und interpretierende Prozeß erreicht. Er ist dabei aktiv und paßt sich immer wieder an. Es handelt sich nicht nur um Vergangenes, dessen Hülsen leicht abzuschütteln wären. Daß dieser Prozeß in einer so komplexen Gesellschaft sich überhaupt halten kann, spricht für einen, etwa im Vergleich zur Ideologie, wesentlichen und flexiblen Prozeß. Wir sollten die abweichenden Bedeutungen und Werte, die anderen Meinungen und Haltungen, auch die anderen Weltanschauungen eruieren, die innerhalb einer herrschenden Kultur angesiedelt sind und von ihr toleriert werden können. Unsere Vorstellungen vom Überbau, sogar einige Hegemonie-Auffassungen haben dieses Moment zu sehr unterschätzt. In der politischen Praxis beispielsweise gibt es bestimmte inkorporierte Verhaltensweisen, die dennoch eine wirkliche Opposition darstellen, so auch empfunden und ausgetragen werden. Daß sie inkorporiert sind, ist daran erkennbar, daß sie ungeachtet des Konfliktgrades bzw. der inneren Abweichung in der Praxis die Grenzen der herrschenden Kultur nicht überschreiten. Dies gilt zum Beispiel für die Praxis der parlamentarischen Politik, obwohl die Opposition innerhalb der Korporation durchaus real ist. Dies gilt in jeder Gesellschaft für ein ganzes Spektrum von Praktiken und Argumenten, die durchaus nicht auf eine ideologische Bemäntelung zurückgeführt werden können, nichtsdestoweniger in dem von mir benannten Sinne aber als ›korporativ‹ zu analysieren sind, zumal wenn wir herausfinden, daß sie in ihrem Grad an innerer Opposition und Abweichung die Grenzen der zentralen korporativen Definition nicht überschreiten.

Damit stellt sich von neuem die Frage nach den Quellen dessen, was nicht korporativ ist, nach all denjenigen Praktiken, Erfahrungen, Bedeutungen und Werten, die nicht Teil der herrschenden Kultur sind. Das kann auf zweierlei Weise ausgedrückt werden. Offensichtlich gibt es etwas, das eine Alternative zur herrschenden Kultur darstellt, und offensichtlich gibt es auch etwas, das wir als wahrhaft oppositionell bezeichnen können. Der Grad des Alternativen und Oppositionellen hängt dabei von der ständigen historischen Veränderung in den realen Lebenssituationen ab. In bestimmten Gesellschaften lassen sich gesellschaftliche Lebensbereiche finden, in denen reale Alternativen zumindest auf sich gestellt existieren können. (In dem Augenblick allerdings, wo sie allgemein verfügbar gemacht werden, sind sie natürlich Teil der korporativen Organisation.) Die Möglichkeit einer Opposition und ihrer Artikulation, ihr Grad an Offenheit usw. hängen wiederum von den jeweiligen gesellschaftlichen und politischen Kräften ab. Alternative und oppositionelle Lebens- und Kulturformen müssen also hinsichtlich ihres Verhältnisses zur wirksamen, d. h. herrschenden Kultur als der historischen Veränderung unterworfen angesehen werden; zugleich geben ihre Quellen Aufschluß über die herrschende Kultur selbst.

Residuale und neu entstehende Kulturen

Das nächste Begriffspaar, das ich einführen muß, ist das der *residualen* und der *neu entstehenden* Formen sowohl der alternativen als auch der oppositionellen Kultur. Mit ›residual‹ meine ich diejenigen Erfahrungen, Bedeutungen und Werte, die mit Begriffen der herrschenden Kultur nicht verifiziert oder ausgedrückt werden können, aber dennoch und auf der Basis von – kulturellen wie gesellschaftlichen – Residuen früherer gesellschaftlicher Formationen gelebt und praktiziert werden. In diese Kategorie fallen zum Beispiel bestimmte religiöse Werte, die im direkten Kontrast zu der augenscheinlichen Inkorporation der meisten religiösen Bedeutungen und Werte in das herrschende System stehen. Gleiches läßt sich in einer Kultur wie der britischen von bestimmten Vorstellungen behaupten, die der ländlichen Vergangenheit entstammen und auffallend populär sind. Eine residuale Kultur hat für gewöhnlich einigen Abstand zur herrschenden Kultur, aber man muß erkennen, daß sie durch die gegebenen kulturellen Praktiken durchaus in jene inkorporiert werden kann. Dies deswegen, weil in den meisten Fällen ein Teil, eine bestimmte Version dieser residualen Kultur – besonders dann, wenn das Residuum aus einer bedeutenden Epoche der Vergangenheit stammt – inkorporiert werden muß, will die herrschende Kultur auf diesem Gebiet nicht scheitern. Ein weiterer Grund zur Inkorporation besteht darin, daß eine herrschende Kultur ein Zuviel an Praxis und Erfahrung außerhalb ihrer selbst ohne Risiko nicht dulden kann. Von daher ist die residuale Kultur permanentem Druck ausgesetzt, wobei dennoch bestimmte genuin residuale Bedeutungen und Praktiken in einigen wichtigen Fällen überleben.

Mit ›neu entstehend‹ [emergent] meine ich zunächst, daß ständig neue Auffassungen, Werte, Praktiken und Erfahrungen geschaffen werden bzw. entstehen. Der Versuch, diese Innovationen zu inkorporieren, findet sehr viel früher statt als im Fall der residualen Kultur, vor allem weil sie Teil – aber eben noch nicht vollends Teil – der gegenwärtig wirksamen Praxis sind. Es ist in der Tat auffallend, wie früh es in unserer Periode zu diesem Versuch kommt, wie sehr die herrschende Kultur gegenüber allem, was als neu entstehend erkannt werden kann, auf der Hut ist. Zunächst müssen wir daher die temporären Beziehungen zwischen einer herrschenden Kultur und der residualen Kultur einerseits und der neu entstehenden Kultur andererseits erkunden. Dies ist aber nur dann möglich, wenn wir eine auf genauer Analyse aufbauende Unterscheidung zwischen residual-inkorporierten und residual-nichtinkorporierten, zwischen neu entstehend inkorporierten und neu entstehend nicht-inkorporierten Kulturen vornehmen. In diesem Zusammenhang ist es wichtig herauszufinden, wie weit eine Gesellschaft in ihrem Versuch der Inkorporation des ganzen Spektrums von menschlichen Praktiken und Erfahrungen geht. Zum Beispiel gab es in früheren Phasen der bürgerlichen Gesellschaft durchaus Erfahrungsbereiche, in die nicht eingegriffen wurde, da sie der Sphäre des privaten oder künstlerischen Lebens zugeordnet wurden, soweit sie nicht in die besondere Kompetenz von Staat und Gesellschaft fielen. Dies galt auch für bestimmte Formen der politischen Toleranz, auch wenn die Wirklichkeit der Toleranz ganz anders aussah. Aber ich bin mir sicher, daß in der seit dem letzten Krieg entstandenen Gesellschaft der Prozeß der Inkorporation aufgrund von Entwicklungen im gesellschaftlichen Charakter der Arbeit, der Kommunikation und der Art, wie und wo Entscheidungen getroffen werden, um ein Vielfaches mächtiger geworden ist als in jeder vorausgehenden kapitalistischen Gesellschaft; daß er in Bereiche der Erfahrung, der Praxis und der Aussagen Einzug gehalten hat, die bislang nicht berührt worden waren. Aus diesem Grund wird es immer schwieriger zu entscheiden, was in der Praxis alternativ oder was oppositionell ist.

Theoretisch läßt sich eine solche Unterscheidung ohne weiteres treffen, z. B. zwischen jemandem, der eine andere Existenzform sucht und mit dieser allein gelassen werden will, und jemandem, der aus diesem Wunsch nach einer anderen Existenzform den Anspruch ableitet, die Gesellschaft zu verändern. Dem entspricht der Unterschied in den Lösungsversuchen gesellschaftlicher Krisen, wie sie einerseits bei Individuen und kleinen Gruppen, andererseits in einer politischen und letztlich revolutionären Praxis ausgebildet werden. Aber in der Realität ist die Grenze zwischen ›alternativ‹ und ›oppositionell‹ oft fließend. Eine Auffassung oder Praxis mag als Abweichung durchaus toleriert werden, indem sie lediglich als ein besonderer Lebensstil angesehen wird. Je notwendiger aber sich der Bereich der Herrschaft ausdehnt, desto mehr müssen eben diese Bedeutungen und Praktiken von der dominierenden Kultur nicht nur als Mißachtung oder bloße Ablehnung, sondern als Herausforderung begriffen werden.

Nun ist für jede marxistische Kulturtheorie entscheidend, daß sie eine adäquate Erklärung für die Herkunft dieser Praktiken und Bedeutungen liefert. Mit dem herkömmlichen historischen Ansatz lassen sich zumindest einige Quellen der residualen Bedeutungen und Praktiken ausfindig machen. Sie sind das Ergebnis früherer gesellschaftlicher Formationen, in denen ganz bestimmte Bedeutungen und Praktiken ausgebildet wurden. In bestimmten Phasen zeitweiliger Schwäche der herrschenden Kultur kommt es zu einem Rückgriff auf in früheren Gesellschaften entstandene und auch jetzt noch bedeutungsvoll erscheinende Werte und Aussagen, da diese Bereiche menschliche Erfahrung repräsentieren, die von der herrschenden Kultur unterschätzt, abgelehnt oder einfach nicht anerkannt wurde.

Die schwierigste theoretische Aufgabe ist indessen die, eine nicht-metaphysische und nicht-subjektivistische Erklärung für die neu entstehende kulturelle Praxis zu finden, vor allem deswegen, weil die Antwort auf diese Frage sich auch auf den Prozeß des Überdauerns residualer Praktiken bezieht.

Dazu aber gibt uns die marxistische Theorie einen Hinweis: eine neue Klasse hat sich formiert, es entsteht das Bewußtsein einer neuen Klasse. Dies ist zweifellos von zentraler Bedeutung, denn dieser Formierungsprozeß kompliziert jedes simple Basis-Überbau-Modell. Gleichzeitig stellt er einige der üblichen Interpretationen des Hegemoniebegriffs infrage, obgleich Gramsci gerade seine Aufgabe darin sah, eine Art proletarische Hegemonie zu antizipieren und durch Organisation zu stärken, die dann imstande wäre, die bürgerliche Hegemonie herauszufordern.

Eine Quelle neuer Praxis ist also im Entstehen einer neuen Klasse zu sehen. Aber daneben müssen wir auch Quellen anderer Art erkennen, von denen einige für die kulturelle Praxis außerordentlich wichtig sind. Ich behaupte, daß dies auf der Basis der folgenden These möglich ist: keine Produktionsweise, damit auch keine Gesellschaftsordnung mit den ihr jeweils immanenten Herrschaftsverhältnissen und damit wiederum keine herrschende Kultur schöpft in Wirklichkeit die ganze menschliche Praxis, Energie und Intention aus. Ich meine, daß diese These nicht nur negativ zu sehen ist, sondern uns erlaubt, bestimmte Dinge zu verstehen, die sich außerhalb der herrschenden gesellschaftlichen Formation abspielen, denn es ist nicht abzustreiten, daß die herrschenden Produktionsverhältnisse aus dem Spektrum der menschlichen Praxis eine Auswahl vornehmen und damit bestimmte Dinge ausschließen. Natürlich ist eine menschliche Praxis, die außerhalb oder in Opposition zur herrschenden Produktionsweise steht, realen Schwierigkeiten ausgesetzt. In diesem Zusammenhang hängt viel davon ab, ob sie in einem Bereich ausgeübt wird, wo für die herrschende Klasse und Kultur etwas auf dem Spiel steht. Ist dies der Fall, wird ganz energisch der Versuch unternommen, die neuen Praktiken zu inkorporieren oder, wenn das nicht gelingt, sie auszurotten. In bestimmten Perioden jedoch kann es Bereiche geben, in denen Praktiken und Bedeutungen existieren, die diesem Zugriff nicht erliegen. Schon aufgrund der ihr inhärenten Grenzen und ihrer Deformierung kann die herrschende Kultur diese Praktiken nicht in ihrer wirklichen Bedeutung erfassen. Daraus erklärt sich beispielsweise der auffallende Unterschied zwischen den Praktiken eines kapitalistischen Staates und der heutigen Sowjetunion, was den Umgang mit Schriftstellern angeht.

Da in der gesamten marxistischen Tradition die Literaturproduktion immer als eine wichtige, ja entscheidende Tätigkeit angesehen wurde, kontrolliert der Sowjetstaat sehr viel schärfer die einzelnen Bereiche, in denen eine abweichende Praxis, unterschiedliche Auffassungen und Werte erprobt werden oder zum Ausdruck kommen. In der kapitalistischen Praxis kann eine Sache, die keinen Profit macht oder keine große Verbreitung findet, eine Zeitlang übersehen werden, zumindest solange sie alternativ bleibt. Wenn sie ausdrücklich oppositionell wird, wird sie natürlich näher in Augenschein genommen und attackiert.

Ich behaupte also, daß die herrschende Produktionsweise hinsichtlich der menschlichen Praxis einer bestimmten Zeit immer eine bewußte Selektion und Organisation vornimmt. Bewußt ist sie mindestens in ihrem voll ausgebildeten Zustand. Andererseits aber gibt es immer Quellen der menschlichen Praxis, die von ihr vernachlässigt oder ausgeschlossen werden und sich qualitativ von den artikulierten Interessen einer aufsteigenden Klasse unterscheiden können. In ihnen können beispielsweise die Beziehungen der Menschen untereinander oder aber der Stoff und die (Darstellungs-)Mittel von Kunst und Wissenschaft in ganz anderer Weise wahrgenommen werden; und innerhalb gewisser Grenzen können diese neuen Wahrnehmungen sogar praktiziert werden. Die beiden Quellen – einmal die sich formierende Klasse und zum andern die ausgegrenzten Praktiken – schließen sich übrigens keineswegs gegenseitig aus. Sie können gelegentlich sogar miteinander verwandt sein, und von ihrem Verhältnis hängt für die politische Praxis viel ab. Kulturell und theoretisch gesehen lassen sich beide Bereiche jedoch getrennt behandeln.

Wenn wir nun zu der bisher üblichen kulturtheoretischen Fragestellung – nämlich wie sehen die Beziehungen zwischen Kunst und Gesellschaft resp. zwischen Literatur und Gesellschaft aus? – zurückkehren und diese Fragestellung anhand der vorangegangenen Ausführungen überprüfen, dann müssen wir zunächst festhalten, daß es keine derart abstrakten Beziehungen zwischen Literatur und Gesellschaft gibt. Die Literatur ist vielmehr von Anfang an eine Praxis der Gesellschaft. Erst wenn sie und alle anderen Praktiken vorhanden sind, kann die Gesellschaft als voll ausgebildet betrachtet werden. Daraus folgt aber noch etwas anderes: wir können die Literatur und Kunst nicht von anderen Formen der gesellschaftlichen Praxis trennen und irgendwelchen eigenen Gesetzen unterwerfen. Sie mögen zwar als Praktiken spezifische Merkmale aufweisen, können aber nicht vom gesamt-gesellschaftlichen Prozeß getrennt werden. Dies läßt sich auch mit dem Hinweis verdeutlichen, daß die Literatur nicht nur in den Sektoren operiert, die ich in diesem Modell darzustellen versucht habe. Man macht es sich zu leicht, wenn man – wie es eine vertraute Rhetorik will – die Literatur nur im neu entstehenden kulturellen Sektor ansiedelt, weil sie die neuen Gefühle, Bedeutungen und Werte darstelle. Theoretisch, mit Hilfe abstrakter Argumentation könnten wir das vielleicht vertreten, aber wenn wir alle Taschenspieler-tricks ausschalten, d. h. wenn wir nicht nur die Literatur lesen, die wir bereits unter dem Gesichtspunkt ihres Bedeutungsgehaltes und Intensitätsgrades selektiert haben, sondern die ganze Bandbreite von Literatur, die uns zur Verfügung steht, werden wir gezwungen sein zu erkennen, daß der Vorgang des Schreibens, die Praxis des Diskurses in Wort und Schrift, das Romane-, Gedichte- und Stückeverfassen, das Theorien-Aufstellen in allen Bereichen der Kultur anzutreffen ist.

Literatur erscheint keineswegs nur im neu entstehenden kulturellen Sektor, den es ohnehin nur sehr selten gibt. Ein Großteil des Geschriebenen – so z. B. ein erheblicher Teil der englischen Literatur des letzten halben Jahrhunderts – gehört zur residualen Kategorie. Einige ihrer grundlegenden Aussagen und Werte gehören den kulturellen Leistungen längst vergangener Stufen der Gesellschaft an. Diese Tatsache ist dermaßen weit verbreitet, daß in den Augen vieler Menschen ›Literatur‹ und ›Vergangenheit‹ als identisch angesehen werden, was zu der landläufigen Meinung führt, heutzutage gebe es keine Literatur mehr, die Zeiten des Ruhmes seien vorbei. Indessen ist das meiste, was in irgendeiner Epoche, einschließlich der unsrigen, geschrieben wird, ein Beitrag zur herrschenden Kultur. Was der Literatur erlaubt, diese Funktion äußerst wirksam zu erfüllen, sind nicht zuletzt einige ihrer spezifischen Qualitäten, wie z. B. die Kraft, bestimmte Aussagen und Werte zu verkörpern, darzustellen und vorzuführen, oder die Fähigkeit, im Besonderen das aufzuzeigen, was sonst nur eine allgemeine Wahrheit wäre. In diesem Zusammenhang müssen wir neben der Literatur die bildenden Künste und die Musik und in unserer heutigen Gesellschaft auch die mächtigen Medien Film, Rundfunk und Fernsehen miteinbeziehen.

Die daraus resultierende allgemeine theoretische Folgerung müßte jetzt klar sein: wenn wir die Beziehungen zwischen Literatur und Gesellschaft untersuchen, können wir weder diese eine Praxis aus der Gesamtheit aller übrigen Praktiken herauslösen, noch können wir, wenn die spezifische Praxis einmal identifiziert worden ist, sie in eine uniforme, statische oder ahistorische Beziehung zu irgendeiner abstrakten gesellschaftlichen Formation setzen. Das ganze Spektrum der Literatur sowie der bildenden und darstellenden Künste ist Teil des aus verschiedenen Sektoren bestehenden kulturellen Prozesses, den ich hier zu beschreiben versucht habe. Dieses Spektrum ist ein Beitrag zur und zugleich eine Artikulation der herrschenden Kultur. Es verkörpert residuale Bedingungen und Werte, von denen viele, aber eben nicht alle inkorporiert werden. Schließlich beinhaltet es in bemerkenswerter Weise auch neu entstehende Praktiken und Aussagen, von denen allerdings ebenfalls einige im Laufe der Zeit, wenn sie Verbreitung finden, inkorporiert werden. In den sechziger Jahren beispielsweise fällt auf, wie die herrschende Kultur versuchte (und teilweise damit Erfolg hatte), einige der neu entstehenden Darstellungskünste zu transformieren. Während dieses Vorgangs verändert sich natürlich die herrschende Kultur selbst, nicht in ihrer zentralen Formation, aber in vielen ihrer äußeren Merkmale. Allerdings muß sie, wenn sie die herrschende bleiben, wenn sie in all unseren Tätigkeiten und Interessen als wirklich zentral empfunden werden will, in der modernen Gesellschaft ständig solche Änderungen durchmachen.

Literaturtheorie als Konsumtionstheorie

Was ergibt sich aus dieser allgemeinen Analyse für die Untersuchung einzelner Kunstwerke? Mit dieser Frage beschäftigt sich ein Großteil der kulturtheoretischen Diskussion: gesucht wird eine Methode, möglicherweise sogar eine Methodologie, mit der einzelne Kunstwerke verstanden und beschrieben werden können. Ich selbst bin nicht der Meinung, daß dies das zentrale Anliegen der Kulturtheorie ist, will aber diesen Gedanken einen Augenblick lang verfolgen. Das Auffallende an nahezu allen Versionen der zeitgenössischen Literaturtheorie ist, daß sie *Konsumtions*theorien sind, d. h. sie befassen sich vor allem damit, wie ein Objekt ›nutzbringend‹ bzw. korrekt konsumiert werden kann. Die früheste Form einer Konsumtionstheorie war die ›Theorie des Geschmacks‹, wobei der Zusammenhang von Praxis und Theorie schon in der Bezeichnung unmittelbar deutlich wird. Die nach der ›Geschmacks-Theorie‹ nächst höhere Stufe war die Einführung des Begriffs der ›Sensibilität‹. Hier wurde als wesentliche Praxis der Lektüre die Konsumtion erhabener oder erbaulicher Werke angesehen; Literaturwissenschaft war demnach ein Funktionsapparat für die Sensibilität. In den zwanziger Jahren bei Richards und später im ›New Criticism‹ wurden dann noch differenziertere Theorien entwickelt, in denen die Konsumtion bzw. ihre Wirkungen selbst zum Gegenstand der Untersuchung gemacht wurden. Die Vorstellung vom Kunstwerk als einem Objekt fand mehr und mehr allgemeine Verbreitung. Man fragte: »Welche Wirkung hat das Werk (bzw. ›die Dichtung‹, wie man es gemeinhin nannte) auf mich?« Oder später noch, unter dem Aspekt der viel weitläufigeren Kommunikationswissenschaft: »Welchen Einfluß hat es auf mich?« Es zeigt sich, daß in zumindest allen späteren Konsumtionstheorien die Vorstellung vom Kunstwerk als einem *Objekt*, einem *Text,* einem isolierten *Artefakt* einen zentralen Stellenwert hatte. Nicht nur wurden dabei die Praktiken der *Produktion* übersehen – was wohl auch mit der Vorstellung zusammenhing, daß die eigentlich bedeutende Literatur aus der Vergangenheit stamme –, auch die gesellschaftlichen Bedingungen der Produktion wurden in jedem Fall vernachlässigt, da sie bestenfalls als sekundär galten. Als wichtige Beziehung wurde ausschließlich die zwischen dem Geschmack, der Sensibilität oder der Schulung des Lesers auf der einen Seite und dem isolierten Werk auf der andern angesehen, dem Werk als

Objekt ›an sich, wie es wirklich ist‹; so lautete die gewöhnliche Formulierung.

Doch der Begriff vom Kunstwerk als einem Objekt hatte noch weitergehende hheoretische Konsequenzen. Stellt man nämlich die Fragen an das Kunstwerk unter dem Aspekt seines Objektcharakters, dann können darin auch Fragen nach den Komponenten seiner Produktion enthalten sein. Eben dies war der Fall bei einem bestimmten Gebrauch der Basis-Überbau-Formel. Danach wurden die Bestandteile eines Kunstwerks den Basistätigkeiten zugerechnet, und bei der Untersuchung des Objekts konnte man diese Bestandteile aufdecken, bzw. konnte man umgekehrt den einzelnen Beshandteilen nachgehen, um dann das Objekt zu projektieren. Doch war in jedem Fall die Beziehung, die untersucht wurde, die zwischen einem Objekt und seinen Bestandteilen. Indessen war dies nicht nur in marxistischen Basis-Überbau-Thesen zu finden, sondern auch in verschiedenen Ausprägungen der psychologischen Theorie, sei es in der Form von Archetypen, den Bildern vom kollektiven Unbewußten oder den Mythen und Symbolen, die als *Bestandteile* einzelner Kunstwerke gesehen wurden. Es war weiterhin zu finden in Biographien, Psychographien und ähnlichem mehr, in denen die Komponenten im menschlichen Leben lokalisiert waren und das Kunstwerk ein Objekt darstellte, in dem derartige Komponenten aufgesucht wurden. Selbst in einigen rigorosen Formen des ›New Criticism‹ und der strukturalistischen Literaturkritik hat diese Prozedur, die das Werk als ein auf seine Bestandteile reduziertes Objekt betrachtet, auch wenn es später rekonstituiert werden kann, Einzug gehalten.

Objekte und Praktiken

Die eigentliche Krise in der Kulturtheorie heute besteht für mich darin, daß das Kunstwerk als Objekt und nicht als Praxis betrachtet wird. Natürlich wird mir sofort entgegengehalten werden, daß das Kunstwerk Objekt *ist,* daß schließlich einzelne Werke – Skulpturen, Gemälde, Gebäude – überlebt haben und daß dies Objekte sind. Obwohl das stimmt, ist es doch auffallend, daß dieser Sprachgebrauch unbedenklich auch auf Werke angewandt wird, die keine spezifische materielle Existenz haben. *Hamlet, Die Brüder Karamasow* oder *Wuthering Heights* existieren nicht in dem Sinne wie ein großes Gemälde. Die *Fünfte Symphonie* ist kein Objekt, das sich mit den die Zeiten überdauernden Werken der bildenden Künste vergleichen ließe, ja es gibt im Bereich der Musik nicht ein einziges Werk, das in dem obigen Sinne Objekt wäre. Und dennoch werden alle diese Werke fortgesetzt als Objekte behandelt. Der Grund dafür liegt in den theoretischen und praktischen

Prämissen unserer Arbeit. Nun haben wir es aber im Drama, der Musik und den darstellenden Künsten nicht mit Objekten, sondern mit *Notationen* zu tun, die, bestimmten Konventionen entsprechend, aktiv interpretiert werden müssen. Dies läßt sich jedoch verallgemeinern: Die Beziehung zwischen der Produktion eines Kunstwerks und seiner Rezeption ist immer sowohl eine aktive als auch eine Konventionen unterworfene, wobei diese Konventionen selbst Formen gesellschaftlicher Organisation sind. Allerdings ist dies etwas völlig anderes als die Produktion und Konsumtion eines Objekts. Zusammenfassend läßt sich also sagen, daß, obwohl diese Beziehung in einigen Künsten den Charakter eines materiellen Objekts annehmen kann, sie insofern immer Praxis, immer Tätigkeit ist, als sie stets nur durch aktive Wahrnehmung und Interpretation zugänglich wird. Die Notation – im Drama, der Literatur und Musik – ist daher nur ein Sonderfall einer umfassenderen Wahrheit. Für die Analyse der Kunstwerke ist diese Feststellung insofern wertvoll, als sie mit der Vorstellung bricht, daß wir das Objekt zu isolieren und in seine Bestandteile zu zerlegen hätten. Zu analysieren sind vielmehr die Natur und die Bedingungen der Praxis. So sehr sich diese beiden Vorgänge gelegentlich ähneln mögen, so grundverschieden sind sie in den meisten Fällen. Ich möchte daher diesen Essay mit einer Beobachtung über die sich aus diesem Unterschied für die marxistische Überbautheorie ergebenden Konsequenzen schließen. Wenn wir weiterhin davon ausgehen, daß die kulturelle Praxis eine Reihe von Objekten hervorbringt, werden wir auch in Zukunft die Grenzen der überkommenen Literatursoziologie nicht überschreiten, sondern weiterhin einzelne Merkmale isolieren (von denen wir sagen können, daß wir sie *in Form von Komponenten* erkennen) oder fragen, welchen Veränderungen oder Vermittlungen diese Komponenten ausgesetzt waren, bevor sie die gegenwärtige Form angenommen haben. Meine Forderung dagegen läuft darauf hinaus, nicht nach den Komponenten eines Produktes, sondern nach den Bedingungen der Praxis zu suchen. Wenn wir ein Werk oder eine Anzahl von Werken untersuchen, ihre Gemeinsamkeit, wie auch ihre unveränderliche Individualität, sollten wir zunächst die Realität ihrer Praxis sowie die Bedingungen der dann ausgeübten Praxis untersuchen. Daraus ergeben sich völlig andere Fragestellungen. Es ist interessant, zu vergleichen, wie die orthodoxe Literaturkritik mit den Genres umging: ein Werk wurde zunächst anhand bestimmter Merkmale identifiziert, dann einer größeren Kategorie, dem Genre, zugeordnet und schließlich die Komponenten sozialgeschichtlich analysiert (obwohl manche Vertreter der marxistischen Literaturkritik noch nicht einmal so weit gingen, sondern einfach das Genre als permanente Kategorie voraussetzten). Vorgegangen werden müßte ganz anders. Indem wir die Beziehung zwischen einer kollektiven Form und einem individuellen

Projekt erkennen – und dies sind die einzigen Kategorien, die wir zunächst voraussetzen dürfen –, erkennen wir auch, daß es sich um verwandte Praktiken handelt. D. h. die unveränderlich individuellen Projekte, die einzelnen Werke, können in der Erfahrung und Analyse Ähnlichkeiten aufweisen, die uns erlauben, sie kollektiven Formen zuzuordnen. Dabei handelt es sich keineswegs immer um Genres, Parallelen können innerhalb und quer durch die Genres verlaufen und sind vermutlich eher die Praxis einer Gruppe in einer bestimmten Periode, als die Praxis einer Phase in einem bestimmten Genre. Indem wir aber die Natur einer bestimmten Praxis und die Beschaffenheit der Beziehung zwischen einem individuellen Projekt und einer kollektiven Form aufdecken, finden wir, daß wir bei der Analyse zwei Seiten desselben Prozesses, seine aktive Komposition und die Bedingungen für diese Komposition, herausarbeiten. Das heißt natürlich, daß es kein feststehendes Verfahren gibt, das von dem feststehenden Charakter eines Werks angezeigt würde. Wir verfügen jedoch über die Prinzipien der Beziehungen zwischen den Praktiken innerhalb einer erkennbar intendierten Organisation, und wir verfügen ferner über die Hypothesen des Herrschenden, Residualen und Neu-Entstehenden. Suchen müssen wir nach der wahren, zum Objekt entfremdeten Praxis und den wahren, zu Komponenten und zum bloßen Hintergrund entfremdeten Bedingungen dieser Praxis – seien es literarische Konventionen oder gesellschaftliche Beziehungen. Als allgemeiner Vorschlag ist dies zwar nur eine neue Akzentsetzung, aber sie scheint mir doch zugleich der Punkt zu sein, an dem in der praktischen und theoretischen Arbeit mit der marxistischen kulturellen Tradition gebrochen werden und an dem eine aktive, sich erneuernde marxistische Kulturtheorie ansetzen muß.

H. Gustav Klaus
Über Raymond Williams

I

Im Jahre 1959 hielt der Romancier C. P. Snow in Cambridge einen aufsehenerregenden Vortrag über *The Two Cultures and the Scientific Revolution,* in dem er die in Großbritannien seit dem 19. Jahrhundert (Carlyle, Disraeli) geläufige, innerhalb der Arbeiterbewegung von Lenin weiterentwickelte Zwei-Kulturen-Lehre einer Revision unterzog. Orientierte sich die alte Vorstellung an einem scharfen, obgleich nicht-antagonistischen Gegensatz zwischen bürgerlicher und proletarischer Kunst, so meinte Snow mit seiner Formulierung die Kluft zwischen Naturwissenschaftlern und ästhetisch-literarisch gebildeten Intellektuellen. Nicht nur sei die Kommunikation zwischen den beiden Lagern zusammengebrochen, der wissenschaftlich-technische Bereich habe sich längst seine eigene Kultur geschaffen, die mit dem Gegensektor nichts gemein habe. Nach Snows Darstellung sind an dieser Entwicklung die Schriftsteller und Künstler nicht unschuldig, da sie es versäumt haben, den modernen Errungenschaften von Wissenschaft und Technik in ihren Gestaltungsprinzipien Rechnung zu tragen. Schlimmer noch: ein kurzer Blick auf die großen Künstlerpersönlichkeiten, die in der ersten Jahrhunderthälfte die »literarische Sensibilität« dominierten, offenbare ihre Nähe zu politisch reaktionären Ideologien. Snows Rede gipfelte in der These, die von ihm auch als »traditionell«, da rückwärts gewandt, bezeichnete Kultur habe ihre Chance zur Rettung der Menschheit verspielt, jetzt seien die Naturwissenschaftler aufgerufen, die Zukunft zu bewältigen (»the scientists have the future in their bones«[1]).

Es dauerte einige Zeit, bevor diese Ansichten auf ernsthaften Widerspruch stießen. Erst als die Druckfassung von Snows Rede zur Pflichtlektüre in den britischen Gymnasien zu werden drohte, sah sich der Literaturkritiker F. R. Leavis zu einer Antwort genötigt. Allerdings enthielt seine Gegenrede mehr Invektiven als Argumente. Vor lauter Beschimpfungen (»intellectual nullity«, »complete ignorance«, »negligible«, »*naiveté*«[2]) kam er kaum zur Sache. Das Zentrum der Humanität, erneuerte er nur am Schluß seine schon aus früheren Publikationen bekannte Position, sei noch immer in der Universität, namentlich im

---

[1] Zit. nach der erweiterten Neuauflg., *The Two Cultures, a Second Look* (London, 1964), S. 11.
[2] *Two Cultures? The Significance of C. P. Snow* (London, 1962), passim.

Fach Englisch zu suchen, als der Disziplin, in der ein »vitaler Bezug« zwischen Gegenwart und kultureller Tradition hergestellt würde. Im Prozeß der Interpretation, den man sich als ein offenes Gespräch zwischen Kritikern vorstellen müsse, bei dem eine Aussage stets mit einem Fragezeichen versehen sei (»This is so, isn't it?«), würden die in der Vergangenheit geschaffenen Werte erneuert. Die Literaturwissenschaft avanciert somit für Leavis zum Statthalter der Kultur schlechthin.

Die sich über ein Jahrzehnt hinziehende Debatte zeigte[3], daß in Großbritannien offensichtlich die Zeit für eine Neubestimmung der Kultur reif war. Sie demonstriert aber auch die Unfähigkeit der beiden Kontrahenten, eine demokratisch fundierte Kulturkonzeption auszuarbeiten. Über alle Differenzen hinweg verbindet sie der elitäre Gedanke, die Gemeinschaft der Wissenschaftler im einen Fall, die eingeweihte Minorität der Kritiker im anderen könne den Menschen insgesamt die aktive Teilnahme am kulturellen Schaffen abnehmen.[4] Auch das apolitische Gewand, das die jeweiligen Lösungsvorschläge ·kleidet, verrät mehr Gemeinsamkeiten als Differenzen. Snows Hoffnung, die Kulturgemeinschaft der Wissenschaftler in Ost und West könne den Weltfrieden absichern, basiert letztlich auf einer unreflektierten Übernahme der Konvergenztheorie. Leavis' Beschwörung der »organischen Gemeinschaft« des 18. Jahrhunderts, sein abgrundtiefer Pessimismus angesichts der Frage, ob und wie die Kluft zwischen dem hochgebildeten Spezialistentum und den in geistiger Armut gehaltenen Massen beseitigt werden kann, nimmt die in dieser Hinsicht in den sozialistischen Ländern unternommenen Anstrengungen nicht einmal zur Kenntnis. Die Tatsache schließlich, daß die u. a. von Raymond Williams' Publikationen (*Culture and Society,* 1958; *Long Revolution,* 1961) auf der englischen Linken in Gang gesetzten Kulturdiskussionen in dieselbe Zeit fielen wie die Snow-Leavis-Kontroverse, ohne in ihr aufzugehen, straft außerdem die Ansicht Lügen, daß der – freilich nicht zu leugnende – Gegensatz zwischen Kunst und Wissenschaft der Hauptwiderspruch innerhalb des zeitgenössischen geistigen Lebens sei. Noch immer dürfte, wenn schon von zwei Kulturen die Rede sein soll, eine an den gesellschaftlichen Klassenunterschieden orientierte Begriffsverankerung unumgänglich sein.

---

[3] Vgl. u. a. Snows Antwort an Leavis *The Two Cultures, a Second Look*, a.a.O.; Leavis' Aufsätze im *Times Literary Supplement* vom 29. 5. 1969 und 23. 4. 1970; sowie Snows erneute Replik, ebda., 9. 7. 1970.
[4] Vgl. Lionel Trilling, »The Leavis-Snow Controversy«, *Beyond Culture* (Harmondsworth, 1967), S. 153 ff.

II

Williams' Verdienst besteht darin, an der Klassenbedingtheit des Kulturbegriffs festgehalten zu haben, ohne ihn so eng zu konzipieren, wie es sich nicht zuletzt auch in Teilen der Arbeiterbewegung eingebürgert hat. Niemals, so heißt es im Schlußteil von *Culture and Society,* kann eine Kultur auf ihre Kunstprodukte reduziert werden, niemals ist sie lediglich eine Ansammlung intellektueller und imaginativer Werke.[5] Unmöglich läßt sich daher auch der Unterschied zwischen der bürgerlichen und der Kultur der Arbeiterklasse dadurch erfassen, daß man dem »bürgerlichen Erbe« die vergleichsweise spärlichen proletarischen Schriften gegenüberstellt, derer man habhaft werden kann.

»Das Entstehen dieser Werke war nützlich, nicht nur in ihren selbstbewußteren Formen, sondern auch in jenen nachindustriellen Balladen, die zu sammeln sich lohnte. Wir müssen von diesem Werk Kenntnis nehmen, und sie (›die Kultur der Arbeiterklasse‹) sollte als ein wertvolles abweichendes Element angesehen werden, aber nicht als Kultur. Die traditionelle volkstümliche Kultur Englands wurde, wenn nicht zerstört, so doch wenigstens durch die Wirren der Industriellen Revolution geschwächt und lädiert. Was übriggeblieben ist und unter den neuen Bedingungen wieder aufgebaut wurde, ist nur wenig und auch geographisch begrenzt. Es nötigt Respekt ab, ist aber keineswegs eine alternative Kultur.«[6]

Sicher spricht aus diesen Worten eine gewisse Unterschätzung der bislang überhaupt nur partiell rekonstruierten proletarischen Lied- und Literaturtradition, was bei einem Autor, der wie kein anderer den Selektionsprozeß innerhalb der kulturellen Tradition analysiert und kritisiert hat, verwundern muß. Gleichzeitig eröffnet diese Betrachtungsweise aber, indem sie sich von einem einseitig geistig verstandenen Kulturbegriff löst, eine neue Perspektive zur Bestimmung des Wesensunterschieds zwischen den beiden Kulturen. Wenn nämlich Kultur sich nicht in einer mehr oder minder großen Zahl von Artefakten erschöpft, wenn sie vielmehr, wie der Autor näher ausführt, als »eine ganze Lebensweise« [a whole way of life] anzusehen ist, dann kann auch die Differenz zwischen einer bürgerlichen und einer proletarischen Kultur wesentlich nur auf der Ebene »der gesamten Lebensweise gesucht werden«.[7] Auf einen Begriff gebracht, ist die bürgerliche Lebensweise die des Individualismus; zugrunde liegt ihr eine Vorstellung von der Gesellschaft als einem neutralen Bereich, in dem der Einzelne seinem Glück nachgehen kann (als »pursuit of happiness« ist diese Vorstellung beispielsweise in die amerikanische Verfassung eingegangen). Demgegenüber ist die proletarische Lebensweise gekennzeichnet durch die

---

[5] Dt. Ausgabe: *Gesellschaftstheorie als Begriffsgeschichte. Studien zur historischen Semantik von Kultur,* (München, 1972), S. 382 ff.; engl. Ausgabe, a.a.O., S. 307 ff.
[6] Dt. Ausgabe, a.a.O., S. 383; engl. Ausgabe, a.a.O., S. 307.
[7] Dt. Ausgabe, a.a.O., S. 389; engl. Ausgabe, a.a.O., S. 312.

»grundlegende kollektive Idee und die von ihr ausgehenden Einrichtungen, Gewohnheiten der Gedanken und Intentionen«.[8] Konkrete Gestalt hat diese Idee in einer Kultur angenommen,

»die anzuerkennen wichtig ist, . . . die kollektiven demokratischen Einrichtungen, heißen sie Gewerkschaften, Genossenschaften oder politische Parteien. Die Kultur der Arbeiterklasse ist in dem Stadium, das sie durchschritten hat, eher sozial (dadurch, daß sie Institutionen geschaffen hat) als individuell (insbesondere auf dem Gebiet intellektueller oder imaginativer Werke). Wenn sie in dem richtigen Zusammenhang betrachtet wird, kann sie als eine außerordentlich bemerkenswerte schöpferische Leistung gesehen werden.«[9]

Mit diesen Äußerungen läßt Williams all diejenigen Konzeptionen hinter sich, die unter den Begriff der Kultur ausschließlich Literatur, Kunst, Theater, Malerei und die dazugehörigen Institutionen fassen, einen in höheren Regionen, fernab von den realen Lebensverhältnissen sich abspielenden Vorgang. Indem der Autor die Lebensweise als das Spezifische an der proletarischen Kultur herausarbeitet, nähert er sich darüber hinaus, auch wenn er die Arbeit nur als *einen*, nicht als zentralen, vorrangigen Akt der Kulturschöpfung ansieht[10], einem materialistischen Kulturbegriff. Kultur, so bringt der Autor seine Auffassung einmal auf eine Kurzformel, ist etwas Alltägliches, Gewöhnliches (»culture is ordinary«)[11]. Damit läßt sie sich nicht länger als »das Werk einer erstaunlich geringen Anzahl von Menschen«[12] begreifen. Am kulturellen Schaffen, d. h. in Williams' Terminologie: am Hervorbringen und Erneuern von Werten und Bedeutungen, partizipieren vielmehr alle gesellschaftlichen Individuen. Williams sprach angesichts dieses Sachverhalts auch von der »gemeinsamen Kultur« [common culture], ein Terminus, der auf schärfsten Widerspruch gestoßen ist und den Autor zu einer klärenden Stellungnahme nötigte (»Was heißt ›gemeinsame Kultur‹?«). Wir haben die Erörterung von Williams' Kulturkonzeption bewußt mit der von ihm vorgenommenen Abgrenzung der bürgerlichen von der Arbeiterkultur begonnen, um deutlich zu machen, daß dieser Begriff nicht – wie häufig unterstellt und auch von der irreführenden Übersetzung »eine alle Schichten umfassende Kultur« in der deutschen Ausgabe von *Culture and Society* nahegelegt[13] – blind gegenüber der klassenspezifischen

---

8 Dt. Ausgabe, a.a.O., S. 392; engl. Ausgabe, a.a.O., S. 313.
9 Dt. Ausgabe, a.a.O., S. 392; engl. Ausgabe, a.a.O., S. 314.
10 Über die Rolle der Arbeit im Kulturprozeß gibt es innerhalb der marxistischen Diskussion ein weites Spektrum widerstreitender Auffassungen. Fest steht nur, daß Kultur und Arbeit nicht voneinander getrennt zu betrachten sind. Vgl. hierzu Wulf D. Hund / Dieter Kramer, »Für eine materialistische Theorie der Kultur«, *Sopo*, Nr. 29 (Juni 1974), insbes. S. 8–11.
11 S. seinen Aufsatz mit dem gleichnamigen Titel in: N. Mackenzie (Hrsg.), *Conviction* (London, 1959).
12 So noch kürzlich Karl Steinbuch in seinem Bestseller *Falsch programmiert* (München, 1969), S. 176, zit. nach Hund / Kramer, a.a.O., S. 3.
13 Z. B. Dorothea Siegmund-Schultze, »Zur Diskussion des Begriffes der Kultur in Großbritannien«,

Ausformung von Kultur ist. Gemeinsame Kultur meint zunächst ganz im Sinne der oben gegebenen Definition nichts anderes, als daß die gesellschaftliche Entwicklung fortschreitet durch die ständige Erzeugung von materiellen Kulturgütern, Werten, Normen, Verhaltensmustern usw. Allerdings ist die Produktion dieses gesellschaftlichen Reichtums eine Sache, seine Aneignung durch eine Minorität, wodurch er der Masse der Produzenten vorenthalten wird, eine andere. Beschnitten ist die große Mehrzahl der Produzenten nicht nur in ihrer Möglichkeit, die von ihnen geschaffenen materiellen Kulturgüter zu benutzen, die von ihnen geschaffenen Normen und Bedeutungen zu artikulieren und anderen mitzuteilen, die Summe der kulturellen Werte der Vergangenheit sich anzueignen. Beschnitten sind sie vor allem auch in der Entfaltung ihrer künstlerischen Potenzen, womit eine Erklärung dafür bereit liegt, daß die Arbeiterklasse seit dem 19. Jahrhundert so wenig Kunstwerke hervorgebracht hat. Freilich bedeutet dies, daß diese Seite des kulturellen Schaffens eben doch Privileg einer Minderheit ist, was Williams später, wenn er Goldmanns These akzeptiert, das wahre Subjekt der kulturellen Schöpfung (hier verstanden im etabliert restriktiven Sinn des Wortes) sei die soziale Gruppe, auch indirekt einräumt. Doch die Hauptschwierigkeit beim Begriff der gemeinsamen Kultur rührt daher, daß er offenbar einen doppelten Sachverhalt treffen will: hier und heute das »Faktum der Gemeinschaft einer Kultur«[14] im Sinne des beständigen Schaffens und Erneuerns von Werten und Bedeutungen, zugleich aber auch schon den Zustand, in dem die beschriebene Unterprivilegierung beseitigt sein wird:

»Wenn es also zutraf, daß überall, und nicht nur an bestimmten Stellen, Bedeutungen und Werte geschaffen wurden . . ., dann mußte ganz allgemein von dem Faktum der Gemeinschaft einer Kultur gesprochen werden . . . Von einer gemeinsamen Kultur sprechen, hieß demnach, sowohl den Lebensstil eines Volkes als auch die lebensnotwendigen Beiträge einzelner begabter Individuen ins Auge fassen, hieß ferner, daß die Idee der *Gemeinsamkeit* der Kultur als Kritik benutzt werden konnte an ihrer Aufsplitterung und Fragmentierung.« (Vgl. S. 77)

Nun ist aber in der Tat nicht einsichtig, weshalb was immer schon als Realität gegeben sein soll (»daß es nämlich in diesem Sinne die Gemeinschaft einer Kultur gebe, . . . würde ich unabhängig von jeder historischen Periode behaupten«, vgl. S. 77) und was noch Postulat ist, mit ein und demselben Begriff belegt werden soll.[15]

Zeitschrift für Anglistik und Amerikanistik, Bd. XVIII (1970), insbes. S. 125. – Vgl. die dt. Ausgabe, a.a.O., S. 398 ff.
[14] Es handelt sich um einen Auszug aus dem nachfolgenden längeren Zitat. Zitate aus dem vorliegenden Band werden im Folgenden durch einfache Seitenangabe im Text bezeichnet.
[15] Vgl. auch die diesbezüglichen Einwände von Terry Eagleton in »Criticism and Politics: The Work of Raymond Williams«, *New Left Review*, Nr. 95 (Februar 1976), S. 12 f.

Die am Beispiel eines Terminus wie »gemeinsame Kultur« zu beobachtende begriffliche Unschärfe mancher Formulierungen von Raymond Williams zeigt sich noch an anderen Stellen. Man nehme nur den Titel des Buches *Culture and Society 1780–1950.* Wer hier, nach unseren Ausführungen über Williams' Kulturkonzeption, die Untersuchung irgendeiner spezifischen (aristokratischen, bürgerlichen, kleinbürgerlichen oder proletarischen) Lebensweise in ihrem Verhältnis zur realgeschichtlichen Entwicklung der britischen Gesellschaft des betreffenden Zeitraums erwartet, wird enttäuscht.[16] Geboten wird über weite Strecken im geschichtslosen Raum eine freilich sehr scharfsinnige Analyse dessen, was in Großbritannien über dieses Problem *gedacht* wurde. Insofern gibt der deutsche Titel *Gesellschaftstheorie als Begriffsgeschichte. Studien zur historischen Semantik von »Kultur«* bei aller Gespreiztheit den Inhalt des Buchs besser wieder als der Originaltitel.

Die Abgehobenheit von der Realgeschichte äußert sich in Williams' Arbeiten aus den fünfziger und frühen sechziger Jahren auch im häufigen Gebrauch des Wortes *Idee.* Dagegen ist so lange nichts einzuwenden, wie lediglich eine geistesgeschichtliche Bestandsaufnahme vorgenommen (Idee des Schöpferischen, Idee der Nachahmung) oder eine konkrete Utopie (Idee der gemeinsamen Kultur) anvisiert wird. Problematisch wird dieser Terminus jedoch, wenn er auch auf die konkreten Arbeits- und Lebensbedingungen der Menschen ausgedehnt wird. So werden an einer Stelle als Unterscheidungsmerkmale zwischen der bürgerlichen und der proletarischen Kultur »alternative Ideen über die Natur der gesellschaftlichen Beziehungen«[17] hervorgehoben, oder es wird, wie bereits zitiert, von der »grundlegende[n] kollektive[n] Idee und den von ihr ausgehenden Einrichtungen, Gewohnheiten der Gedanken und Intentionen« gesprochen, eine Formulierung, die sich dem Mißverständnis aussetzt, als ob sich diese Idee erst in den Köpfen herausgebildet hätte, bevor sie sich in entsprechenden Verhaltensweisen, Moralvorstellungen usw. niederschlug.

Man könnte noch eine ganze Reihe von Begriffen anführen, die entweder mit verschiedenen Bedeutungen vorkommen (so bezieht sich »Organisation« einmal auf die Gesellschaft, dann auf den individuellen Produzenten oder Rezipienten von Kunst) oder zur Abstraktheit tendieren (der inflationäre Gebrauch von Worten wie »komplex« und »Beziehung«). Nützlicher ist es jedoch herauszustellen, daß diese terminologische Unsicherheit wie auch das Prägen einer Anzahl von neuen Begriffen (Gefühlsstruktur, gemeinsame Kultur) aus der Intention des Autors resultiert, von einer humanistischen Grundposition aus einen eigenen

---

[16] Dies hat zuerst Perry Anderson in seinem Aufsatz »Origins of the Present Crisis« kritisiert, abgedruckt in: Perry Anderson / Robin Blackburn (Hrsg.), *Towards Socialism* (London, 1966), S. 11 f.
[17] Dt. Ausgabe, a.a.O., S. 390; engl. Ausgabe, a.a.O., S. 312.

Weg zwischen Marxismus und bürgerlichem Denken zu beschreiten. Durch diese stets um eine kritische Befragung *aller* etablierten Begriffe und Institutionen bemühte, auf Unabhängigkeit bedachte Position entzieht sich Williams' Werk jeder vorschnellen Etikettierung.

Vor welchem gesellschaftlichen Hintergrund der Autor diesen Standpunkt eingenommen hat, will ich in Abschnitt IV zu zeigen versuchen; halten wir an dieser Stelle nur fest, daß Williams' Sprache und Terminologie den Zugang zum Kern seiner Auffassungen nicht gerade erleichtern, ja, daß sie mitunter wie im Falle der »gemeinsamen Kultur« »einen ahistorischen und integrationistischen Akzent aufweisen, der seiner Intention zuwiderläuft«.[18] Einzelne Kritiker von Williams' Kulturkonzeption haben sich aus einer allgemeinen Unzufriedenheit über sein eigenwilliges Vokabular heraus sogar an dem Begriff der »ganzen Lebensweise« gestoßen[19], weil er im englischen Diskussionszusammenhang mit dem konservativen Schriftsteller T. S. Eliot in Verbindung gebracht werden konnte. Eliot hatte in den *Notes towards a Definiton of Culture* seine Vorstellung von Kultur als einer Lebensweise einmal an folgendem Beispiel illustriert:

»Kultur . . . umfaßt all die für ein Volk charakteristischen Tätigkeiten und Interessen: Derby Day, Henley Regatta, den 12. August, ein Cup-Finale, die Hunderennen, das Anschlagbrett, die Dart-Zielscheibe, Wensleydale-Käse, in Streifen geschnittener, gekochter Kohl, Rote Beete in Essig, Gotische Kirchen aus dem 19. Jahrhundert und die Musik von Elgar.«[20]

Durch die Ausklammerung der gesamten Produktionssphäre wirkt diese Liste so borniert, daß die Bedenken marxistischer englischer Kulturwissenschaftler zumal angesichts des übermächtigen Einflusses von Eliots konservativem Gedankengut im zeitgenössischen Großbritannien verständlich sind. Schwierig zu erklären bleibt aber, warum in Deutschland, wo der Begriff derlei Assoziationen nicht wecken konnte, sich im Gegenteil auf Marx' und Engels' *Deutsche Ideologie* zurückführen läßt[21], der positive Aspekt dieser Kulturbestimmung nicht herausdestilliert und für die wissenschaftliche Arbeit fruchtbar gemacht werden konnte. Weder in der DDR, wo Williams bis vor wenigen Jahren in anglistischen Kommentaren stets mit Leavis und Snow in einem Atemzug genannt wurde, ohne daß ein Bemühen um eine differenzierte, die Entwicklung des Autors berücksichtigende Analyse erkennbar war[22], ohne auch nur

[18] Stuart Hall, »Some Notes on the Long Revolution & the Example of the 1840's«, unveröffentlicht (1970).
[19] E. P. Thompson, »The Long Revolution«, *New Left Review*, Nr. 9 (Mai–Juni 1961), S. 32 f.
[20] Zit. nach *Culture and Society*, dt. Ausgabe, a.a.O., S. 281; engl. Ausgabe, a.a.O., S. 230.
[21] Vgl. *MEW*, Bd. 3, S. 21.
[22] Z. B. Siegmund-Schultze, a.a.O., aber auch Heide Seeberg, »Anti-imperialistische Kulturkonzeptionen in England«, *Wissenschaftliche Zeitschrift der Universität Rostock*, Bd. XX (1971), S. 512.

zu bemerken, daß inzwischen Vertreter der Volkskunde dieses Landes
längst einen sehr ähnlichen Begriff von Lebensweise benutzten[23], noch
in der Bundesrepublik, wo man vierzehn Jahre auf das Erscheinen von
Culture and Society warten mußte, wo das Buch schließlich bei seiner
Veröffentlichung kaum registriert wurde und ein Rezensent allen Ern-
stes behauptete: »Nach der Lektüre ist man kaum klüger über das, was
›Kultur‹ einmal war, ist und sein kann«[24], sind Williams' Anregungen
aufgegriffen worden.[25]

III

Es war in sich schlüssig, daß Williams nach dem Versuch einer theoretischen Grundlegung von Kultur den Status von Kunst und Literatur in ihr
untersuchen würde. *The Long Revolution,* dessen Anfangskapitel den
vorliegenden Band eröffnen, begann da, wo *Culture and Society* schloß.
Wenn die Untersuchung der Bedeutungsgeschichte des Wortes »schöp-
ferisch« in die Aussage mündet, Kreativität sei kein Spezifikum von
Kunst und Literatur, so steht dies vollkommen im Einklang mit Williams' Ansicht, daß die schöpferische Tätigkeit in der Kunst nur ein
Aspekt der kulturschöpferischen menschlichen Aktivität allgemein sei.
»Die Kunst erlangt schließlich gerade dadurch ihren Wert, daß es das
Faktum der Kreativität in unserem gesamten Leben gibt.« (Vgl. S. 42)
Nur wer die übrigen Tätigkeiten des gesellschaftlichen Alltags mit
Geringschätzung betrachtet, kann hierin eine Abwertung der Kunst
sehen. Williams' an Caudwell und Gramsci erinnerndes Bemühen[26], die
künstlich errichteten Schranken zwischen dem »ökonomischen Men-
schen« und dem »ästhetischen Menschen« niederzureißen, stellt nachge-
rade einen Versuch dar, die Kunst aufzuwerten:

»Wir schaffen unsere menschliche Welt so, wie wir vermeinten, daß Kunst geschaffen
würde. Die Kunst ist eines der großen Mittel eben dieses Schaffens. Daher sind auch die
Trennung von Kunst und übrigem Leben einerseits und die Abfertigung der Kunst als
einer unpraktischen und zweitrangigen Angelegenheit (einer ›Freizeitbeschäftigung‹) andererseits nur zwei Formulierungen des gleichen Irrtums.« (Vgl. S. 42)

[23] Vgl. die Arbeiten von Wolfgang Jacobeit und Ute Mohrmann, insbes. den von ihnen herausgegebe-
nen Sammelband *Kultur und Lebensweise des Proletariats. Kulturhistorisch-volkskundliche Studien und
Materialien* (Berlin, DDR, 1973).
[24] Peter M. Sass, Rez. von *Gesellschaftstheorie als Begriffsgeschichte, Zeitschrift für Volkskunde,* Bd. 71
(1975), S. 119.
[25] Die einzige Ausnahme ist, soweit ersichtlich, Wolfgang Emmerich, der im ersten Band seiner
Proletarischen Lebensläufe (Reinbek, 1974) Williams' »a whole way of life« positiv in seine Diskussion
der »zweiten Kultur« einbezieht, und neuerdings Michael Vester in einem Aufsatz in *Ästhetik und
Kommunikation,* Nr. 24 (Juni 1976).
[26] Vgl. Caudwells Abhandlung »Das Schöne. Eine Studie zur bürgerlichen Ästhetik«, in: H. Gustav
Klaus (Hrsg.), *Marxistische Literaturkritik in England. Das »Thirties Movement«* (Darmstadt, 1973),
und Antonio Gramsci, *Gli intellettuali e l'organizzazione della cultura* (Turin, 1949).

Diese Argumentation richtete sich ebensosehr gegen idealistische, die Kunst ins Hehre, Schöngeistige verdrängende Positionen wie gegen vulgär-materialistische Interpretationen der Basis-Überbau-These (und, da Williams um diese Zeit nur solche Versionen der These vertraut waren, schließlich gegen diese überhaupt). Gegen beide Richtungen war auch der Satz gemünzt: »Kunst ist eine Aktivität wie die Produktion, der Handel, die Politik, das Familienleben.« (Vgl. S. 49) Gegen eine solche Formulierung läßt sich einwenden, daß die Kunst in der bürgerlichen Gesellschaft in der Tat von der Lebenspraxis der Individuen abgehoben ist, es also gar nicht der Setzung durch idealistische Ästhetiker bedarf und daß vor diesem Faktum die Augen zu verschließen gleichbedeutend ist mit einer Verkennung des realen Status der Kunst in dieser Gesellschaft. Problematisch an der zuletzt zitierten Äußerung scheint auch, daß in ihr der qualitative Unterschied zwischen der materiellen und der geistigen Produktion im allgemeinen und zwischen der künstlerischen und anderweitig geistigen, etwa wissenschaftlichen Praxis im besonderen verlorenzugehen droht. Williams wäre indessen der letzte, der die Besonderheit ästhetischer Gebilde und der in ihnen geborgenen Wahrheit bestreiten würde. Der von ihm eingeführte Begriff der Gefühlsstruktur bezieht sich, obwohl Ausdruck einer ganzen Kultur, vornehmlich auf (sprachliche) Kunstwerke als diejenigen Dokumente einer Kultur, die die Erinnerung an vergangene Menschheit gerade dadurch aufzubewahren vermögen, daß sie »die einzig verfügbaren Beispiele aufgezeichneter Kommunikation [sind], die ihre Träger überlebt haben, sich ganz natürlich auf den lebendigen Sinn, auf die eine Kommunikation erst ermöglichende tiefe Gemeinschaft, stützen«. (S. 52) In der vom Geniekult einerseits, von werkimmanenten Theorien andererseits dominierten Ästhetik der fünfziger und sechziger Jahre kam es ihm jedoch darauf an, der Mystifizierung des künstlerischen Subjekts entgegenzuwirken bzw. überhaupt erst wieder die Aufmerksamkeit auf den gerade den Verfechtern eines »close reading« oder einer »explication de texte« aus dem Blick geschwundenen Produzenten von Literatur zu richten. Und in diesem Kontext hatte die Herstellung einer Beziehung zwischen der produktionsästhetischen Aktivität des Künstlers und anderen gesellschaftlichen Tätigkeiten eine durchaus fortschrittliche Funktion.
Aus dem gleichrangigen Nebeneinander eines ganzen Ensembles von Tätigkeiten, die die gesellschaftliche Organisation erst konstituieren, schloß Williams, im Rahmen seines Ansatzes folgerichtig, zweierlei. Wenn die Kunst immer schon fester Bestandteil jeder Gesellschaft ist, wenn das elisabethanische Theater beispielsweise aus der elisabethanischen Gesellschaft gar nicht wegzudenken ist, dann verbietet sich ein methodisches Vorgehen, das Kunst und Gesellschaft starr gegenüberstellt. Die von Kunst- und Literatursoziologen für selbstverständlich

gehaltene Frage nach dem Verhältnis einer bestimmten Kunst zu ihrer Gesellschaft erweist sich als falsch gestellt. Zu sprechen wäre vielmehr vom Platz der Kunst *in* einer bestimmten Gesellschaft[27], zu untersuchen wären die Beziehungen zwischen ihr und den anderen gesellschaftlichen Tätigkeiten und Institutionen. Diese Beziehungen können aber – und dies ist die zweite Schlußfolgerung, die Williams aus der Grundannahme einer stufengleichen Anordnung gesellschaftlicher Praktiken im Rahmen des gesamtgesellschaftlichen Prozesses zieht – niemals durch das Primat einer Tätigkeit, etwa im Sinne der Basis-Überbau-These, geregelt sein; denn damit würde ja durch die Hintertür wieder eine Stufenfolge eingeführt, eine Relegierung einzelner Tätigkeiten in einen sekundären Bereich wäre eingeleitet.

Auch in seinen neuesten Schriften (»Zur Basis-Überbau-These in der marxistischen Kulturtheorie«) hält Williams unvermindert an dem Gedanken fest, daß Kunst eine aus der Gesellschaft einfach nicht wegzudenkende Praxis ist. »Die Literatur ist vielmehr von Anfang an eine Praxis der Gesellschaft. Erst wenn sie und alle anderen Praktiken vorhanden sind, kann die Gesellschaft als voll ausgebildet betrachtet werden.« (S. 196) Dagegen hat er inzwischen unter dem Einfluß der Schriften von Lukács, Goldmann und insbesondere Gramsci seine ablehnende Haltung gegenüber dem Basis-Überbau-Modell modifiziert; zwar hält er es weiterhin für ungeeignet, dem Kunstprozeß gerecht zu werden, aber:

»bestimmte Bereiche des sozialen und politischen Denkens – Formen der affirmativen Theorie, Formen des Rechts, bestimmte Arten von Institutionen, . . . ferner die Form des gesellschaftlichen Apparats und ein wesentlicher Teil der politischen und ideologischen Tätigkeit – (lassen sich) überhaupt nicht verstehen, wenn wir sie nicht als Überbauelemente sehen.« (S. 188)

Die Bedeutung des Textes »Kreativität – Wahrnehmung – Kommunikation« liegt nicht allein in der Rückführung des Produzenten von Kunstwerken in den allgemeinen Bereich schöpferischer Tätigkeiten. Genauso dezidiert wird die Einbeziehung des Rezipienten in die ästhetische Theorie gefordert. Wiederum ist der Ausgangspunkt aller diesbezüglichen Überlegungen das »tätige« schöpferische Subjekt. Unter Verweis auf eine Reihe neuerer biologischer Arbeiten führt Williams aus, daß ein schöpferischer Prozeß nicht allein auf seiten der Erzeuger von Werten und Bedeutungen stattfindet, sondern daß der pure Akt der Wahrneh-

---

[27] Williams selbst hält sich selbst nicht immer an die daraus abzuleitende Sprachregelung. In der bundesdeutschen Diskussion hat zuletzt Peter Bürger ein Modell entwickelt, in dem »die starre Gegenüberstellung Kunst versus Gesellschaft, in der erstere als etwas Außergesellschaftliches hypostasiert wird, aufgehoben und, wie immer noch unzulänglich, der Einsicht Rechnung getragen« werden soll, daß ein Kunstwerk nicht außerhalb der gesellschaftlichen Totalität steht, vgl. seine *Theorie der Avantgarde* (Frankfurt, 1974), S. 17.

mung immer auch ein schöpferischer, niemals bloß mechanischer passiver Vorgang ist. Obwohl es mir äußerst zweifelhaft erscheint, ob man – wie der Autor dies tendenziell tut – die beiden schöpferischen Vorgänge auf eine Stufe stellen kann, sind die nachfolgenden Erörterungen für die Betrachtung des Realisationsprozesses eines Kunstwerkes durch den Rezipienten von größter Bedeutung:

»Wie erfolgreich der Künstler auch seine Erfahrung in eine Form gebettet haben mag, die der Vermittlung fähig ist, sie kann doch von keiner Person ohne die weitere ›schöpferische Tätigkeit‹ der gesamten Wahrnehmung rezipiert werden: Die vom Werk vermittelte Erfahrung muß interpretiert, beschrieben und in die Organisation des Betrachters aufgenommen werden . . . Zwar wird jedes Kunstwerk, das bewußt gesehen wird, auch in einem einfachen Sinn rezipiert; für den Betrachter ist es aber damit nicht getan.« (S. 34)

Hier wird lange, bevor die Wirkungs- und Rezeptionsästhetik bei uns ihre Konjunktur erlebte[28], die Aktivität auf Seiten des Rezipienten als entscheidendes Moment im Vorgang der Aneignung von Kunst gesehen. »Wenn Kunst vermittelt wird, wird eine menschliche Erfahrung aktiv angeboten und aktiv rezipiert. Unterhalb dieser Schwelle von Aktivität kann es keine Kunst geben.« (S. 30 f.) Man muß sich noch einmal das Erscheinungsdatum von *The Long Revolution* ins Gedächtnis zurückrufen, 1961, um die Leistung dieses im Alleingang in Angriff genommenen Projekts einer den Kommunikationsprozeß ins Zentrum rückenden Kunsttheorie ermessen zu können – dies immer vor dem Hintergrund der um diese Zeit erdrückenden Anzahl von literaturtheoretischen und interpretativen Ansätzen, die den Rezipienten und damit die Problematik der Kommunikation stillschweigend ausklammerten. Es ist fraglich, ob es zu diesem Zeitpunkt im angelsächsischen Raum eine Kultur- und Kunstauffassung gab, in der der Kommunikation eine ähnlich zentrale Funktion zugemessen wurde:

»Kommunikation ist der Vorgang, in dem eine einzelne, eine einzigartige Erfahrung zu einer gemeinsamen Erfahrung gemacht wird . . . Auf diese Weise entwickelt sich aus den einzelnen Beschreibungen unserer Erfahrung ein ganzes Netz von Beziehungen, und unser ganzes Kommunikationssystem einschließlich der Künste wird buchstäblich zu einem Teil unserer gesellschaftlichen Organisation.« (S. 43)

IV

William's sichtbares Bemühen um eine unabhängige Positionen zwischen marxistischer und bürgerlicher Tradition läßt sich in Ansätzen bis in die Jahre 1947/48 zurückverfolgen, als er – damals 27jährig – zusam-

[28] Es ist bezeichnend, daß weder die bürgerliche (Rainer Warning [Hrsg.], *Rezeptionsästhetik*, München, 1975) noch die marxistische Seite (*Gesellschaft Literatur Lesen*, Berlin, DDR, 1975) in der gegenwärtigen Rezeptionsdebatte von Williams' Vorarbeiten Kenntnis genommen hat.

men mit Clifford Collins und Wolf Mankowitz die Zeitschrift *Politics and Letters* herausgab. Schon die Titelwahl war Programm, der zweite Leitartikel sprach von der Überwindung der Dichotomie zwischen den beiden Sphären.[29] Ihre Integration versuchte Williams exemplarisch mit einem Essay über die sowjetische Literaturkontroverse zu leisten, in deren Verlauf 1946 die Dichterin Anna Achmatowa und der Romancier Michail Soschtschenko zum Schweigen verurteilt, das Erscheinen der Kulturzeitschrift *Leningrad* eingestellt und der Präsident des Sowjetischen Schriftstellerverbandes, Tichonow, vom Zentralkomitee der KPdSU gerügt worden war. Bezeichnenderweise konnte sich Williams in seiner Stellungnahme weder mit den bürgerlichen Kritikern einverstanden erklären, die im Chor die Aktion der sowjetischen Behörden verdammt hatten, noch schien ihm die vorbehaltlose Verteidigung dieses Schrittes seitens des englischen kommunistischen Journals *Modern Quarterly* akzeptabel. Einerseits distanziert er sich damit von den Feuilletonisten,

>die lauthals nach der Kultur ›schreien‹, ohne auch nur das geringste Verständnis für die ungeheuren Schwierigkeiten aufzubringen, denen die Sowjetunion von Anfang an gegenüberstand: der frühe Kampf ums Überleben angesichts der Intervention der Westmächte, die Befriedigung der elementaren materiellen Bedürfnisse nach dem Zusammenbruch des zaristischen Staatsapparats, die während der Verteidigung des Landes gegen die faschistischen Soldaten gebrachten großen Opfer.«[30]

Andererseits schien ihm aber auch die im Zusammenhang mit der Kontroverse von der KPdSU an die sowjetischen Schriftsteller ergangene Aufforderung, den neuen »Sowjetmenschen« darzustellen, dazu angetan, »die sowjetische Literatur zur Oberflächlichkeit zu verdammen, da hier das Individuum durch das unwirkliche Kompositum ›Sowjetmensch‹ ersetzt werden sollte«.[31] Mit solchen Äußerungen mußte Williams in der damaligen, bereits auf den Kalten Krieg zusteuernden Situation unweigerlich zwischen die Fronten geraten. Als *Politics and Letters* nach kurzer Zeit aus finanziellen Gründen eingestellt werden mußte, begann für Williams eine lange Phase der Isolation.

Erst im Gefolge der hektischen Ereignisse des Jahres 1956 (20. Parteitag der KPdSU, anglo-französisch-israelische Invasion in Suez, Ungarnaufstand), die die britische KP ein Drittel ihrer Mitgliedschaft kosteten, die außerparlamentarische »Campaign for Nuclear Disarmament« zu einer Massenbewegung anschwellen ließen und schließlich zur Formierung der »New Left« führten[32], konnte der Autor aus dieser Isolation

[29] *Politics and Letters*, Nr. 2/3 (Winter/Frühjahr 1947/48), S. 7.
[30] Ebda., Nr. 1 (Sommer 1947), S. 30.
[31] Ebda.
[32] Näheres hierzu in: H. Gustav Klaus, »Politisch-kulturelle Periodika der englischen Linken (1945–1973)«, *Gulliver – Deutsch-Englische Jahrbücher*, Nr. 1 (1976), S. 178 ff.

heraustreten. Die »New Left« war in ihrer Anfangsphase eine sehr heterogene Bewegung. Während ein Flügel, der Kreis um die Zeitschriften *New Reasoner* und *Newsletter,* sich durchaus als marxistisch verstand und gerade aus der englischen KP ausgeschieden war, weil marxistische Theorie und kommunistische Praxis auseinanderzuklaffen schienen, zog eine andere Gruppe aus der Analyse der Ereignisse von 1956 den Schluß, daß der Marxismus, den es bis dato faktisch in Großbritannien nur innerhalb der KP gab, also mit dem Kommunismus identifiziert werden konnte, als umfassende Gesellschaftstheorie versagt hatte. Dieser letztgenannten, um die Zeitschrift *Universities and Left Review* versammelten Fraktion schloß sich Williams an. Dies ist aber nur der eine Grund für seine fortdauernde Distanz dem Marxismus gegenüber. Ein weiterer Grund läßt sich aus der sozialen und psychischen Physiognomie der Generation von Intellektuellen ableiten, der der Autor zuzurechnen ist. Es ist dies die erste Generation von Arbeiterkindern in Großbritannien, denen dank einer großzügigen Ausbildungsförderung in beträchtlicher Zahl der Zugang zu den höheren Bildungsinstitutionen einschließlich Oxford und Cambridge eröffnet wurde. Der Weg dorthin war allerdings mit den denkbar größten sozialen und psychischen Schwierigkeiten gepflastert, führte er doch zur Preisgabe beinahe aller im Elternhaus erworbener Kommunikations- und Verhaltensmuster, ohne daß an seinem Ende die völlige gesellschaftliche Integration ins Bürgertum gestanden hätte. Richard Hoggart, der eine sehr ähnliche Entwicklung durchmachte, hat in *The Uses of Literacy* (1957) das typische Gefühl der Unsicherheit und des Verlustes beschrieben, das einen solchen »scholarship boy« in der neuen Umgebung überkam. »Nahezu jeder Arbeiterjunge, der vermittels Stipendien den höheren Bildungsweg einschlug, wird während seiner Jugendzeit unwillkürlich bei seiner Umgebung anecken, da er am Scheitelpunkt zweier Kulturen steht.«[33] Williams' weltanschauliche Position dieser Phase entsprach somit der sozialen Stellung einer ganzen Generation: Wie der »scholarship boy« entwurzelt zwischen den beiden Kulturen stand, hatte der Autor Schwierigkeiten, sich mit einer der beiden Traditionen zu identifizieren.

Drei Aspekte des Williams'schen Werks machen deutlich, wie tief ihn diese Erfahrungen beeinflußt haben. Zum einen die über sein ganzes Werk verstreuten autobiographischen Bemerkungen (s. »Was heißt ›gemeinsame Kultur‹?«, aber auch der Schluß von *The Country and the City* und die Einleitung zu seinem bislang letzten Werk *Key Words,* die beide in dieser Auswahl nicht abgedruckt werden konnten). Dieses autobiographische Element mag den an einen unpersönlichen wissen-

---

[33] Richard Hoggart, *The Uses of Literacy* (Harmondsworth, 1969), S. 292.

schaftlichen Diskurs gewöhnten Leser hierzulande unter Umständen merkwürdig berühren, in Großbritannien jedoch wurde es nie als ein den Anspruch auf Wissenschaftlichkeit in Frage stellendes Manko aufgefaßt. Eng damit zusammen hängt eine Grundüberzeugung des Autors: theoretische Modelle müssen der wirklichen Lebenserfahrung der *Individuen* standhalten. So gibt er in »Was heißt ›gemeinsame Kultur‹?« als Grund für seine Ablehnung des Marxismus an, die dort von ihm vorgefundene Polarisierung von ökonomischem Leben und Kultur decke sich mit der von ihm und anderen gemachten lebenspraktischen Erfahrung in keiner Weise. Bei aller gelegentlichen Exzentrik eignet Williams' Diskurs somit ein »selten anzutreffender, in seiner Einfachheit schon wieder kühner Glaube daran, ... daß die tiefste persönliche Erfahrung ohne jede Arroganz, ohne jede Besitzergreifung, als gesellschaftlich ›typisch‹ dargestellt werden kann«.[34] Und schließlich gehören auch Williams' Versuche als Romancier in diesen Zusammenhang. *Border Country* (1960) beispielsweise war von dem Autor von Anbeginn als Ergänzung zu *Culture and Society* und *The Long Revolution* konzipiert. Der Roman sollte die Standortbestimmung der zeitgenössischen englischen Kultur, um die der ganze Zyklus kreiste, zu einem individuell nachvollziehbaren Abschluß bringen.

Tatsächlich kann das Medium Roman, anders als historisch-theoretische Schriften, demonstrieren, wie die großen ökonomischen und sozialen Veränderungen von den Individuen erfahren und gelebt werden. Gerade in der Zusammenführung und Konfrontation von persönlichem und öffentlichem Bereich hatte der kritische Realismus des 19. Jahrhunderts seine größten Triumphe gefeiert. Williams' Satz, die »tiefste Krise der modernen Literatur besteht darin, die Erfahrung in voneinander getrennte gesellschaftliche und persönliche Kategorien aufgespalten zu haben«[35], enthält ein klares Bekenntnis zu diesem Erbe. Bemerkenswerterweise gelingt es seinem Roman trotz einer spärlichen Handlung, dem Leser einen Eindruck von der Größenordnung der vor sich gegangenen Veränderungen zu vermitteln. »Border Country« bezeichnet den Scheitelpunkt zweier Welten, zweier Kulturen. Repräsentiert werden sie im Roman von zwei Generationen: Harry Price, dem Vater, der für die Welt der körperlichen Arbeit, der Dorfgemeinschaft, für das Leben der Vergangenheit steht; und Will, seinem Sohn, der in dieser Welt aufgewachsen ist, durch Studium, Beruf – er ist Universitätslehrer – und das Leben in der Stadt aber jeglichen Kontakt zu ihr verloren hat. Erst durch die Rückkehr in das Dorf seiner Kindheit, als er den im Sterben

---

[34] Eagleton, a.a.O., S. 9. Eagleton kritisiert diese Ansicht. Bezüglich der Erfahrungen der ersten »scholarship«-Generation steht aber fest: sie können verallgemeinert werden.
[35] *Modern Tragedy* (London, 1966), S. 121. Aus diesem Buch ist auch der Text »Über den Sinn des Tragischen heute« entnommen.

liegenden Vater besucht, wird Will dieser Bruch bewußt. Die Frage ist, welche Konsequenzen er aus dieser Einsicht zieht. Die Hoffnung des Vaters ist klar:

»Du bist von meinem Schlag, Will, und die Leute, mit denen du arbeitest, sind von meinem Schlag. Gewiß, die Arbeit ist eine andere, aber darauf kommt's nicht an. Arbeit hat nur eine Tugend, die Menschen dürfen sich nicht aufgeben.«
»Die Gleichheit nicht aufgeben?«
»Sich nicht aufgeben, sich nicht unterkriegen lassen. Du bist schnell vorangekommen.«
»Nicht ganz so schnell.«
»Nur, daß du so schnell vorangekommen bist, löst das Problem nicht. Denk dran, daß wir auch noch da sind.«[36]

Harry ruft seinem Sohn ins Gedächtnis, daß der persönliche Erfolg, der Aufstieg ins Bürgertum, das Los der Masse nicht bessert. Für dieses Ideal hat der Vater ohne große Worte, ohne Mitglied einer Partei zu sein, ein Leben lang gearbeitet und gekämpft. Was Will mit diesem Vermächtnis anfangen wird, bleibt indessen unklar. Der Schluß des Romans gibt keine eindeutige Antwort. Mit einigem Recht ist daher geurteilt worden: »Sein Vater stirbt, und er kehrt zu Heim und Familie zurück. Was hat er gelernt? Wird er das Leben seines Vaters rechtfertigen und fortsetzen? Man kann sich des unguten Gefühls nicht erwehren, daß er einen Artikel für die *New Left Review* schreiben wird und es dabei beläßt.«[37]

Williams' zweiter Roman *Second Generation* (1964) greift viele der in *Border Country* angeschnittenen Probleme wieder auf. Dem Gegensatz zwischen der Vätergeneration der Arbeiter und der jugendlichen Intelligenz entsprechen jedoch nicht länger die Antinomien Vergangenheit–Gegenwart, Stadt–Land. Ort der Handlung ist eine Universitätsstadt (vermutlich Oxford), in der es auch eine große Autofabrik gibt. Die Schilderung, mit der der Roman einsetzt:

»Wenn man heute in der Between Towns Road steht, kann man in beide Richtungen sehen: nach Westen auf die Spitzen und Türme der Kathedrale und der Colleges, nach Osten auf die Höfe und Fabrikhallen der Autofabriken. Man sieht verschiedene Welten, aber zwischen ihnen ist keine Grenze, die Bewegung und der Verkehr sind die einer einzigen Stadt.«[38]

nimmt bereits den in dem Text »Städte der Dunkelheit und des Lichts« neun Jahre später so sorgfältig herausgearbeiteten Kontrast zwischen der Welt des Proletariats (»Dunkelheit«) und der Welt des Bürgertums (»Licht«) vorweg. Auf den ersten Blick scheint Williams diesmal die

---

[36] *Border Country* (Harmondsworth, 1964), S. 297 f.
[37] Arnold Kettle, »Culture and Revolution: A Consideration of the Ideas of Raymond Williams and Others«, *Marxism Today* (Oktober 1961), S. 162.
[38] *Second Generation* (London, 1964), S. 9.

Lösung zu akzeptieren, die viele Kritiker von *Border Country* erwartet hatten: der Soziologiedoktorand Peter Owen schlägt eine akademische Karriere aus und beschließt, sein Wissen in den Dienst der Arbeiterbewegung zu stellen. Aber obwohl die Welt der beiden Arbeiterfamilien als integer, der Universitätsbereich als korrupt dargestellt wird, bleibt diese Wahl – abgesehen von der Fragwürdigkeit einer solchen Schematisierung – auch politisch unbefriedigend. Die einzige im Roman sich auftuende Alternative ist die zwischen dem Zynismus der akademischen Linken (Arthur Dean), die sich über die in systemimmanenten Denkkategorien befangene britische Arbeiterbewegung mokiert, und der vor lauter Nahzielen die Perspektive aus den Augen verlierenden reformistischen Gewerkschaftsbewegung (Harold Owen).[39]

V

Kaum einer der zahlreichen Kommentare zu Einzelaspekten von Williams' Werk beschäftigt sich mit der neueren Entwicklung des Autors.[40] Die vorliegende Aufsatzsammlung will schon von ihrer Auswahl her das dabei zustande kommende einseitige Bild korrigieren: abgesehen von den ersten beiden grundlegenden Texten sind alle hier abgedruckten Arbeiten in der Zeit von 1966 bis 1973 erschienen, stammen also aus der letzten Schaffensphase des Autors. Dies bleibt zu begründen.

Die Radikalisierung des Williams'schen Denkens, seine deutliche Annäherung an den Marxismus – ein Vorgang, den viele akademische Liberale mit Argwohn verfolgten – ist zuallererst ein Ergebnis der veränderten politischen Situation in Großbritannien gewesen und nur in zweiter Linie auf den Einfluß marxistischer Übersetzungen aus Kontinentaleuropa zurückzuführen. Daher sind diese neuen politischen Bedingungen kurz aufzuzeigen.

1964 war die Labour Party aus den Unterhauswahlen ganz knapp als Sieger hervorgegangen. Dreizehn Jahre konservativer Politik schienen zu Ende. Die gesamte Linke, von der Kommunistischen Partei über die »New Left« bis zu den Trotzkisten, verband mit dieser Entwicklung große Hoffnungen, zumal der neue Premierminister Harold Wilson als ein Mann der Linken galt. Wie ungerechtfertigt die teils hochgesteckten Erwartungen waren, stellte sich aber erst nach den Neuwahlen von 1966

[39] Während in den meisten Ländern die Trennung von Schriftsteller und Kritiker seit langem vollzogen ist, ist im angelsächsischen Raum die Personalunion von beiden noch recht häufig anzutreffen, s. E. Wilson, L. Trilling, J. Berger, W. Allen, D. Lodge, M. Bradbury u. a. Dieses Problem harrt noch der Erforschung.

[40] Der größte Teil der Sekundärliteratur widmet sich entweder der Kulturtheorie oder *Border Country*, d. h. sie bricht Mitte der sechziger Jahre ab. Eine Untersuchung des Gesamtwerks erschien erstmals während der Arbeit an diesem Nachwort: Terry Eagletons *New-Left-Review*-Aufsatz.

heraus, in denen die Labour Party ihre Position im Parlament erheblich verbessert hatte, die angekündigte friedliche Transformation zum Sozialismus aber immer noch ausblieb, weiterhin Atom-Unterseeboote gebaut wurden und schließlich sogar eine antigewerkschaftliche Gesetzgebung eingeführt werden sollte. Im Sommer 1966 kündigte draufhin die mit der *New Left Review* ehemals assoziierte Gruppe um Stuart Hall, E. P. Thompson und Raymond Williams die Unterstützung der Regierung auf. In einem zum 1. Mai 1967 veröffentlichten Aufruf analysierten sie die Verfälschung des Sozialismus seitens der Labour Party (die unbeirrt an diesem Begriff festhielt) und plädierten für eine völlig neue Strategie. Die 1968 als Penguin-Band erschienene erweiterte Neuauflage dieses Manifests kann beanspruchen, die umfassendste sozialistische Analyse der britischen Gesellschaft in den sechziger Jahren geliefert zu haben. Von der Verflechtung des amerikanischen Kapitalismus mit dem europäischen bis zum Kommunikationswesen, von der Rolle des Staates bis zu den Folgen der wissenschaftlich-technischen Revolution wurde nahezu jeder ökonomische, politische, soziale und kulturelle Aspekt des zeitgenössischen Großbritannien behandelt. Williams edierte den Band und verfaßte selbst einige Beiträge, darunter »Two Meanings of Social Democracy«.[41] Die Ernüchterung, die aus seiner Analyse des Funktionswandels des Parlaments spricht, ist ein Kennzeichen des gesamten Bandes: »Die Rede von der Machtübernahme durch eine parlamentarische Mehrheit hatte nur so lange Sinn, wie man davon ausgehen konnte, daß die effektive Macht wirklich im Parlament lag.«[42] Von Land zu Land differierende sozio-ökonomische Bedingungen, Unterschiede in der jeweiligen Machtverteilung, gestatten nicht die Ausarbeitung einer für die ganze Welt verbindlichen Strategie. »Es gibt viele Plätze auf der Welt, wo eine Untergrundorganisation und bewaffneter Kampf unvermeidlich sind. Westliche Sozialisten haben dieses Faktum nur mit Widerwillen und unter großen Schwierigkeiten anerkannt.«[43] Aber in den westlichen Industriestaaten erscheint Williams die Alternative zwischen dem revolutionären, mit Gewalt verbundenen und dem friedlichen parlamentarischen Weg zum Sozialismus obsolet. Die Arbeiterbewegung stehe nicht vor der Alternative »›Revolution‹ oder ›Evolution‹, sondern politische Bewegung oder Wahlmaschine«.[44] Nach der vorangegangenen scharfsinnigen Analyse der westlichen Sozialdemokratie klingt diese abschließende Bemerkung allerdings recht lapidar.
Wie spiegelt sich dieses neue Denken in den ästhetisch-kritischen Schrif-

---

[41] Die Kapitel »Two Meanings of Social Democracy« und »Communications« stammen laut mündlicher Auskunft des Autors von Williams selbst.
[42] Raymond Williams (Hrsg.), *May Day Manifesto 1968* (Harmondsworth, 1968) S. 153.
[43] Ebda., S. 150.
[44] Ebda., S. 155.

ten wider? Die auffallendste Akzentverschiebung ist in den Schriften zum Theater zu beobachten. Die Neuausgabe des Buches *Drama from Ibsen to Eliot* (1952) unter dem Titel *Drama from Ibsen to Brecht* (1968) war mehr als nur eine Erweiterung um einen Autor. Das gesamte Material und die Terminologie wurden überarbeitet. Ein Satz beispielsweise, wie er noch in der Paperback-Ausgabe (1964) der Erstfassung zu finden war: »Die Erklärung des Aufkommens einer naturalistischen Einstellung im Europa des 19. Jahrhunderts ist eine Aufgabe für den Historiker, nicht für den Literaturkritiker«[45], mit dem die Arbeitsteilung zwischen den Disziplinen zementiert wurde, ist in der Neufassung nicht mehr enthalten. Auch der Begriff »Gemeinschaft der Sensibilität« [community of sensibility], der »die Verbindung von Schriftsteller und Publikum charakterisieren sollte«[46], ist fallengelassen worden. An seiner Stelle operiert Williams jetzt mit dem erstmals in »Theorie und Verfahren der Kulturanalyse« gebrauchten Begriff der Gefühlsstruktur. Darunter versteht er »nicht einfach einen ungehinderten Fluß von Reaktionen, Interessen und Wahrnehmungen, sondern deren Formierung in einer neuen Sicht von der Welt und sich selbst«.[47]

Die von Williams später selbst bemerkte Nähe dieser Formulierung zu Lucien Goldmanns »Weltsicht« ist in der Tat verblüffend. Goldmann ging bekanntlich davon aus, daß alle Menschen dazu tendieren, »sinnvolle Strukturen« zu schaffen, daß sie »eine mehr oder weniger bewußte Ordnung in die Gesamtheit ihrer Darstellung von der Welt zu bringen versuchen. Wir konstatieren, daß jede Gruppe dazu tendiert, eine derartige Darstellung zu schaffen, die wir im Falle der privilegierten Gruppen, d. h. des Subjekts der kulturellen Schöpfung, *eine Weltsicht* nannten«.[48] Es gibt aber noch andere Parallelen. Wie Goldmann jede einfache Inhaltskorrelation zwischen Werk und gesellschaftlicher Wirklichkeit zurückwies, äußerte auch Williams: »Die Herstellung der Beziehung zwischen Kunstwerk und Totalität kann nützlich sein; bei einer Analyse macht man jedoch häufig die Erfahrung, daß, nachdem das Werk mit seinen abtrennbaren Teilen verglichen worden ist, ein Element übrig bleibt, für das sich keine äußere Entsprechung findet. Das ist in erster Linie, was ich mit Gefühlsstruktur meine.«[49] Selbst Goldmanns These, daß »die sozialen Gruppen, und nicht die einzelnen Individuen, im Sinne der Hegelschen Behauptung, ›das Wahre ist das Ganze‹, die wirklichen Subjekte der Kulturschöpfung«[50] seien, findet sich, teils

---

[45] *Drama from Ibsen to Eliot* (Harmondsworth, 1964), S. 26.
[46] Ebda., S. 31.
[47] *Drama from Ibsen to Brecht* (Harmondsworth, 1973), S. 11.
[48] Lucien Goldmann, *Marxisme et Sciences Humaines* (Paris, 1970), S. 42 f.
[49] *Drama from Ibsen to Brecht*, a.a.O., S. 10.
[50] Lucien Goldmann, *Soziologie des Romans* (Neuwied, 1970), S. 14.

abgewandelt, bei Williams wieder. Seine »authentischen Gemeinschaften von Kunstwerken« setzen »sowohl Gemeinsamkeiten in den benutzten literarischen Formen als auch in der Sicht von Natur und Mensch« voraus. (S. 180) Während aber Goldmann letztlich insofern an einer deterministischen Variante der Widerspiegelungstheorie festhält, als seine strukturalen Entsprechungen stets von einer einseitigen Transposition ökonomischen Lebens auf die literarische Form ausgehen, ist für Williams das literarische Phänomen dadurch gekennzeichnet, daß in

»der Dramatisierung eines Vorganges, im Verfassen eines Romans, die konstitutiven Elemente des wirklichen gesellschaftlichen Lebens zugleich aktualisiert und in entscheidender Hinsicht anders erfahren (werden), wobei der Unterschied zwischen beidem im imaginären Akt, der imaginären Methode, der spezifisch und genuin präzedenzlosen imaginären Organisation (liegt).« (S. 176)

Die Zuversicht in die »potentiell befreienden Medien«[51] Film und Fernsehen, mit der das Buch *Drama from Ibsen to Brecht* endet, gründet sich nicht allein auf den durch den Wegfall institutioneller, finanzieller und psychologischer Barrieren eingeleiteten Egalisierungsprozeß beim Zugang zu geistig-kulturellen Werken. Williams sieht hier noch ganz andere Möglichkeiten angelegt. Obwohl eine Vielzahl von Gesellschaften auf eine lange Geschichte dramatischer Kunst zurückblicken kann, so schreibt er zur Illustration seiner These in *Television: Technology and Cultural Form* (1974), hat es doch noch nie in der Geschichte der Menschheit eine Periode gegeben, wo – wie heute in Großbritannien und den USA – die Majorität der Bevölkerung regelmäßigen Zugang zum Drama hatte. Wahrscheinlich sieht in diesen Ländern die Mehrheit der Bevölkerung

»in einer Woche oder an einem Wochenende mehr Dramen als früher während eines Jahres oder in manchen Fällen sogar während eines ganzen Lebens . . . Die Implikationen dieser Tatsache sind bisher noch kaum beachtet worden. Wenn das Drama jetzt in einer noch nie dagewesenen Weise Teil unseres Alltags wird, sich also bereits eine qualitative Veränderung abzeichnet, dann ist darin offensichtlich eines der einzigartigen Charakteristika der fortgeschrittenen Industriegesellschaft zu sehen.«[52]

In Abwandlung von Brechts Satz, erst komme das Fressen, dann die Moral, faßt Williams dieses erstaunliche Phänomen mit den Worten zusammen: »Mehr Menschen verbringen ihre Zeit damit, verschiedene Arten von Drama zu sehen, als Mahlzeiten zuzubereiten und zu essen.«[53] Um welche »Art von Drama« es sich dabei handelt, ist allerdings eine entscheidende Frage, ohne die die befreiende Wirkung des Fernsehens nicht sinnvoll diskutiert werden kann. Ob, wie gegenwärtig im

[51] *Drama from Ibsen to Brecht*, a.a.O., S. 399.
[52] *Television: Technology and Cultural Form* (London, 1974), S. 59.
[53] Ebda., S. 58 f.

britischen Fernsehen, die Stücke eines linkssozialistischen Autors wie Trevor Griffith regelmäßig zu den besten Sendezeiten ausgestrahlt werden können, wird wesentlich auch von der allgemeinen Konjunktur der Demokratie in einer Gesellschaft abhängen.

Der in die Medien gesetzten Hoffnung auf eine Demokratisierung des *Zugangs* zum Drama korrespondiert die andere, an Benjamin erinnernde Forderung: die *Handlungsträger* der Tragödie zu demokratisieren. In »Über den Sinn des Tragischen heute« widerspricht Williams nicht nur den so gängigen Nachrufen auf die Tragödie, die durch George Steiners Buch *Tod der Tragödie* in den sechziger Jahren noch zusätzlichen Auftrieb erhalten hatten, er wendet sich auch gegen alle, schon bei Hegel zu beobachtenden Versuche, die Tragödie mit einem sozial oder ideologisch begründeten »höheren«, »wahrhaften« Leiden zu identifizieren. Beide Lehren sind Varianten der gleichen sterilen Grundauffassung, die »Krieg, Revolution, Armut, Hunger; Menschen, die erniedrigt und systematisch umgebracht werden; Verfolgung und Folterung« das Tragische absprechen möchte, weil es sich dabei um »Kläglichkeiten« des Alltags, um Zufälle handle, weil hier kein Held zu entdecken sei und die Tragödie nun einmal auf dem Untergang eines Helden beruhe, oder wie die verschiedenen Interpretationen des tragischen Sinns sonst lauten. Gerade wegen ihres Doppelcharakters, die Befreiung der Menschheit einzuleiten, aber auch wirkliches Leiden zu verursachen, eignet sich die Revolution als Stoff der Tragödie. Der mit einer Fülle von Einsichten aufwartende Text »Über den Sinn des Tragischen heute«, dessen vorsichtiges Plädoyer für die Revolution sich hierzulande schon der Strafverfolgung aussetzen kann, zeigt noch einmal, wie untrennbar Politik und Kultur/Literatur in Williams' Denken miteinander verflochten sind, eine Symbiose, die wir bis auf *Politics and Letters* zurückverfolgen konnten.

In dem ansonsten schwachen Revolutionsstück *Koba,* mit dem Williams das in *Modern Tragedy* Ausgeführte auch praktisch unter Beweis stellen wollte, sieht einer der Kämpfer die Revolution aus dieser tragischen Perspektive:

»Vor einer Wahl, vor einer ernsthaften Wahl stehen wir nicht. Wir müssen die Welt auf ihre Weise verändern, oder wir verändern gar nichts. Wir müssen den Feind mit seinen Waffen bekämpfen oder wir werden ganz einfach besiegt, wie die Guten immer besiegt worden sind . . . Ich bejahe Gewalt und Betrug nicht, aber ich sage auch, ohne sie keine Revolution. Eine mildere Revolution, eine überschaubarere Revolution, das sind pure Illusionen, und ihr wißt das. So habe ich meine Wahl getroffen, und es ist eine tragische Wahl.«[54]

---

[54] »Koba«, in: *Modern Tragedy*, a.a.O., S. 243 f.

VI

Das äußerst vielseitige und umfangreiche Werk von Raymond Williams läßt sich in einer Auswahl, auch wenn sie sich von vornherein auf die Abhandlungen zur Kultur und Literatur beschränkt, höchstens annäherungsweise repräsentieren. Der vorliegende Band beginnt und endet mit theoretischen Texten. Für eine deutsche Ausgabe bot sich diese Schwerpunktsetzung an, wiewohl sie nicht den Eindruck erwecken soll, als habe der Autor Einzelanalysen keine große Bedeutung beigemessen. Im Gegenteil, Williams hat stets darauf hingewiesen, daß sich die Stichhaltigkeit einer Kultur- und Literaturtheorie auch im praktischen Verfahren erweisen muß.

Wenn hier theoretische Arbeiten überwiegen und überhaupt eine Textauswahl statt eines Einzelwerks vorgestellt wird, so deswegen, weil der Autor, sieht man einmal vom Drama ab, seine Belege durchweg der englischen Tradition entnimmt und die Art seines Umgangs mit ihr ein beträchtliches Maß an Vorkenntnissen voraussetzt. Sein resonatorisches »wir« bezieht zunächst einmal ein angelsächsisches Auditorium ein.

Dennoch wird auch derjenige, der kein Fachanglist ist, den paradigmatischen Exkurs in die Kultur der 1840er Jahre (»Theorie und Verfahren der Kulturanalyse«) mit Gewinn verfolgen, gelangen doch hier die zuvor entwickelten Begriffe und Methoden musterhaft zur Anwendung. Tatsächlich ist mir keine ähnlich geraffte Analyse irgendeiner vergleichbaren Periode der englischen Kulturgeschichte bekannt, die zu so hervorragenden Ergebnissen gelangt, so sicher den Blick für das Ganze mit dem Aufspüren der Querverbindungen und Verästelungen zwischen den einzelnen kulturellen Praktiken der Periode verbindet. Einzig die Nichtberücksichtigung der chartistischen Literatur wäre hier anzumerken.[55]

Daß die intensive Auseinandersetzung mit materialistischen Literaturtheorien nicht nur zu einem Überdenken des theoretischen Standorts geführt (»Zur Basis-Überbau-These in der marxistischen Kulturtheorie«), sondern auch Folgen für die Interpretationspraxis gehabt hat, zeigen die Analysen der englischen Landhausgedichte (»Arkadische und gegen-arkadische Dichtung«) und der London-Literatur (»Städte der Dunkelheit und des Lichts«). Insbesondere in der erstgenannten Arbeit betritt Williams dank der Verwendung marxistischer Kategorien (Arbeit, Produktion, Konsumtion, Ideologie) anglistisches Neuland. Die Hartnäckigkeit, mit der sich die hier kritisierten literarischen Werturteile halten, veranschaulicht ein vor noch nicht allzu langer Zeit verfaßtes »Standardwerk«, die *Englische Literaturgeschichte* von Standop und Mertner, in der Duck und Langhorne gar nicht auftauchen und in der es

---

[55] Vgl. auch die Kritik zu diesem Punkt von E. P. Thompson, a.a.O., S. 28.

über Crabbe heißt, er habe »sich fast ausschließlich auf die Härte und das Elend gerade des ländlichen Daseins konzentriert und damit das wahre Bild ebenfalls verzerrt«.[56] Man fragt sich, wie denn das wahre Bild ausgesehen haben soll. Hier wird Ausgewogenheit, Fairneß, das Anhören der anderen Seite gefordert, als ob die Realität des 18. Jahrhunderts eine »objektive«, allen Seiten gerecht werdende gewesen wäre. Den Bruch mit der Ideologie, den Williams Crabbe trotz dessen zwiespältiger Stellung (als aufgeklärter Zeitgenosse und zugleich als Hofprediger, der Sand in die Augen seiner Leser streut) bescheinigt, haben offenbar manche Autoren bis heute nicht vollzogen.

War es in den sechziger Jahren Williams' Kulturkonzeption, die ein weit über den Bereich der Wissenschaft hinausreichendes Echo auslöste[57], so erregte in den siebziger Jahren gerade der mit *The English Novel from Dickens to Lawrence* (1970) und *The Country and the City* (1973) begonnene Versuch einer Neubewertung der englischen Literaturgeschichte großes Aufsehen.[58] Auf beiden Gebieten hat der Autor den Diskussionsstand in den angelsächsischen Ländern so maßgeblich mitbestimmt, ja, wegweisende Akzente gesetzt, daß, wer sich heute mit dieser Diskussion beschäftigen will, auf die Arbeiten von Williams zurückgreifen muß.

---

[56] Ewald Standop/Edgar Mertner, *Englische Literaturgeschichte* (Heidelberg, 1967), S. 382.

[57] Die Gründung des Centre for Contemporary Cultural Studies in Birmingham 1964 wäre ohne die Arbeiten von Williams und Hoggart beispielsweise undenkbar gewesen.

[58] Dieser Versuch hat schon eine ganze Reihe von Nachfolgern gefunden; auch daran läßt sich der Einfluß einer »Schule« der Literaturkritik ablesen. Als Beispiele aus jüngster Zeit seien genannt: John Barrell / John Bull (Hrsg.), *The Penguin Book of English Pastoral Verse* (London, 1974), das direkt an den hier abgedruckten Text »Arkadische und gegen-arkadische Dichtung« anknüpft; Terry Eagleton, *Myths of Power: a Marxist Study of the Brontës* (London, 1975); Adrian Poole, *Gissing in Context* (London, 1975).

Literaturverzeichnis

I. Williams' Buchpublikationen (in chronologischer Reihenfolge)

Reading and Criticism (1950)
Drama from Ibsen to Eliot (1952), überarbeitet (1964), erneut überarbeitet als *Drama from Ibsen to Brecht* (1968)
Drama in Performance (1954), überarbeitet (1968)
Preface to Film, zusammen mit Michael Orrom (1954)
Culture and Society 1780–1950 (1958), dt. *Gesellschaftstheorie als Begriffsgeschichte. Studien zur historischen Semantik von »Kultur«* (1972)
Border Country (Roman, 1960)
The Long Revolution (1961)
Communications (1962), überarbeitet (1966)
Second Generation (Roman, 1966)
Modern Tragedy (1966)
The English Novel from Dickens to Lawrence (1970)
Orwell (1971)
The Country and the City (1973)
Television: Technology and Cultural Form (1974)
Keywords (1976)

II. Sekundärliteratur (in alphabetischer Reihenfolge)

Robert Martin Adams, Rezension von *Border Country, Hudson Review*, Bd. XV, Nr. 3 (Herbst 1962), S. 420–430.
Autorenkollektiv, »Literature/Society: Mapping the Field«, *Working Papers in Cultural Studies*, Nr. 4 (Frühjahr 1973), S. 21–50.
Anthony Barnett, »Raymond Williams and Marxism: A Rejoinder to Terry Eagleton«, *New Left Review*, Nr. 99 (September–Oktober 1976), S. 47–64.
Seymour Betsky, »Towards a New Definition of Culture«, *Chicago Review*, Bd. XIV, Nr. 3 (Herbst/Winter 1960), S. 31–58.
James R. Bennett, »The Novel, Truth, and Community«, *D. H. Lawrence Review*, Bd. IV, Nr. 1 (Frühjahr 1971), S. 74–89.
Terry Eagleton und Brian Wicker (Hrsg.), *From Culture to Revolution. The Slant Symposium 1967* (London, 1968).
Terry Eagleton, »Criticism and Politics: The Work of Raymond Williams«, *New Left Review*, Nr. 95 (Februar 1976), S. 3–23.
Leonard Goldstein, »Aspects of Raymond Williams' Second Generation«, in: *Essays in Honour of William Gallacher* (Berlin, DDR, 1966), S. 221–233.
Michael Green, »Raymond Williams and Cultural Studies«, *Working Papers in Cultural Studies*, Nr. 6 (Herbst 1974), S. 31–48.

Martin Green, »British Marxists and American Freudians«, in: Bernard Bergonzi (Hrsg.), *Innovations* (London, 1968), S. 158–184.

Stuart Hall, »Some Notes on the Long Revolution & the Example of the 1840's«, unveröffentlicht (1970).

Margot Heinemann, »Workers and Writers: Some Modern Novels about the Working Class«, *Marxism Today* (April 1962), S. 111–119.

Frank Kermode, Rezension von *Border Country, Partisan Review*, Bd. XXIX, Nr. 3 (Sommer 1962), S. 466–475.

Arnold Kettle, »Culture and Revolution: A Consideration of the Ideas of Raymond Williams and Others«, *Marxism Today* (Oktober 1961), S. 301–307.

I. D. MacKillop, »Raymond Williams«, *Delta*, Nr. 24 (Januar 1961), S. 14–21.

Graham Martin, »Second Novel – Second Generation«, *Views*, Bd. I (1965), S. 98–104.

Malcolm Page, Artikel »Raymond Williams«, in: James Vinson (Hrsg.), *Contemporary Novelists* (London, 1972), S. 1356–1359.

Dennis Potter, »Unknown Territory«, *New Left Review*, Nr. 7 (Januar-Februar 1961), S. 63–65.

Heidi Seeberg, »Anti-imperialistische Kulturkonzeptionen in England«, *Wissenschaftliche Zeitschrift der Universität Rostock*, Bd. XX (1971), S. 509–516.

Dorothea Siegmund-Schultze, »Zur Diskussion des Begriffes der Kultur in Großbritannien«, *Zeitschrift für Anglistik und Amerikanistik*, Bd. XVIII, Nr. 2 (1970), S. 119–130.

dies., »Raymond Williams' Concept of Culture«, *Zeitschrift für Anglistik und Amerikanistik*, Bd. XXII, Nr. 2 (1974), S. 131–145.

E. P. Thompson, »The Long Revolution«, *New Left Review*, Nr. 9 (Mai-Juni 1961), S. 24–33, und Nr. 10 (Juli–August 1961), S. 34–39.

ders., »An Open Letter to Leszek Kolakowski«, *Socialist Register* (1973), S. 1–100.

ders., Rezension von *The Country and the City, New York Review of Books* vom 6. Februar 1975.

Michael Vester, »Was dem Bürger sein Goethe, ist dem Arbeiter seine Solidarität. Zur Diskussion der ›Arbeiterkultur‹«, *Ästhetik und Kommunikation*, Nr. 24 (Juni 1976), S. 62–72.

Nachweise

Kreativität – Wahrnehmung – Kommunikation. Zu einigen grundlegenden Vorgängen in Kunst und Literatur. Aus: Raymond Williams, *The Long Revolution,* Harmondsworth: Penguin 1965, S. 19–56. © Raymond Williams.

Theorie und Verfahren der Kulturanalyse. Aus: Raymond Williams, *The Long Revolution,* Harmondsworth: Penguin 1965, S. 57–88. ©Raymond Williams.

Was heißt »gemeinsame Kultur«? Zuerst erschienen unter dem Titel »Culture and Revolution: a Comment«, in: Terry Eagleton, Brian Wicker, *From Culture to Revolution: the Slant Manifesto 1967,* London: Sheed and Ward 1968, S. 24–32 und S. 296–299. © Raymond Williams.

Über den Sinn des Tragischen heute. Zuerst erschienen in: Raymond Williams, *Modern Tragedy,* London: Chatto & Windus 1966, S. 45–77. © Raymond Williams.

Arkadische und gegen-arkadische Dichtung. Über englische Landhausgedichte. Zuerst erschienen in: Raymond Williams, *The Country and the City,* London: Chatto & Windus 1973, S. 22–34 und S. 90–95. © Raymond Williams.

Städte der Dunkelheit und des Lichts. Zur Londonliteratur des 19. Jahrhunderts. Zuerst erschienen in: Raymond Williams, *The Country and the City,* London: Chatto & Windus 1973, S. 215–232. © Raymond Williams.

Lucien Goldmanns Beitrag zur Literatursoziologie. Zuerst erschienen unter dem Titel »Literature and Sociology: in memoriam Lucien Goldmann«, in: *New Left Review,* Nr. 67 (Mai–Juni 1971) S. 5–18. © New Left Review.

Zur Basis-Überbau-These in der marxistischen Kultursoziologie. Zuerst erschienen unter dem Titel »Base and Superstructure in Marxist Cultural Theory«, in: *New Left Review* Nr. 82 (November-Dezember 1973) S. 3–16. Deutsche Erstveröffentlichung in: *Alternative* 101 (April 1975), »Materialistische Literaturtheorie IX«, S. 77–91. © New Left Review.

Namensregister

Literalität in traditionalen Gesellschaften

Herausgegeben von Jack Goody
500 Seiten

Vergegenwärtigt man sich die Bedeutung der Schrift in den vergangenen fünftausend Jahren und die tiefgreifenden Folgen, die sie für das Leben jedes einzelnen hat, so ist der Weise, in der sie das soziale Leben der Menschen beeinflußt, erstaunlich wenig Aufmerksamkeit gewidmet worden. Untersuchungen über die Schrift sind gewöhnlich historische Darstellungen der Entwicklung der Schriftarten, und Literaturwissenschaftler beschäftigen sich eher mit dem Inhalt als mit den Implikationen kommunikativer Akte.

Dank der Schrift kann der Bereich menschlichen Verkehrs – zeitlich wie räumlich – erheblich erweitert werden. Die Möglichkeiten dieses Instrumentes der Kommunikation verändern die Skala menschlicher Aktivität – politischer, ökonomischer, rechtlicher wie religiöser.

Diese von Jack Goody herausgegebene Sammlung von Abhandlungen ist aus einem Interesse an Kommunikationsformen und deren Einfluß auf den menschlichen Verkehr entstanden. In erster Linie konzentriert sich dieses Interesse an der »Technologie des Intellekts« auf die Folgen der Literalität – der Fähigkeit zu lesen und zu schreiben – für die menschliche Kultur, insbesondere in traditionalen oder präindustriellen Gesellschaften.

INHALT

Edmund Leach
Kultur und Kommunikation

Zur Logik symbolischer Zusammenhänge
Übersetzt von Eberhard Bubser
stw 212. 128 Seiten

Edmund Ronald Leach lehrt seit 1958 in Cambridge Sozialanthropologie. 1973 erschien in der *Reihe Theorie* unter
seiner Herausgeberschaft: *Mythos und Totemismus. Beiträge
zur Kritik der strukturalen Analyse*. Edmund Leachs 1976
in England erschienenes Buch ist eine Einführung in struk-
turalistische Analysen in der Sozialanthropologie.
Betrachtet man fremde oder jeweils eigene Kulturgemein-
schaften in ökologischen Zusammenhängen, geht man also
davon aus, daß »die Struktur der Ideen und der Gesellschaft, die Art, wie der Lebensunterhalt erworben und die
Architektur der Wohnbauten als ein in Wechselwirkung be-
griffenes Ganzes verstanden wird, in dem kein Element einseitig das andere bestimmt«, dann liegt es nahe, diese komplexen Kulturvorgänge als Informationen ihrer Teilnehmer
zu verstehen: Kultur ist Kommunikation, und es gilt, die
teilnehmenden Beobachter direkt oder indirekt in die Lage
zu versetzen, die in den beobachteten komplexen Zusammenhängen versteckten Nachrichten in einem systematischen
Vorgehen zu entziffern.

Bronislaw Malinowski
Eine wissenschaftliche Theorie der Kultur

Und andere Aufsätze
Mit einer Einleitung von Paul Reiwald
stw 104. 270 Seiten

Malinowski gehört neben Morgan, Frazer und Boas zu den
wissenschaftlichen Pionieren der modernen Ethnologie, die
ohne seine »funktionalistischen« Analysen sog. primitiver
Gesellschaften nicht zu denken ist. Unbeschadet der Tatsache, daß viele Forschungsergebnisse Malinowskis heute
überholt oder widerlegt sind, bietet sein Werk immer noch
einen geradezu klassischen Einstieg in die Probleme und
Fragestellungen ethnologischer Forschung.

Johann Jakob Bachofen
Das Mutterrecht

*Eine Untersuchung über die Gynaikokratie der
alten Welt nach ihrer religiösen und rechtlichen Natur
Eine Auswahl herausgegeben von
Hans-Jürgen Heinrichs
stw 135. 460 Seiten*

Materialien zu Bachofens »Das Mutterrecht«

*Herausgegeben von Hans-Jürgen Heinrichs
stw 136. 456 Seiten*

V. Gordon Childe
Soziale Evolution

stw 115. 200 Seiten

Dieses zuerst 1951 erschienene Buch stellt eine Wegmarke
für das Studium der sozialen Entwicklung dar. »Childe
befaßt sich als Vertreter der prähistorischen Archäologie vor
allem mit den Beziehungen seiner Disziplin zur Soziologie.
Die soziologische Interpretation archäologischer Daten, wie
das fünfte Kapitel heißt, gibt dabei den Grundtenor des
Buches an. Childe konzentriert seine Ausführungen auf die
Frage, wie die bereits 1768 von Ferguson so bezeichneten
Entwicklungsstufen der *Wildheit,* der *Barbarei* und der
Zivilisation archäologisch zu erschließen und nachzuweisen
seien. Die Fruchtbarkeit dieser Einteilung bleibt erhalten –
wenn auch Childe immer wieder die Schwierigkeiten her-
vorhebt, die eine Gleichsetzung archäologischer Kulturen
mit bestimmten Gesellschaften erschweren. Behält auch die
Idee der sozialen Evolution, die natürlich nicht linear vorgestellt werden darf, ihre Gültigkeit, so treten neben Phä-
nomene der Konvergenz und Assimilation gleichberechtigt
solche der Divergenz und Differenzierung. Deren Zusam-
menspiel charakterisiert auch die Beziehungen von Archäologie und Soziologie. Childes Buch besitzt darüber hinaus
eine Aktualität, von der der Autor (1950) noch nichts ahnen
konnte. Durch den Strukturalismus ist die Archäologie zu
einem Kernbereich der Soziologie, Anthropologie, Ethnologie und Ethnographie geworden.« *Wolf Lepenies*

Karl Polanyi
The Great Transformation

Politische und ökonomische Ursprünge von
Gesellschaften und Wirtschaftssystemen
Übersetzt von Heinrich Jelinek
stw 260. 400 Seiten

The Great Transformation, 1944 erschienen, geht von der
These aus, daß erst die Herausbildung einer liberalen
Marktwirtschaft mit ihrem »freien Spiel der Kräfte« zu
jener charakteristischen »Herauslösung« und Verselbständi-
gung der Ökonomie gegenüber der Gesellschaft geführt hat.
die historisch ein Novum darstellt und die bürgerliche Gesellschaft von allen anderen Gesellschaftsformationen unterscheidet.

Karl Polanyi
Ökonomie und Gesellschaft

Mit einer Einleitung von S. C. Humphreys
Übersetzt von Heinrich Jelinek
stw 295. 450 Seiten

Zu einem Verständnis früherer oder weniger entwickelter
Gesellschaften, in denen die ökonomischen Beziehungen noch
im Gesellschaftssystem »eingebettet« sind, benötigen wir
eine neue Theorie der vergleichenden Ökonomie. In markt-
losen Gesellschaften kann die Wirtschaft nicht durch Bezugnahme auf ein einheitliches System rationaler Berechnungen
herausgehoben werden. Statt dessen muß der Historiker
oder Anthropologe von den materiellen Objekten ausgehen,
die der Befriedigung von Bedürfnissen dienen, und ihre Bewegungen verfolgen, um festzustellen, welche funktionellen
Muster und Gruppierungen zutage treten.
Karl Polanyi wurde 1886 in Wien geboren. Nach einem
Jura- und Philosophiestudium in Budapest wurde er Redak-
teur in Wien, wo er sich intensiv mit volkswirtschaftlichen
und wirtschaftshistorischen Themen beschäftigte. 1933 emi-
grierte Polanyi nach Großbritannien; dort betätigte er sich
vor allem in der Arbeiterbildung. 1947 erfolgte seine Be-
rufung als Gastprofessor an die New Yorker Columbia
University. Er starb 1964 in Toronto/Kanada. Werke:
Trade and Market in the Early Empires (1957); *The Live-*
lihood of Man (1977).

Alphabetisches Verzeichnis der suhrkamp taschenbücher wissenschaft